CHOISIR
qui on aime

Infographie: Chantal Landry

Catalogage avant publication de
Bibliothèque et Archives nationales du Québec et de
Bibliothèque et Archives Canada

Halpern, Howard Marvin

    Choisir qui on aime:
    de la dépendance à l'autonomie

    Traduction de: *Finally Getting It Right*.

    1. Relations humaines - Comportement compulsif. 2. Amour.
3. Dépendance (Psychologie). 4. Autonomie (Psychologie).
I. Titre.

RC552.R44H3514 2006   616.85'84   C2006-940348-1

02-13

Illustrations: © 1994, B. Benjamin
(créées par Howard Halpern, Ph. D.
et redessinées par B. Benjamin)

L'ouvrage original a été publié par Bantam Books,
succursale de Bantam Doubleday Dell Publishing Group, Inc.,
sous le titre *Finally Getting It Right*

Dépôt légal: 2006
Bibliothèque et Archives nationales du Québec

ISBN: 978-2-7619-3842-6

DISTRIBUTEURS EXCLUSIFS:

Pour le Canada et les États-Unis:
MESSAGERIES ADP°
2315, rue de la Province
Longueuil, Québec J4G 1G4
Tél.: 450-640-1237
Télécopieur: 450-674-6237
filiale du Groupe Sogides inc.,
filiale de Québecor Média inc.

Pour la France et les autres pays:
INTERFORUM editis
Immeuble Paryseine, 3, Allée de la Seine
94854 Ivry CEDEX
Tél.: 33 (0) 4 49 59 11 56/91
Télécopieur: 33 (0) 1 49 59 11 33
Service commandes France Métropolitaine
Tél.: 33 (0) 2 38 32 71 00
Télécopieur: 33 (0) 2 38 32 71 28
Internet: www.interforum.fr
Service commandes Export – DOM-TOM
Télécopieur: 33 (0) 2 38 32 78 86
Internet: www.interforum.fr
Courriel: cdes-export@interforum.fr

Pour la Suisse:
INTERFORUM editis SUISSE
Case postale 69 – CH 1701 Fribourg – Suisse
Tél.: 41 (0) 26 460 80 60
Télécopieur: 41 (0) 26 460 80 68
Internet: www.interforumsuisse.ch
Courriel: office@interforumsuisse.ch
Distributeur: OLF S.A.
ZI. 3, Corminboeuf
Case postale 1061 – CH 1701 Fribourg – Suisse
Commandes: Tél.: 41 (0) 26 467 53 33
               Télécopieur: 41 (0) 26 467 54 66
               Internet: www.olf.ch
               Courriel: information@olf.ch

Pour la Belgique et le Luxembourg:
INTERFORUM BENELUX S.A.
Fond Jean-Pâques, 6
B-1348 Louvain-La-Neuve
Téléphone : 32 (0) 10 42 03 20
Télécopieur : 32 (0) 10 41 20 24
Internet : www.interforum.be
Courriel : info@interforum.be

Gouvernement du Québec – Programme de crédit d'impôt
pour l'édition de livres – Gestion SODEC –
www.sodec.gouv.qc.ca

L'Éditeur bénéficie du soutien de la Société de développement
des entreprises culturelles du Québec pour son programme
d'édition.

 Conseil des Arts **Canada Council**
       du Canada   **for the Arts**

Nous remercions le Conseil des Arts du Canada de l'aide
accordée à notre programme de publication.

Nous reconnaissons l'aide financière du gouvernement du
Canada par l'entremise du Fonds du livre du Canada pour
nos activités d'édition.

Howard M. Halpern

CHOISIR
qui on aime

De la dépendance à l'autonomie

Traduit de l'anglais (États-Unis)
par Louise Drolet

LES ÉDITIONS DE
L'HOMME

Une société de Québecor Média

INTRODUCTION

Le présent livre est le fruit de mon travail en psychothérapie auprès de personnes enclines à nouer des relations insatisfaisantes. Souvent, ces hommes et ces femmes s'accrochent avec ténacité à des partenaires peu aimants, immatures, qui ne sont pas disponibles, qui refusent de s'engager et qui présentent des lacunes sur le plan affectif ou qui sont carrément méchants et violents. Ils me consultent parce qu'ils se sont reconnus dans les idées que j'avançais dans mon précédent livre, *How To Break Your Addiction to a Person*. En thérapie, ils s'efforcent de comprendre leurs modèles de comportement destructeurs et d'y mettre un terme. Après quelque temps, il devient clair que terminer leur relation de dépendance n'est qu'une partie — parfois la plus facile — de la démarche qui consiste à former une relation amoureuse vraiment satisfaisante. Trop souvent, ils se rendent compte que d'énormes barrières psychologiques les empêchent encore d'atteindre ce but. Ensemble, nous avons beaucoup appris sur les changements intérieurs qu'il faut opérer pour y parvenir.

Ce ne sont pas tous mes clients, toutefois, qui se débattent dans une relation codépendante. À mon grand étonnement, certains me disent: « J'ai lu votre livre sur la façon de *briser* son lien de dépendance envers quelqu'un parce que je cherchais des indices sur la façon de *nouer* une relation codépendante. Mon problème, c'est que je suis incapable de tomber amoureux ou si j'y arrive, c'est une relation extrêmement brève et intense dont je me lasse très vite. J'envie les personnes malades d'amour dont vous parlez dans votre livre ! J'aimerais beaucoup ressentir un amour durable et être capable de m'engager, mais cela ne m'arrive pas. » J'ai beaucoup appris auprès de ces gens, et c'est pourquoi j'adresse ce livre non seulement aux personnes qui éprouvent un amour obsessif pour des partenaires qui ne leur conviennent pas, mais également à celles qui ont du mal à former une relation amoureuse durable.

Que vous ayez l'habitude de vous laisser coincer dans des relations frustrantes, pénibles et sans issue ou de ne jamais vous engager, *Choisir qui on aime* entend vous aider à explorer les raisons pour lesquelles vous vous privez d'une chose que vous désirez si ardemment et à apporter les changements nécessaires pour trouver, nourrir et conserver une relation amoureuse profondément satisfaisante.

Chapitre premier

Vous pouvez y arriver à partir de maintenant

Il ne suffit pas de sortir d'une relation amoureuse malsaine pour en établir une qui soit vraiment satisfaisante même si cette étape est très importante. Carole s'en rendait maintenant compte et cela la déprimait.

— Je sais que j'ai fait un bon bout de chemin, me confiat-elle. Alors comment se fait-il que j'aie l'impression de n'être arrivée nulle part?

Cette question m'avait été posée si souvent par mes clients à une étape de leur vie et de leur psychothérapie où ils avaient réalisé des progrès considérables que je n'en fus pas le moins du monde déconcerté. J'attendis la suite.

— J'ai fait d'énormes progrès, reprit-elle. J'ai réussi à mettre fin à l'affreuse relation que j'avais avec Marc et certes, je m'en réjouis. Il ne me manque presque plus jamais et cela m'apparaît comme un exploit merveilleux. J'ai même atteint un point où je ne suis plus du tout attachée au type d'homme auquel ressemble Marc, le type d'homme dont j'avais l'habitude de tomber amoureuse et qui me rendait malheureuse. J'ai une idée très nette du genre d'homme qui me conviendrait et j'ai maintenant l'impression de mériter quelqu'un comme ça.

Mon psy m'a conseillé de cesser de sortir avec des hommes qui me traitent comme de la merde et de fréquenter des hommes qui sont gentils avec moi...

Mais je lui ai dit que je refusais d'abaisser mes critères!!

— Alors?

— Le problème c'est que *le genre d'homme qui me conviendrait ne m'attire pas!* Il n'y a pas de réaction chimique, pas d'excitation. Je les trouve assommants! Je me demande si, tout compte fait, je n'étais pas mieux avec des hommes qui me rendaient malheureuse parce qu'au moins ils me donnaient l'impression d'être vivante! Même les souffrances que j'ai éprouvées avec Marc et les autres étaient plus vivantes que le désert dans lequel je me trouve à l'heure actuelle. J'ai peur de ne jamais ressentir l'intensité d'autrefois. Je suis terrifiée à l'idée de ne plus jamais être amoureuse. Que faire alors? Me contenter d'un homme pour lequel je n'éprouve aucune passion afin de ne pas rester seule?

Je comprenais très bien ce qu'éprouvait Carole, mais je n'étais pas inquiet pour elle. Je savais que le vide en apparence sans vie dans lequel elle languissait en ce moment constituait une étape courante et même prévisible du processus qui consiste à passer de la codépendance amoureuse à une relation satisfaisante — et passionnante. Si je ne pouvais lui promettre qu'elle réussirait à nouer ce genre de relation, j'avais guidé bien d'autres personnes sur cette voie, et le chemin qu'elle avait déjà parcouru me portait à croire qu'elle arriverait là où elle voulait aller. Si vous suivez la route qui mène de la codépendance destructive à l'amour satisfaisant, vous traverserez, à l'instar de Carole, trois phases précises et reconnaissables :

Première phase : Mettez un terme à la relation insatisfaisante (si ce n'est pas déjà fait). Demandez-vous s'il est réaliste de croire que votre relation peut devenir satisfaisante. Si vous savez qu'elle a peu de chances de s'améliorer notablement, mais êtes incapable d'en sortir (« Je suis malheureux et je sais que je devrais la quitter, mais je n'y arrive pas »), vous devrez admettre que vous êtes probablement dépendant de votre partenaire (ou de votre relation malheureuse) et prendre les mesures nécessaires pour vous libérer de cette dépendance. Votre démarche consistera d'abord par reconnaître ce fait et par vous poser de nombreuses questions : Que m'apporte cette pénible dépendance ? Qu'est-ce que j'espère retirer de cette relation ? Pourquoi est-ce que je m'accroche à cette personne en particulier ? Que dois-je modifier dans ma façon de penser et dans mes désirs profonds si je veux me libérer d'une relation qui me rend malheureux et dans laquelle je suis perdant ? Cette première phase, qui peut être déchirante, exige souvent beaucoup de courage. (Au chapitre quatre, j'expliquerai plus en détail les étapes à franchir pour se défaire d'une dépendance amoureuse.)

Deuxième phase : Contrez votre tendance à vous amouracher de personnes qui ne vous conviennent pas du tout. L'expérience qui consiste à mettre fin à votre relation codépendante pourrait être si instructive — parce que vous aurez souffert, aurez compris la nature de cette relation, serez soulagé d'avoir mis fin à votre malheur et aurez davantage confiance en vous pour avoir été capable de le faire — que vous pourriez être immunisé à jamais contre toute relation nocive. Comme l'avoua Carole après avoir surmonté le pénible syndrome de manque qui suivit sa rupture avec Marc : « J'ai appris ma leçon.

Désormais, je veux uniquement des relations dans lesquelles je me sens bien. » Si telle est votre réaction, tant mieux ! Mais les choses ne se passent pas toujours ainsi. J'ai vu bien des gens mettre fin avec succès à une relation malheureuse pour nouer le même type de lien avilissant ou insatisfaisant avec quelqu'un d'autre. Rien n'avait changé à part le nom de la plus récente cause de leur malheur ; la dépendance était plus irrésistible que jamais. Si vous voulez modifier votre modèle de comportement, vous devrez comprendre son fonctionnement et son origine. Vous devrez aussi apprendre à ne pas avoir de liaison avec des personnes qui ont peu de chances d'être compatibles avec vous.

Troisième phase : Essayez d'être attiré par une personne qui vous convient et tombez amoureux d'elle. Même si vous mettez fin à votre relation insatisfaisante et résistez à votre tendance à nouer ce type de relation, il se peut que cela ne soit pas suffisant pour vous mener vers une relation saine. Daniel, un professeur de sciences âgé de vingt-neuf ans, me dit d'un ton découragé : « Maintenant, je suis allergique au genre de femme qui m'attirait autrefois et faisait de ma vie un enfer, mais je n'éprouve plus d'attirance pour personne. J'ai l'impression de me trouver dans un vide. » Et Laure, une avocate de trente-quatre ans, me confia : « Le genre de charmeur égocentrique qui m'excitait autrefois me donne enfin la nausée, et j'en suis fort aise. J'ai assez perdu mon temps et versé de larmes. Mais je trouve les hommes qui pourraient m'offrir une relation vraiment satisfaisante et durable à peu près aussi excitants que du tofu. »

L'excitation et la passion sont des ingrédients essentiels d'une relation amoureuse vraiment satisfaisante. Une relation fondée uniquement sur l'affection, l'amitié et le dévouement peut être chaleureuse et constructive. Mais sans la passion, elle n'aura pas l'intensité et la vivacité qui rendent l'amour romantique si particulier et si puissant. Les partenaires éprouveront un sentiment sous-jacent de fadeur, l'impression persistante qu'il leur manque quelque chose au-delà des accalmies qui surviennent parfois, alors que même une relation très passionnée devient plus ordinaire. Aussi, lorsqu'une femme dit : « Il est gentil, mais je ne suis pas amoureuse de lui », nous comprenons qu'elle ne peut pas se forcer à éprouver de l'amour et qu'en l'absence de ce sentiment, elle peut très bien décider que cette relation ne lui convient pas. Mais nombreux sont les gens incapables de tomber amoureux d'une personne *pour la raison même* qu'elle leur convient, qu'elle est bonne pour eux, qu'elle est disponible, prévenante ou aimante.

Parmi mes clients qui semblent se heurter à cette difficulté, nombreux sont ceux qui nient ce fait. Ils soutiennent que toutes les personnes qui sont gentilles avec eux et qui sont prêtes à s'engager dans une relation amoureuse sont ennuyeuses et peu attirantes, ce qui semble aller à l'encontre de la loi de la moyenne et de toute logique. Souvent, ils se rendent compte de la façon dont ils excluent les personnes qui leur conviendraient dès l'instant où elles les rejettent ou s'intéressent à quelqu'un d'autre. Soudain, elles leur semblent terriblement affriolantes !

Si vous avez des raisons de croire que vous n'êtes pas attiré par une personne pour la simple raison qu'elle pourrait se révéler la personne idéale pour vous, vous devez déterminer la nature de ce blocage et les mesures que vous pouvez prendre pour trouver à la fois amour et satisfaction dans votre prochaine relation.

LES PASSAGES PRÉVISIBLES

Les trois grandes phases du parcours qui vous mènera à une relation vraiment satisfaisante peuvent se diviser en dix passages distincts que vous êtes susceptible de franchir. La connaissance de ces passages vous aidera à vous y préparer et vous permettra de noter vos progrès. Voici un résumé de ces passages. Pouvez-vous identifier ceux que vous avez franchis avec succès et ceux dans lesquels vous êtes coincé ?

1. Vous mettrez fin, avec beaucoup de mal sans doute, à votre relation codépendante.

2. Suivra une période marquée par la souffrance, un sentiment de deuil et le désir de renouer avec votre partenaire, mais ces sentiments s'atténueront avec le temps.

3. Vous découvrirez, avec consternation, que vous êtes encore attiré par des personnes qui vous offrent des relations aussi insatisfaisantes ou destructrices.

4. Vous finirez par comprendre comment vos antécédents et vos besoins vous ont conditionné à être attiré par ces relations malsaines.

5. Vous cesserez délibérément de vous éprendre de personnes qui vous offrent des relations insatisfaisantes ou destructrices, même si elles continuent de vous captiver.

6. Vous subirez une transformation intérieure telle que vous ne serez plus attiré par des personnes qui vous offrent des relations malsaines; en fait, ces personnes pourraient même vous inspirer de la répulsion.

7. Vous ferez un effort délibéré pour vous rapprocher des personnes qui vous conviennent davantage et qui sont prêtes à s'engager dans une relation vraiment satisfaisante.

8. Vous découvrirez (ou redécouvrirez) que les personnes qui vous conviendraient ne vous excitent pas et que vous êtes incapable d'en tomber vraiment amoureux.

9. Vous finirez par discerner, dans vos antécédents et vos besoins, les raisons pour lesquelles vous n'êtes pas attiré par des personnes qui feraient sans doute d'excellents candidats à une relation amoureuse.

10. Vous subirez d'autres transformations intérieures qui vous permettront de trouver de nouveaux critères de séduction et feront que vous serez prêt, désireux et capable de nouer une relation amoureuse enrichissante.

Lorsque Carole se plaignait du fait qu'elle se sentait plus vivante quand elle était en relation avec des hommes qui la rendaient malheureuse, elle se trouvait dans le huitième passage, un stade frustrant et décourageant. Petit à petit, nous verrons comment elle a franchi les passages précédents qui l'ont menée jusqu'à celui-là. Nous étudierons comment Carole et d'autres personnes ont traversé les passages épineux et souvent angoissants qui constituaient la transition entre un paysage sans amour à une riche relation amoureuse. Nous verrons quelles facettes de leur expérience peuvent vous aider dans votre quête. Mais d'abord, nous examinerons de plus près votre but : qu'est-ce que cette « relation profondément satisfaisante » que vous recherchez ? En quoi diffère-t-elle de vos autres relations ? Vaut-il vraiment la peine de traverser toutes ces phases et tous ces passages douloureux pour y arriver ? Pour commencer notre exploration, nous ferons un saut dans le temps pour assister à une séance de thérapie dans laquelle nous avons constaté avec bonheur que Carole avait atteint le passage final tant attendu.

CHAPITRE 2

L'amour est
un jardin de roses

Carole prit place dans le fauteuil qui était en face du mien, comme elle l'avait fait tant de fois au cours des trois années ou presque où elle avait suivi une thérapie avec moi. Elle rayonnait de contentement, et son attitude offrait un contraste frappant avec la femme de trente-deux ans, perdue et désespérée, qui m'avait décrit d'une voix étranglée sa relation difficile avec Marc. Aujourd'hui, il y avait du dynamisme dans ses paroles et même dans la façon dont elle s'assit, tout en disant: «Je suis tellement amoureuse de David.» Puis elle ajouta, avec un soupçon d'émerveillement dans la voix: «Et il est amoureux de moi.»

Il y eut un long silence, rendu confortable par son sourire.

— C'est très différent des autres fois.

— Je sais.

— J'ai enfin compris. J'ai enfin réussi à avoir une relation amoureuse. Et c'est merveilleux.

Nous sourions tous deux maintenant en savourant sa réussite. Après deux relations éreintantes et désastreuses (sa relation avec Marc et une relation précédente qui avait duré plusieurs années), après d'innombrables et brèves rencontres qui s'étaient révélées vides et décevantes, après de nombreuses périodes arides et démoralisantes pendant lesquelles elle crut que l'amour lui échapperait toujours, après une psychothérapie intensive qui était souvent difficile et frustrante, Carole avait enfin trouvé un des trésors incomparables de la vie : une relation amoureuse vraiment satisfaisante.

Certains trouveraient bizarre que nous fassions si grand cas de son exploit, mais, selon moi, ils seraient rares. En général, les gens qui n'ont pas de relation amoureuse satisfaisante en souhaitent une et la recherchent de bien des façons. Ceux qui viennent de la trouver, comme Carole et David, sont joyeux et ravis. Ceux qui en ont déjà eu une et l'ont perdue se désolent qu'elle ait pris fin. Ceux qui vivent une relation heureuse depuis longtemps se trouvent bénis et, qu'ils attribuent leur bonheur à la chance, à la sagesse qu'ils ont démontrée dans leur choix d'un partenaire, à la tolérance de celui-ci ou à leur capacité de faire en sorte que leur amour survive, ils s'assoient rarement sur leurs lauriers. Quand ils voient chez leurs amis ou dans leur famille un couple en colère, amer, sans amour ou qu'ils rencontrent une personne seule qui court sans cesse après un amour qui lui échappe, ils se pressent la main silencieusement en signe d'appréciation et de gratitude.

Les récents progrès sociaux ont parfois suscité une remise en question de la valeur des relations amoureuses. Les premiers slogans féministes du genre « Une femme a besoin d'un homme comme un poisson a besoin d'un vélo », visaient à contrer la tendance d'un trop grand nombre de femmes à dépendre des hommes sur les plans financier et affectif, au détriment de leur autonomie et de leur respect de soi, et au point, pour certaines, d'accepter la violence et l'exploitation. Le mouvement féministe a eu un impact extrêmement positif ; il a changé, de façon définitive nous l'espérons, l'image de soi des hommes et des femmes et leurs façons de se voir mutuellement. Mais même les meilleures idées, comme les meilleures technologies, peuvent être employées à mauvais escient. Certaines femmes profitèrent de cette saine attitude contre la dépendance pour ne pas affronter leur peur de l'intimité, leurs problèmes de couple ou leur refus de risquer un rejet ou d'opérer de mauvais choix. D'autres, qui avaient été déçues ou blessées dans des relations amoureuses, y trouvèrent une excuse à leur réaction de dépit (« Qui a besoin de ça ? Une relation amoureuse ne vaut pas les problèmes et souffrances qu'elle entraîne ! ») ou même à leur refus de s'aventurer de nouveau sur ce terrain glissant.

Le début de l'éveil des femmes coïncida avec la révolution sexuelle et l'accent mis par le magazine *Playboy* sur une vie de célibataire qui ne se refuse rien. Les hommes pouvaient satisfaire leurs besoins sexuels avec des femmes désirables et intéressantes sans se faire « passer la corde au cou » ni s'engager. Il ne semblait pas y avoir de raisons valables de s'enfermer dans la permanence et les responsabilités. Bien des hommes se servirent de cette excuse pour ne pas affronter leur difficulté à entretenir des rapports d'intimité et nier leur peur d'être engloutis, asservis ou rejetés s'ils laissaient émerger leur besoin de dépendance. Elle leur fournit en outre une raison pour ne pas grandir et dépasser leur égocentrisme étroit.

Un autre fait nouveau, qui infligea un sérieux coup aux relations amoureuses, était la conscience croissante, alimentée par les livres et les programmes en douze étapes, des vrais dangers de la codépendance. L'idée que l'on pouvait devenir dépendant d'une personne au point de ne plus pouvoir la quitter était importante et même innovatrice. Toutefois, certains en faussèrent le sens en prétendant que c'était un signe de faiblesse et de pathologie que de demander à son partenaire amoureux de satisfaire ses propres besoins ou de se soucier des siens. Bien des gens développèrent alors de la méfiance à l'égard de tout engagement intime et soutenu.

Malgré tous les drapeaux rouges signalant les dangers qui menacent notre croissance, notre indépendance, notre respect de soi et notre bien-être si l'on s'engage dans une relation amoureuse, la plupart des gens n'en accordent pas moins beaucoup de valeur à cette recherche, à ce but, à cette réalisation, à ce cadeau. Pourquoi ? Que nous réserve-t-elle ? Qu'est-ce qu'une relation amoureuse de toute façon et en quoi diffère-t-elle du sentiment d'être amoureux ?

LE PLAISIR DE TOMBER AMOUREUX

Avec David, Carole vivait sa première véritable relation amoureuse, mais certes, ce n'était pas la première fois qu'elle était amoureuse. Quand elle s'inscrivit en psychothérapie, elle était consciente de devoir quitter Marc, mais elle ne pouvait s'y résoudre. Elle me raconta maints incidents qui prouvaient hors de tout doute que Marc était en général peu affectueux et peu fiable. Le peu d'affection qu'il lui témoignait se manifestait de façon sporadique et superficielle. Souvent, il était indisponible sur le plan affectif ou carrément absent, et devenait encore plus inaccessible et même sévère lorsqu'elle voulait passer plus de temps avec lui, ou demandait plus d'intimité ou d'affection. Son univers d'avant Marc, caractérisé par une diversité d'intérêts et par la profonde satisfaction qu'elle tirait de son travail à titre de directrice de magazine, s'était rétréci. Désormais, elle regardait le monde à travers une lorgnette braquée en permanence sur Marc. Son esprit autrefois curieux et fin était absorbé par une seule question : comment pouvait-elle amener Marc à l'aimer et à vouloir être avec elle ? Quand je lui demandai pourquoi elle restait avec lui, alors qu'elle était malheureuse, elle répondit aussitôt : « Parce que je l'aime. »

Combien de fois n'ai-je pas entendu cette réponse dans la bouche d'hommes et de femmes qui éprouvaient de la frustration, un sentiment de privation, de la colère et de la souffrance dans leur relation. Et dans celle de couples dont la relation confère plaisir, bonheur et profondeur à leur vie. Si je demandais aujourd'hui à Carole pourquoi elle reste avec David, elle pourrait me répondre comme elle l'avait fait à propos de Marc : « Parce que je l'aime. » Mais comme son intonation, son regard et même le sens de ses paroles seraient différents !

Être amoureux est l'une des expériences les plus puissantes que puissent vivre les êtres humains. Bien que la plupart des gens expérimentent cet état affectif à un moment ou l'autre de leur vie, l'expérience n'en demeure pas moins unique et incomparable. La psychologue Dorothy Tennov a inventé le mot *limerence* (choc ou état amoureux) pour désigner cet état extatique qui fait que l'on marche sur un nuage et que l'on est obsédé par la pensée de l'être cher et le désir de le retrouver. Quand l'état amoureux atteint son apogée, il est difficile de penser à autre chose et de voir l'être aimé autrement que comme la huitième merveille du monde. Cet état s'accompagne d'un profond désir d'être aimé de l'autre. Même dans les situations les plus stables, on peut craindre que les sentiments amoureux de l'autre ne se transforment; les situations moins stables peuvent entraîner un tourment émotionnel.

Les poèmes et chansons de tous les pays du monde évoquent cet état amoureux, ou sentiment d'amour romantique, qui existe depuis la nuit des temps. Certains observateurs, il est vrai, le voient comme le produit de l'immaturité, du sentiment d'insuffisance et même de la névrose, et croient qu'il entraîne inévitablement des problèmes. Cette façon de voir est exprimée de façon succincte dans le film *Éclair de lune* dans lequel Cher confie à sa mère son intention de se marier. «L'aimes-tu?» demande sa mère. «Non», répond Cher. «Tant mieux, reprend la mère. Quand on les aime, ils nous rendent dingues.»

Pour ma part, je n'ai pas une vision des choses aussi cynique. Je préfère de beaucoup l'opinion de la psychiatre Ethel Person, qui écrit:

> L'amour romantique demeure l'une des expériences humaines les plus valables et les plus transcendantes qui soient, en dépit du fait qu'il sert d'aimant à la psychopathologie. Malgré les mises en garde générales de la sagesse traditionnelle et de la théorie psychanalytique, je suis persuadée que l'amour romantique est en général plus enrichissant qu'appauvrissant. C'est une magnifique condition humaine.

Ceux qui ont déjà été amoureux savent que l'amour est un sentiment glorieux et grisant, qui comporte un énorme potentiel positif. Il peut augmenter notre estime de soi, stimuler le meilleur de nous-mêmes et nous donner l'impression que la vie est tout simplement merveilleuse. Mais nous avons peut-être découvert aussi qu'il nous conduit souvent à vivre des relations qui nous diminuent et mettent en valeur les pires facettes de nous-mêmes. Par quelle alchimie sadique ce sentiment céleste transforme-t-il parfois notre vie en enfer ?

Nous pouvons explorer cette question en établissant d'abord une distinction cruciale entre deux états que l'on confond souvent l'un avec l'autre : l'état amoureux et la relation amoureuse. L'état amoureux constitue en général un élément vital de la relation amoureuse, mais il n'est pas la relation comme telle ni ne garantit la naissance d'une relation amoureuse. Pour paraphraser la vieille expression : « L'état amoureux ne suffit pas. »

Quand des gens comme Carole m'avouent qu'ils endurent une relation affreuse parce qu'ils sont amoureux, je conteste l'emploi du mot amour pour décrire des rapports distants, superficiels, destructeurs, avilissants ou carrément violents. « Comment pouvez-vous appeler cela de l'amour ? » leur demandai-je. « L'amour n'est pas censé vous rendre constamment malheureux. » Mais en les écoutant, je me rends compte que ce qu'ils ressentent de façon subjective est incontestablement de l'amour. Je ne peux contester ni rejeter une émotion qu'ils éprouvent de façon aussi intense. Cela m'amena à aborder le dilemme sous un angle différent. Aujourd'hui, quand une personne me confie qu'elle est engagée dans une relation frustrante, insatisfaisante ou destructrice parce qu'elle est amoureuse, je dis : « Je vous crois et l'amour est un sentiment puissant et merveilleux, *mais vous ne devez pas confondre état amoureux et relation amoureuse.* » Je constate qu'il s'agit là de deux états expérientiels différents qui se chevauchent parfois avec bonheur, mais qui souvent ne le font pas, parce qu'une relation amoureuse possède bien des caractéristiques qui ne sont pas forcément présentes chaque fois qu'on a le sentiment d'être amoureux. Comment différencier ces deux expériences humaines fondamentales ?

CARACTÉRISTIQUES D'UNE RELATION AMOUREUSE

Il y a six aspects qui vous permettent de distinguer et qui vous permettront presque de mesurer les différences entre l'état amoureux et la relation amoureuse.

1. Il faut être deux pour avoir une relation amoureuse. L'état amoureux peut exister seul. Rien ne rend cette distinction aussi nette que lorsqu'une personne «tombe amoureuse» d'une vedette de cinéma ou de rock qu'elle n'a jamais rencontrée. John Hinckley a tiré sur le président Reagan parce qu'il était «amoureux» de Jodie Foster, qui ignorait jusqu'à son existence. Pour aussi peu courant que soit ce type de tocade après l'adolescence, je me rappelle le cas de Stéphane, avocat, qui était obsédé par Jeanne, avocate elle aussi, qui travaillait dans le même cabinet que lui. Jeanne était heureuse dans son mariage et ignorait tout des sentiments de Stéphane que, bien sûr, elle ne partageait pas. Son obsession était si pénible et frustrante que Stéphane dut quitter son emploi. Je songe aussi à Maude, qui nourrissait un tel amour secret pour son patron qu'elle était incapable de nouer d'autres liens. Mais le plus triste, c'est que je connais des gens qui vivent depuis longtemps avec le même conjoint ou avec le même partenaire et qui se sentent pratiquement seuls.

Corine et Jacques étaient mariés depuis quatre ans, mais Corine était accablée par un sentiment de solitude. «Tout ce que je fais semble être pour montrer à Jacques qui je suis. Je ne sais pas du tout s'il m'aime.» Jacques me dit: «Je suppose que j'aime Corine. Sinon, je ne serais pas là.» Mais au cours d'autres entretiens, il devint clair qu'il ignorait tout des préoccupations les plus fondamentales de Corine, de ses peurs, de ses ambitions et de ses aspirations. En outre, il n'était pas du tout en contact avec le besoin que lui-même avait de Corine ni avec ses sentiments à son égard.

2. Une relation amoureuse exige une affection et un engagement de la part des deux partenaires qui doivent tenter de rendre leur relation aussi satisfaisante que possible. L'état amoureux peut garder une personne attachée à un partenaire envers lequel elle ne peut ou ne veut pas s'engager, ou qui ne veut pas s'engager envers elle. Carole s'était accrochée au sentiment d'être amoureuse de Marc, même s'il était évident qu'il se souciait peu de son bien-être à elle et qu'il était incapable de s'engager à passer du temps avec elle au-delà des quelques heures qui suivaient leurs rencontres. Je songe aussi à Bertrand, un photographe de mode, qui était épris de Diane, un mannequin qu'il avait connu dans le cadre de son travail. Ils se fréquentaient de façon exclusive depuis trois ans, mais elle continuait de réagir avec colère, de craindre d'être étouffée et de s'éloigner de lui quand il exprimait son désir d'intimité ou d'affection ou qu'il élaborait des projets de couple. Souvent, dans ces moments-là, elle le contrariait et le mettait en rage en lui annonçant que la veille, elle avait dîné avec son ex-petit ami « juste pour parler ». Même s'il existait des sentiments intenses et passionnés entre Carole et Marc, et entre Bertrand et Diane, l'absence d'affection et d'engagement mutuels les empêchait de connaître toutes les satisfactions inhérentes à une relation amoureuse. En fait, Carole, Bertrand et bien d'autres se heurtent à l'épineux problème qui consiste à ne pouvoir tomber amoureux que de personnes qui ne sont pas très aimantes ou qui ne peuvent ni ne veulent s'engager. C'est ce scénario, qui ferait toujours d'elle une perdante, que Carole dut modifier avant de pouvoir trouver le genre de relation amoureuse dont elle jouissait maintenant avec David.

3. Une relation amoureuse exige que les deux partenaires soient disponibles. Mais l'inaccessibilité intensifie parfois l'état amoureux. Cela signifie que ni l'un ni l'autre partenaire n'est marié (comme la chère Jeanne de Stéphane) ni engagé autrement avec quelqu'un d'autre. Aucun n'est centré sur lui-même (comme Marc), sur son travail ou sur d'autres aspects de la vie au point d'être incapable d'accorder à la relation le temps nécessaire au développement de l'intimité et à la croissance de chaque partenaire. Aucun n'est dépendant des drogues qui altèrent la conscience (telles que l'alcool, la marijuana ou les narcotiques) au point qu'il ne peut exprimer de sentiments authentiques et spontanés, qu'il ne peut formuler de pensées claires, ni agir de façon responsable. Le partenaire dépendant de la drogue voit son accessibilité en tant que personne authentique gravement compromise, ce qui rend à peu près impossible toute véritable intimité. De même, si l'un ou l'autre partenaire est dépendant d'une forme de comportement compulsif, comme le jeu ou la dépense effrénée, il peut difficilement participer à part entière à l'édification de la relation.

Les besoins des partenaires varient grandement en ce qui a trait à la quantité de temps, d'intimité et de partage dont ils ont besoin pour se sentir bien dans leur relation avec l'autre; certains ont besoin de passer plus de temps ensemble, d'autres moins. Mais pour qu'une relation amoureuse soit nourrie, les deux partenaires doivent être accessibles dans une mesure qu'ils trouvent tous deux acceptable et plaisante.

Au contraire, l'état amoureux peut exister à l'égard d'une personne qui a des engagements ailleurs ou n'est pas libre sur le plan affectif. En fait, le caractère évasif, l'inconstance et l'inaccessibilité de l'autre intensifient l'état amoureux de certaines personnes.

4. Les partenaires qui vivent une relation amoureuse saine connaissent la joie et le confort qui découlent du fait d'avoir un partenaire sur lequel ils peuvent compter au besoin. Ils sont conscients de jouir d'un soutien propre à alléger les petites contrariétés et les tragédies de la vie. Ils savent qu'ils recevront des sourires et des éloges pour leurs petites victoires et pour leurs triomphes héroïques. Mais ceux qui éprouvent d'intenses sentiments amoureux en dehors d'une relation amoureuse sont privés du sentiment de force et de sécurité qui découlent de la constance d'un partenaire. Quand une de ses chroniqueuses tomba malade et ne put terminer son article pour la livraison suivante, Carole exprima librement ses inquiétudes à David au cours du « compte rendu de mission » qu'ils se donnaient mutuellement à la fin de la journée de travail, et elle se sentit plus légère et moins seule. Quand elle fut promue au poste de directrice, il souligna l'événement en lui offrant des fleurs et en l'emmenant dans un restaurant chic. Comparez cela au manque d'intérêt évident que Marc manifestait pour le travail de Carole et au fait que, lorsqu'elle se sentit dévastée au moment du décès subit de son père, il l'accompagna aux funérailles, mais non à l'enterrement parce qu'il partait en ski pour une semaine.

Malheureusement, chez bien des gens, l'état amoureux se trouve amplifié par le fait qu'ils ne peuvent pas compter sur leur partenaire. S'ils ont une bonne raison de se méfier de leur partenaire, d'être jaloux de lui ou de douter de son affection, ils font des efforts encore plus obsessifs pour l'amener à être là afin d'avoir l'impression de pouvoir compter sur lui. Ils sont attachés à l'autre par des liens d'insécurité et prennent à tort cette tension pour de la passion.

5. Les personnes qui vivent une relation amoureuse ont souvent de nombreux buts, points de vue et intérêts communs, et ces similitudes approfondissent leur intimité et leur joie d'être ensemble. Mais on peut éprouver de l'amour pour quelqu'un dont la personnalité, les besoins, l'attitude et l'orientation sont tellement différents des siens qu'une relation amoureuse est impossible. Cela peut se produire lorsqu'une attirance puissante rend les partenaires aveugles au fait qu'ils n'ont rien en commun. Cela se produit souvent quand «les contraires s'attirent», comme c'est le cas quand une personne

J'ai l'impression de vous connaître depuis toujours.

très émotive, impulsive et inconstante, qui cherche une plus grande stabilité et des limites, est attirée par une personne compulsive, rigide et fiable, qui, séduite par la spontanéité de l'autre, espère apprendre à voler. Comme le dit tristement une chanson populaire : « Je reste seul au sol, toi, tu voles dans les airs ». Si la différence n'est pas extrême, elle peut en fait pimenter la relation amoureuse et permettre à chaque partenaire de profiter des avantages inhérents à la personnalité de l'autre. Cela est particulièrement vrai s'il y a suffisamment d'affection entre les partenaires pour qu'ils puissent au moins tolérer les différences qu'ils n'apprécient pas vraiment. Si ces différences sont trop appréciables, toutefois, une interaction prolongée a des chances de ronger le sentiment amoureux, aussi romantique eût-il été jadis. Par ailleurs, quand les amoureux reconnaissent chez l'autre les qualités qu'ils préfèrent en eux-mêmes, cela tisse entre eux un affectueux lien de familiarité.

6. Une relation amoureuse peut aider les gens à s'apprécier eux-mêmes, et à apprécier leur partenaire et la vie. Elle peut les rendre plus énergiques et optimistes, et améliorer leur bien-être physique. Certes, l'état amoureux peut créer un bienêtre merveilleux au début, mais sans relation amoureuse, il détruira tôt ou tard l'estime de soi de la personne, son appréciation de l'autre et de la vie. Il peut faire en sorte qu'elle se sente vidée, pessimiste, préoccupée, déprimée et désorientée. Il peut même entraîner toutes sortes de maux physiques et de récriminations à cet égard.

Lorsque Carole vint me consulter au sujet de sa relation avec Marc, elle était très agitée et ne maîtrisait plus son alimentation. Chaque fois que Marc s'éloignait d'elle ou disparaissait, elle dévorait le contenu entier de son réfrigérateur. Puis, terrifiée à la pensée que Marc pourrait la rejeter pour de bon parce qu'elle avait grossi, elle cessait de manger et se purgeait. Elle se mit à avoir des papillons dans la poitrine que l'on diagnostiqua comme de l'arythmie cardiaque ou « palpitations ». Son travail en souffrit également ; même si son emploi ne fut jamais menacé, elle perdit sa créativité et ses efforts manquèrent d'inspiration. Après avoir mis fin à sa relation et traversé une période difficile de dépression et de solitude, elle recommença à élargir ses horizons, et son travail lui parut de nouveau agréable et passionnant. Lorsqu'elle amorça une relation riche et satisfaisante avec David, elle devint encore plus productive et originale au travail, son poids se stabilisa et les déconcertantes palpitations disparurent en majeure partie.

Le contentement que trouvait Carole auprès de David illustre le fait qu'une relation amoureuse saine peut nous procurer un sentiment de paix intérieure, l'impression d'être à l'aise avec nous-mêmes et avec le monde, une sensation de bien-être et de joie. Ces sentiments seront sans doute plus intenses si nous avons parcouru un long chemin pour les atteindre, mais il ne fait aucun doute qu'ils ont des chances de s'épanouir encore plus pleinement au sein d'une relation amoureuse profondément satisfaisante.

JE T'AIME ET TU AIMES

Une relation amoureuse peut combler bien des besoins, désirs et aspirations. Ceux-ci proviennent de nombreuses couches de notre histoire et demeurent en nous peu importe notre âge. Le bébé en nous veut être tenu, caressé, nourri et se sentir en sécurité. L'enfant en nous veut jouer, être adoré et admiré pour tout ce que nous faisons et sommes. L'adolescent en nous veut qu'on lui dise et qu'on lui montre que nous sommes attirants, forts, désirables et somme toute, merveilleux. L'adulte que nous sommes veut tout cela et désire un partenaire qui soit un compagnon particulier, dévoué, romantique et capable de partager notre voyage de la vie. Les sentiments sensuels et sexuels de nos moi enfant, adolescent et adulte aspirent à être satisfaits dans un contexte affectueux et sûr. Mais la cause la plus importante de l'attrait universel et du caractère inestimable de l'amour tient à notre profond désir de tenir la première place dans la vie de quelqu'un. Ethel Person exprime ceci de la façon suivante: «Être la personne la plus importante dans la vie de quelqu'un est l'une des prémisses déterminantes de l'amour passionné.» Elle nous rappelle que «exception faite de brefs moments de la petite enfance et de l'enfance (dont nous n'étions sans doute même pas conscients), nous passons rarement en premier. Mais l'amour nous redonne cet état extatique. »

Il est clair qu'occuper ou vouloir occuper la première place dans le cœur et la vie de quelqu'un est un élément crucial de l'expérience du sentiment amoureux. Mais si nous voulons définir non seulement les sentiments amoureux mais également l'état associé à une *relation amoureuse*, il faut élargir cette définition : *Si vous avez une relation amoureuse, cela sous-entend que vous êtes la personne la plus importante dans la vie de celle qui occupe la première place dans la vôtre, de sorte qu'il existe entre vous une tendresse, une sollicitude, un engagement et une joie de voir l'autre exister qui sont mutuels.* Pour la plupart des gens, il s'agit là de la récompense ultime, l'Oscar, l'Emmy, le Grammy, le prix Nobel, la réussite ultime dans le domaine interpersonnel.

UNE ANALYSE DE LA RELATION AMOUREUSE

Comment savoir s'il existe entre vous et la personne que vous aimez « une tendresse, une sollicitude, un engagement et une joie de voir l'autre exister qui sont mutuels », tous sentiments qui caractérisent une relation amoureuse ? Pour y voir plus clairement, vous trouverez sans doute utile de répondre au *questionnaire sur la relation amoureuse* que j'ai élaboré ci-dessous. Ce questionnaire comprend trente-cinq affirmations touchant vos sentiments à l'égard de la personne dont vous êtes épris et avec laquelle vous êtes *malheureux* actuellement (il peut s'agir de votre dernier partenaire ou d'un partenaire typique). Il se divise en deux parties, représentées par les deux colonnes. Pour l'instant, contentez-vous de remplir la colonne intitulée « Pour ma part ». Pour chaque affirmation, choisissez, parmi les lettres ci-dessous, celles qui expriment de la façon la plus exacte vos sentiments par rapport à elle.

V = Vrai
VP = Vrai la plupart du temps
FP = Faux la plupart du temps
F = Faux

QUESTIONNAIRE SUR LA RELATION AMOUREUSE

	Pour ma part	Pour sa part	Ce que je souhaite
1. Rendre mon partenaire heureux me remplit de joie.	_____	_____	_____
2. J'éprouve une très grande attirance physique pour mon partenaire.	_____	_____	_____
3. Je veux passer le reste de ma vie avec lui.	_____	_____	_____
4. Quand nous sommes séparés pendant une longue période, elle me manque terriblement.	_____	_____	_____
5. Je suis certaine que je suis amoureuse de lui.	_____	_____	_____
6. Son bien-être est aussi important à mes yeux que le mien.	_____	_____	_____
7. Ma vie serait vide et stérile si notre relation devait finir.	_____	_____	_____
8. Je ne suis jamais plus heureux que quand je suis avec elle et que tout va bien.	_____	_____	_____
9. Il n'y a personne au monde que j'aimerais autant.	_____	_____	_____
10. J'ai le sentiment que nous sommes parfaits l'un pour l'autre.	_____	_____	_____
11. Aucune autre personne digne de valeur ne pourrait m'aimer.	_____	_____	_____
12. Je n'aurais jamais autant de plaisir à faire l'amour avec quelqu'un d'autre.	_____	_____	_____
13. Je pense presque tout le temps à lui.	_____	_____	_____

	Pour ma part	Pour sa part	Ce que je souhaite
14. Je cherche des occasions de lui faire plaisir.	———	———	———
15. Je veux être à ses côtés qu'elle soit malade ou en santé.	———	———	———
16. Je l'accepte assez bien tel qu'il est.	———	———	———
17. J'ai toujours hâte d'être avec elle.	———	———	———
18. Je le connais si bien.	———	———	———
19. Elle me connaît si bien.	———	———	———
20. Je peux lui parler de n'importe quoi ou presque.	———	———	———
21. Je me sens en sécurité avec lui.	———	———	———
22. J'ai toujours hâte de faire l'amour avec elle.	———	———	———
23. Je suis follement amoureuse de lui.	———	———	———
24. C'est une personne très fiable.	———	———	———
25. Je suis disposé à donner au moins autant que je reçois.	———	———	———
26. Je peux être très ouverte et je peux révéler mes sentiments avec lui.	———	———	———
27. J'aime comment je me sens quand je suis avec elle.	———	———	———
28. Il m'accepte comme je suis.	———	———	———
29. J'ai confiance en elle.	———	———	———
30. Je veux être monogame avec lui.	———	———	———
31. Je suis prêt à tolérer qu'elle se conduise mal avec moi de temps en temps du moment qu'elle m'aime.	———	———	———

	Pour ma part	Pour sa part	Ce que je souhaite
32. Je pense que je l'aime plus qu'il ne m'aime.	————	————	————
33. Je pense qu'elle m'aime plus que je ne l'aime.	————	————	————
34. J'éprouve parfois un sentiment d'oppression et d'asphyxie dans cette relation.	————	————	————
35. Je ne voudrais pas vivre sans lui.	————	————	————

À QUOI RESSEMBLE VOTRE RELATION ?

En remplissant la colonne « Pour ma part » du questionnaire, vous obtiendrez une vue d'ensemble de vos principaux sentiments, espoirs et objectifs au sein de votre relation malheureuse. Relisez attentivement vos réponses. Quel effet produit sur vous le tableau qui se dessine ? Aimez-vous le vous qui est engagé dans cette relation ? Auriez-vous souhaité que vos réponses soient différentes ?

Si ce tableau peut vous être utile, il ne reflète cependant que vos sentiments et non pas la relation dans son ensemble. Pour cela, vous aurez besoin de l'autre moitié. Donc, remplissez maintenant la colonne intitulée « Pour sa part », mais, cette fois, faites comme si vous étiez la personne qui vous rend malheureux. Autrement dit, *mettez-vous à la place de votre partenaire* et *imaginez* du mieux que vous pouvez ce qu'il répondrait s'il remplissait lui-même ce questionnaire sur ses sentiments à votre égard.

Lorsque vous aurez terminé, comparez les réponses que vous attribuez à votre partenaire avec les vôtres. Si vous avez répondu avec franchise, vous obtiendrez un portrait de l'interaction, que vous pourrez accrocher au mur, pour ainsi dire, et examiner avec un certain recul. Que voyez-vous ? En regardant les deux jeux de réponses, posez-vous la question suivante : « Y a-t-il suffisamment d'amour, d'objectifs communs et d'attentions gentilles pour soutenir une relation d'amour heureuse ? »

Quoiqu'une relation ne soit jamais pareille pour les deux partenaires ni caractérisée par des sentiments et des objectifs parfaitement égaux, si l'écart est trop grand entre les sentiments et les
buts des partenaires, le fondement émotif de la relation sera
imparfait, chancelant et présentera certains dangers.

Lorsque Carole répondit au questionnaire, le contraste entre
les deux colonnes, même s'il était prévisible, n'en était pas moins
saisissant. Par exemple, en ce qui touchait l'affirmation «Je
cherche des occasions de lui faire plaisir», Carole répondit «vrai»
pour elle-même, mais «faux» pour Marc. Le même modèle réapparut dans le cas de plusieurs autres énoncés, notamment:

> «Son bien-être est aussi important à mes yeux que le
> mien.»
> «Je veux être à ses côtés qu'il soit malade ou en santé.»
> «Je suis follement amoureuse de lui.»
> «Je suis prête à tolérer qu'il se conduise mal avec moi de
> temps en temps du moment qu'il m'aime.»
> «Je pense beaucoup à lui.»

Plus tard, quand Carole tomba amoureuse de David, elle
refit le test en pensant à lui. En décrivant ses propres sentiments, elle donna en grande partie les mêmes réponses positives que dans le cas de Marc. Mais les réponses qu'elle prêta à
David étaient aussi positives, contrairement à celles qu'elle
avait attribuées à Marc. En d'autres termes, *il était clair que
David et elle éprouvaient des sentiments réciproques sur ces points, tandis que ce n'était pas le cas pour Marc.* D'autres énoncés reflétaient
des différences similaires entre les deux relations. Carole voyait
bien que ses sentiments et objectifs à l'égard de Marc ressemblaient si peu à ceux de Marc par rapport à elle qu'une relation
amoureuse vraiment satisfaisante n'avait jamais été possible.
Avec David, au contraire, la similitude de leurs sentiments réciproques et de leurs objectifs relationnels offrait un terrain fer-
tile pour la croissance de l'intimité, de l'engagement et du bonheur. Il est intéressant de noter, sans que l'on s'en étonne pour
autant, que lorsque David remplit à son tour le questionnaire,

ses réponses ressemblaient, à peu de chose près, à celles que Carole lui avait prêtées.

(Certains énoncés suscitèrent des réponses étonnantes. À l'affirmation «Je me sens en sécurité avec lui», Carole se surprit à répondre «vrai la plupart du temps» en ce qui avait trait à Marc. Je lui demandai pourquoi elle disait se sentir en sécurité avec Marc, alors qu'il la traitait avec aussi peu de considération. Elle répondit: «Je sais qu'en réalité, je n'étais pas du tout rassurée avec lui, mais je crois que son indifférence et sa méchanceté m'étaient familières, car je les avais connues dans l'enfance, et que ce caractère familier sécurisait étrangement la petite fille en moi.»)

On peut utiliser le questionnaire de maintes façons différentes. Si vous avez un nouvel amoureux dans votre vie, vous pouvez, comme Carole le fit avec David, lui demander de le remplir et comparer ses réponses aux vôtres. Si vous le voulez tous les deux, vous pourriez trouver utile de revoir vos réponses ensemble: discutez de leurs similarités et différences, tentez de comprendre la façon d'être et les sentiments de chacun dans la relation, remarquez dans quels domaines vous êtes déçu ou heureux des réponses de l'autre et voyez sur quel fondement vous pourriez édifier une relation amoureuse et quels aspects laissent à désirer.

Si vous craignez de ne pas pouvoir être objectif en devinant les réponses de la personne dont vous êtes amoureux, vous pourriez demander à un ami qui vous connaît bien et qui a observé votre relation de remplir le questionnaire à la place de votre partenaire. Cela vous donnera un point de vue «extérieur» au vôtre. Par exemple, lorsque Bertrand répondit au questionnaire en se mettant dans la peau de Diane, celle-ci apparut comme un être affectueux, prévenant et attentif. Un ami de Bertrand, qui les avait vus ensemble, jugea qu'il était très loin de la vérité et répondit lui-même aux questions comme il croyait que Diane l'aurait fait si elle avait été honnête. Une Diane beaucoup moins aimante, moins généreuse et plus égocentrique émergea. La différence força Bertrand à affronter des aspects de Diane que sa propension à prendre ses désirs pour la réalité l'avait empêché de reconnaître.

Le questionnaire peut avoir une autre utilité. *Faites semblant que vous êtes la personne que vous n'avez peut-être pas encore rencontrée, mais avec qui vous espérez un jour être heureux en amour.* Remplissez le questionnaire en songeant à ce futur partenaire inconnu, mais désiré. Cela devrait vous donner une bonne idée de ce que vous voulez vraiment (ou idéalement) ressentir à son égard. Puis remplissez la deuxième colonne comme le ferait cet inconnu en décrivant ses sentiments à votre égard. Cela devrait vous éclairer sur la façon dont vous voulez être perçu et aimé. Laissez ces deux jeux de réponses former un schéma approximatif de la relation que vous cherchez.

CESSEZ DE VOUS EN PASSER

La différence entre avoir une relation amoureuse et être amoureux sans relation amoureuse peut se comparer à la différence, lorsque l'on a soif, entre une gorgée d'eau fraîche et une bouchée de sable. Si vous vous contentez du sable, demandez-vous pourquoi vous ne cherchez pas plutôt de l'eau fraîche.

Il y a des gens dont la vie, au lieu de s'épanouir dans l'amour, est devenue un désert aride. Ces gens n'ont pas de relation amoureuse et ne sont pas amoureux. Certains ont eu des liaisons amoureuses qui étaient si décevantes ou blessantes qu'ils répugnent à en avoir de nouvelles. C'est comme s'ils souffraient d'une forme de névrose traumatique. D'autres qui vivent dans cet état sans amour n'ont pas subi de grandes blessures. En fait, certains n'ont simplement jamais connu de relation amoureuse et se demandent pourquoi. Ils ignorent s'il faut imputer ce sort à leur incapacité d'être amoureux ou de nouer une relation amoureuse, ou à la simple malchance.

Que l'amour soit absent de votre vie ou que vous soyez amoureux en dehors d'une relation amoureuse, vous avez peut-être l'impression de vous trouver sur un terrain plutôt aride. Heureusement, il existe des signaux et des cartes qui peuvent vous guider vers un lieu plus heureux et plus hospitalier. Commençons par examiner quelques-uns des pièges et obstacles qui se dressent peut-être sur votre chemin.

CHAPITRE 3

Dépendance amoureuse
et relation amoureuse

Lorsque Carole vint me consulter la première fois, je lui demandai comment elle avait connu Marc. Elle se trouvait dans un club de santé et était en train de faire des exercices destinés à raffermir ses muscles fessiers quand un homme mince et musclé passa près d'elle et lui dit sans sourire ni s'arrêter: «C'est inutile.» «J'ai éprouvé une attirance immédiate pour lui», de dire Carole. Elle le suivit, se présenta et apprit qu'il s'appelait Marc. Leur relation progressa, depuis les rencontres non planifiées au club de santé jusqu'aux sorties organisées, mais un élément demeura constant au centre de leur interaction: Marc continua de l'insulter et elle continua de courir après lui.

Je demande toujours aux personnes qui me consultent au sujet de leur relation amoureuse comment elles ont rencontré leur partenaire, car souvent, la façon dont commence une relation est un indice de la façon dont elle évoluera. Milan Kundera, l'écrivain tchèque, écrit dans *Le livre du rire et de l'oubli*:

> (...) toute relation amoureuse repose sur des conventions non écrites que ceux qui s'aiment concluent inconsidérément dans les premières semaines de leur

amour. Ils sont encore dans une sorte de rêve, mais en même temps, sans le savoir, ils rédigent, en juristes intraitables, les clauses détaillées de leur contrat. Oh ! amants, soyez prudents en ces premiers jours dangereux ! Si vous portez à l'autre son petit déjeuner au lit, vous devrez le lui porter à jamais si vous ne voulez pas être accusés de non-amour et de trahison.

Les efforts continuels que déploya Carole pour poursuivre Marc ne furent pas tous vains. Elle réussit à susciter des moments de profonde intimité, d'ouverture et de passion. Puis

— et cela l'étonnait toujours — Marc se fermait brusquement ou l'attaquait et la critiquait sur tout. Un jour qu'il venait d'annuler un voyage qu'ils devaient effectuer pendant le week-end, elle découvrit qu'il était parti avec une autre femme, et ils eurent une violente querelle. Elle lui dit que cette fois, c'était vraiment fini. Il répondit qu'il était d'accord parce qu'elle ne l'excitait plus.

Carole fut dévastée et souffrit du syndrome de manque: crises de larmes, insomnie et nausées. Elle s'absenta de son travail à plusieurs reprises. Quelques semaines plus tard, se sentant un peu mieux, elle retourna au club de santé. Au moment où elle commençait l'exercice pour les muscles fessiers, Marc réapparut soudain. Carole fut bouleversée par cette coïncidence: comme c'était romantique qu'après leur ridicule petite prise de bec, ils se rencontrent de nouveau comme le tout premier jour. Elle était certaine qu'il éprouvait les mêmes sentiments qu'elle. Il la regarda froidement et dit en ricanant: «C'est toujours aussi inutile.» Carole s'enfuit en pleurant, ses blessures rouvertes. C'est à ce moment-là que, sur l'insistance d'une amie, elle prit son premier rendez-vous en psychothérapie avec moi.

Je me demandais ce qui, dans l'histoire de Carole, la poussait non seulement à accepter le rejet et les insultes de Marc, mais encore à en redemander sans cesse. Et même si je me souciais avant tout de Carole, je ne pouvais m'empêcher de me demander ce qui, dans les antécédents de Marc, l'incitait à traiter cette femme accommodante et accomplie avec un tel mépris. Mes suppositions prirent un tour très fantaisiste. Trente ans auparavant, alors que j'étais un jeune étudiant diplômé, j'avais examiné un garçonnet de sept ans prénommé Marc qui était fort agressif et dur. C'était un garçon nerveux, à la mine revêche et sérieuse. Je lui avais fait passer un test projectif et l'une de ses réponses était demeurée gravée dans mon esprit. Je lui avais demandé quel animal il aimerait être. Sa réponse avait fusé: «Un chiot.» Je lui demandai pourquoi. Il répondit: «Parce que les chiots sont mignons et que tout le monde me prendrait et me caresserait.» Je lui donnai une feuille de papier en lui demandant de dessiner le chiot qu'il aimerait être. Il dessina un animal à quatre pattes vu de côté, puis, en commençant par le cou, il traça de petits traits qui sortaient de la colonne vertébrale en disant: «Voilà son poil.» Chaque trait était de plus en plus long de sorte que, quand il arriva au derrière de son chiot, ils étaient très longs. L'enfant regarda son dessin et dit: «Non, ce n'est pas un chiot, c'est un porc-épic. Il a de longues aiguilles pour tenir les gens à distance et ne pas être blessé.»

Tout était là: son désir d'affection et de caresses, sa peur d'être blessé, s'il laissait quelqu'un s'approcher suffisamment pour lui prodiguer cette affection, et les piquants qu'il utilisait dans son comportement pour garder les autres à distance. Et son dessin suggérait aussi que déjà, dans sa courte vie, Marc avait vécu des expériences suffisamment douloureuses en rapport avec l'intimité pour l'amener à lui préférer les piquants.

Pouvait-il s'agir du même Marc? Son âge concordait, son comportement à l'égard de Carole était «piquant», et Carole décrivait des moments où Marc manifestait brièvement un côté vulnérable et assoiffé de tendresse. Je sursautai un jour lorsqu'elle me dit: «Parfois, il me fait penser à un petit chien.» Je n'ai jamais su si c'était le même Marc et je ne le saurai sans doute jamais, mais j'en ai appris beaucoup sur la raison qui poussait Carole à accepter d'être traitée aussi rudement dans son désir désespéré de mériter l'amour de Marc.

Carole et moi explorâmes ensemble les éléments de l'histoire de sa vie qui la rendaient vulnérable par rapport à Marc. «Y a-t-il eu des moments dans votre enfance, bien avant que vous sortiez avec des hommes, où vous avez dû vous démener comme un diable pour amener quelqu'un à combler vos besoins d'affection et d'attention?» Carole sentait que, de différentes manières, elle avait dû faire des efforts pour obtenir de l'affection de chacun de ses parents. Elle décrivit sa mère comme une femme courtaude, faite comme une bouche d'incendie. «Et elle était à peu près aussi froide, dure et insensible», ajouta-t-elle. «Je ne m'en rendais pas compte quand j'étais enfant. Je croyais que toutes les mères étaient comme ça. Puis j'ai vu que les mères de certaines de mes amies étaient très différentes et j'ai commencé à penser que la mienne n'était pas affectueuse ni aimante comme elles parce que quelque chose clochait chez moi. J'essayais sans relâche de comprendre ce que c'était. »

Le père de Carole était grand, musclé et en proie à de fréquentes sautes d'humeur. Lorsqu'il était de bonne humeur, il apportait du soleil dans la maison. Elle se rappelle qu'il la lançait dans les airs quand elle était petite. « Et quand j'avais à peu près dix ou onze ans, il m'emmenait parfois avec lui (il était représentant de commerce) juste pour que je lui tienne compagnie. J'adorais ça. Il me parlait dans la voiture et il semblait si fier de me présenter à ses clients. » Malheureusement, ces occasions excitantes étaient rares, par rapport aux moments où il critiquait et désapprouvait Carole. Il lui arrivait de se moquer de l'apparence de sa fille. Souvent, il se retranchait dans un silence bourru, et Carole appréhendait tellement ces sombres humeurs qu'elle s'efforçait de les prévenir en cherchant à lui faire plaisir, à le divertir et à l'aider. Parfois, cela marchait et elle se sentait appréciée. À d'autres moments, elle en faisait trop et « gâchait tout ». Elle se rappelait une fois où elle lui avait donné un coup de main en postant des circulaires à ses clients. « Je voulais tant mériter son approbation que j'en ai posté plus qu'il ne m'avait demandé. Je ne m'étais pas rendu compte que j'utilisais la liste des gens qui lui devaient de l'argent. Il était furieux et m'a traitée d'idiote et d'incompétente. Cela me fait encore mal. »

Carole vit de plus en plus clairement le lien entre son asservissement émotif à Marc et le désir de l'enfant qu'elle avait été de mériter l'amour et l'approbation de ses parents. « J'ai fait ça toute ma vie. Même mon premier amoureux à l'école secondaire me traitait comme un chien et pelota ma meilleure amie pendant une soirée à laquelle il m'avait invitée. J'étais abattue et je suis allée beaucoup plus loin sexuellement avec lui que je n'aurais dû le faire à cet âge-là parce que j'étais prête à tout pour lui plaire. » Elle vit peu à peu que l'attrait magnétique que Marc exerçait sur elle n'avait rien à voir avec lui. Un jour, elle me dit: « Cet attrait a plus à voir avec la fillette désespérée en moi qui essaie de tirer de l'amour d'une pierre. Toute ma vie, j'ai ressenti ce besoin qui a porté le nom d'autres personnes à différents moments. Cette fois, il se trouve qu'il s'appelle Marc. »

La codépendance amoureuse

La ressemblance entre des personnes comme Carole, qui n'arrivent pas à quitter une relation malsaine, et celles qui sont incapables de cesser de fumer, de trop boire, ou de consommer de la drogue est tellement frappante qu'il devint évident, il y a quelque temps, que cet attachement à des relations insatisfaisantes et destructrices pouvait être mieux compris si on le voyait comme une dépendance. La notion de dépendance amoureuse est désormais familière à bien des gens. En fait, quand j'emploie ce terme avec mes clients, certains me répondent impatiemment: « Je connais très bien ce sujet » ou même « Pas encore ça ». Pour bien d'autres, toutefois, l'idée qu'ils souffrent d'une dépendance amoureuse les foudroie comme l'éclair, illuminant et modifiant leur façon de se percevoir et de percevoir leurs relations. Mais même ceux qui ont l'impression de tout savoir sur la dépendance amoureuse peuvent approfondir leurs connaissances en révisant ce concept en évolution constante. J'ai travaillé avec des drogués de l'amour pendant de nombreuses années, mais chaque jour, je fais face à des tours et détours nouveaux et inattendus. Si vous voulez sortir et demeurer à l'écart de ces liens fatals, vous n'en saurez jamais trop sur la dépendance amoureuse. La connaissance est une source de pouvoir, surtout quand on l'applique à la compréhension de soi-même. Qui plus est, si vous apprenez ce que vous devez savoir pour *éviter de nouer une relation codépendante*, vous apprendrez une grande partie de ce que vous devez savoir pour *établir une relation amoureuse qui ne soit pas codépendante*.

Le langage de la dépendance

Il existe une ressemblance frappante entre les façons dont les gens décrivent la dépendance envers une substance toxique et la dépendance obsessive envers une personne précise. Si vous écoutez attentivement les gens (et peut-être vous-même) parler de leur obsession amoureuse, vous entendrez le langage de la dépendance. Lisez attentivement les affirmations ci-dessous. Ne pourraient-elles pas, avec quelques légères modifications, être prononcées par un toxicomane ou un alcoolique ?

> « Chaque fois que je m'apprête à y mettre fin, je m'affole. »
>
> « La vie sans elle est tout à fait dénuée de joie ou d'excitation. »
>
> « Il y a une partie de moi qui refuse de renoncer à lui. »
>
> « Je me suis interdit de l'appeler pendant près de deux semaines, puis je n'ai pas pu m'en empêcher — c'est comme si j'avais besoin de ma dose. »
>
> « Je me disais que ça ne pouvait pas me faire du tort de le revoir juste une fois, mais cette rencontre a réveillé mon obsession. »
>
> « Je sais qu'elle est comme un poison pour moi, mais elle m'attire comme un aimant et je ne me domine plus. »
>
> « Je pourrais avoir d'autres femmes, mais elle a quelque chose qui m'allume comme personne d'autre. »
>
> Et, bien sûr, « Je ne peux pas vivre sans lui. »

Comment peut-on être dépendant de quelque chose qui n'est pas une substance chimique ? Les études et observations effectuées sur les personnes souffrant d'une dépendance chimique laissent entendre qu'un des éléments essentiels réside souvent, non pas dans la substance comme telle, mais bien dans la personne dépendante. Quel est cet élément dans le cas de la dépendance amoureuse ? On peut comprendre la réponse en se penchant sur les motifs invoqués par ceux qui poursuivent des relations clairement malsaines pour eux.

« Elle comble un vide terrible à l'intérieur de moi. »

« Je ne me sens vraiment vivante que quand je suis avec lui. »

« Je me sens incomplet sans elle. Elle fait de moi un être complet. »

« Même si elle me fait mourir, la seule idée de ne plus jamais la revoir m'ôte toute envie de vivre. »

« Sans lui, j'ai peur et je suis inquiète. Même s'il me rend malheureuse, je me sens en sécurité quand il me prend dans ses bras. »

« Je suis déprimée et malheureuse la plupart du temps quand je suis avec lui, mais il y a quelque chose de tellement particulier, de tellement électrique à sentir ma peau contre la sienne. »

« Si je mets fin à cette relation, je pleurerai jusqu'à la fin de mes jours. »

« Je suis tellement habituée à sa présence, à ses habitudes et aux choses que nous faisons ensemble que je serais perdue sans lui. »

Ces affirmations indiquent que l'élément accoutumant est quelque chose de profond et de primitif, qui remonte à la prime enfance de chacun. J'ai baptisé cet élément « soif d'attachement ». Nous avons tous vécu la même expérience humaine universelle : chacun de nous a traversé une période — la prime enfance et l'enfance — de dépendance totale envers un autre être humain. Nous avions besoin d'être attachés à quelqu'un, en général notre mère, afin de survivre et de nous sentir en sécurité, dignes de valeur, complets et heureux. Notre dépendance envers cette personne a déjà été totale.

Tout au long de notre vie, nous conservons un peu de ce besoin primaire d'attachement. Il est trop profondément ancré en nous pour que nous puissions le rayer complètement de notre répertoire de besoins et de désirs profonds. En général, nous tentons de le combler en nouant une relation amoureuse. Cette tentative très humaine n'a rien de mauvais ni de pathologique en soi. En fait, si les partenaires sont affectueux, compatibles et éprouvent des sentiments réciproques, ils peuvent laisser émerger en toute quiétude un grand nombre de leurs besoins enfantins qui n'ont jamais été proprement comblés. En autant que ces besoins ne soient pas écrasants ni insatiables, ils attireront sans doute une réponse satisfaisante et curative. Lorsque les partenaires réagissent de façon réciproque et aimante au profond désir d'attachement de l'autre, leur relation devient plus particulière et plus passionnée, et son pouvoir de cohésion s'en trouve renforcé.

Mais certaines personnes, comme Carole, ont souffert de telles lacunes dans les premières années de leur vie que leur désir d'attachement domine leurs pensées et sentiments. Des désirs courants et normaux se transforment alors en besoins maladifs constants et féroces, qui dégénèrent en ce que j'appelle une *soif d'attachement*. Cette soif d'attachement peut nous pousser à poursuivre des personnes peu aptes à satisfaire nos besoins à cet égard ou à demeurer en relation avec ces personnes. Le sentiment de privation et d'insécurité qu'entraînent ces mauvais choix intensifie alors notre soif d'attachement, et *quand la soif d'attachement devient si forte qu'elle domine notre jugement concernant ce qui nous convient le mieux, nous devenons codépendants.* Que nous ayons vingt-cinq, trente-cinq ou soixante-cinq ans, quand la soif d'attachement prend le dessus, nous avons l'état mental d'une très jeune enfant ou d'un petit bébé. Nous croyons que notre bonheur et notre valeur dépendent d'une personne en particulier. Nous cessons de maîtriser cet aspect de notre vie.

LES SIGNES DE LA CODÉPENDANCE
Comment déterminer si vous êtes dépendant de quelqu'un ? Voici plusieurs indices qui permettent de diagnostiquer une codépendance.

1. Même si votre jugement objectif (et peut-être celui des autres) vous dit que votre relation est malsaine pour vous et que vous ne pouvez pas de façon réaliste espérer qu'elle s'améliore, vous ne faites absolument rien pour y mettre fin.

2. Vous invoquez, pour ne pas rompre, des raisons qui ne tiennent pas debout et ne sont pas assez solides pour compenser les aspects négatifs de la relation.

3. Vous éprouvez un sentiment de vide intérieur, d'insuffisance, de solitude et d'insécurité auquel vous croyez ne pouvoir remédier qu'en restant relié à cette personne particulière.

4. L'idée de terminer votre relation ou de vivre sans votre partenaire vous terrifie. Ce sentiment se change en panique si vous faites un pas dans cette direction. Une femme disait : « Chaque fois que je m'apprête à l'appeler pour lui dire que c'est terminé, je fais une crise d'anxiété tellement grave que j'ai du mal à respirer. L'idée de vivre sans lui me terrifie. »

5. Si vous prenez des mesures pour mettre fin à votre relation, vous souffrez de symptômes de l'état de manque qui peuvent prendre la forme suivante : tremblements, crises de larmes, insomnie, sommeil excessif, manque d'appétit, accès de boulimie, douleurs dans la poitrine, troubles gastriques et intestinaux, et sentiments de dépression ou de chagrin.

6. Une fois la relation terminée, vous éprouvez un besoin pressant de renouer avec la personne. Un homme disait : « Mes doigts composaient d'eux-mêmes son numéro de téléphone. » Une femme avoue s'être sentie forcée de marcher dans les rues où elle était susceptible de rencontrer par hasard l'homme qu'elle venait de quitter.

UNE MISSION IMPOSSIBLE

Le désir ardent de remédier à une privation qui remonte à l'enfance constitue souvent le fondement des dépendances amoureuses. À l'instar de Carole, bien des hommes et des femmes cherchent l'amour qu'ils n'ont pas reçu étant enfants en tentant à répétition de le tirer d'une source impossible ou inflexible. Je songe à Henri, qui avait soixante-deux ans et qui possédait une chaîne prospère de nettoyage à sec. Il avait été marié pendant quinze ans à une femme dont la froideur et l'insensibilité l'avaient incité à la poursuivre sans relâche pendant trois ans avant qu'elle accepte de mauvaise grâce sa demande en mariage. Le mariage et les enfants ne rendirent pas cette femme plus affectueuse, et après dix années de ce qu'il appela «vivre sur un glacier», Henri se lança dans une série de liaisons intenses, mais brèves et peu importantes sur le plan affectif. Il finit par divorcer et, au cours des deux décennies ou presque qui suivirent, il eut plus de femmes dans sa vie qu'il ne peut se le rappeler. Il avait renoncé à la possibilité de nouer une relation durable et vraiment satisfaisante quand, au cours d'une soirée, il fit la connaissance de Régine, dont la beauté et l'indépendance distante le frappèrent. «Vous semblez fière, lui dit-il, et ça me plaît.» (Henri n'est pas le seul à se leurrer avec un mot positif comme «fière», alors que des qualificatifs comme «glacée» ou «arrogante» seraient plus appropriés et l'avertiraient beaucoup mieux des dangers qui l'attendent.) Il remarqua qu'elle n'était pas très accueillante, mais il lui demanda son numéro de téléphone et elle le lui donna, puis ils se mirent à sortir ensemble.

Le premier soir, Régine lui confia qu'elle avait renoncé aux hommes et qu'elle ne voulait plus s'engager dans une relation amoureuse. «C'est exactement ce que je ressentais jusqu'à aujourd'hui», répondit Henri. Il continua de sortir avec elle, lui apportant toujours des fleurs ou un petit présent, qu'elle recevait avec un merci poli, mais réservé. Comme il la voyait de plus en plus souvent, il se rendit compte qu'il tenait sans cesse des propos tels que «Je parie que je peux t'amener à...», qu'il terminait par des mots comme «sourire», «rire», «être heureuse», «aimer le sexe», «me faire confiance» ou «m'épouser». Or, en dépit de ses efforts, il faisait très peu de progrès dans ce sens. Même les sourires de Régine ne lui venaient pas facilement. Il me confia: «Je me démène comme un beau diable pour tenter de lui faire plaisir, mais plus j'en fais pour elle, plus elle me traite de haut. Je m'en rends compte, mais je suis incapable de m'arrêter. Chaque mot qui sort de sa bouche est une critique ou une demande... Je crois que la seule chose qui pourrait me sauver, ce serait de la quitter, ou du moins de savoir que je peux la quitter. Mais c'est la seule chose que je n'arrive pas à faire, et elle le sait.»

L'incident qui amena Henri à venir me consulter se produisit lorsque, par une des plus chaudes soirées de l'été, elle lui refusa la « permission » de rester dans sa chambre climatisée parce qu'elle se sentait « oppressée » par sa présence. Au lieu de cela, elle l'envoya dormir sur un lit de camp dans une pièce de rangement dépourvue de fenêtre. « Je sais qu'il y a vraiment quelque chose qui cloche chez moi pour que j'accepte d'être traité ainsi », me dit Henri.

Qu'est-ce qui pouvait bien rendre cet homme de soixante-deux ans, beau et intelligent, qui avait fondé une entreprise lucrative, grâce à sa capacité de prendre des décisions et à son caractère énergique, aussi impuissant devant les attaques avilissantes et grossières de Régine ? Je lui demandai s'il avait été traité de semblable façon dans son enfance. La réponse fusa aussitôt : « Ma mère était comme ça. Pas quand j'étais très petit. Je me rappelle être assis sur ses genoux, elle me lit une histoire et joue avec moi. Quand j'avais cinq ou six ans, mon père la quitta pour une autre femme et son attitude se modifia. Elle allait travailler tous les jours et, à son retour, elle criait après moi et me critiquait sans arrêt. Elle disait même que c'était ma faute si mon père était parti, parce qu'il ne voulait pas d'enfant. Elle était presque tout le temps déprimée et furieuse. Je faisais de gros efforts pour être gentil, pour lui plaire et la faire sourire, mais elle me traitait toujours de mauvais garnement. »

Le lien entre Régine et la mère d'Henri était évident. La soif d'attachement dont souffrait Henri et que les privations subies pendant l'enfance avaient aggravée, ne nécessitait pas seulement l'affection d'une femme aimante. Henri avait plutôt besoin de trouver des personnes comme sa femme et comme Régine, auxquelles le directeur de la distribution dans un film aurait pu assigner le rôle de sa mère peu affectueuse, et de se comporter ensuite de telle sorte que ces mères substituts lui sourient et l'aiment. Ce désir se trouvait intensifié du fait qu'il avait connu sa mère lorsqu'elle était aimante et jouait avec lui, et il cherchait désespérément à retrouver cette mère-là. En évoquant les années où sa mère était amère et en colère, Henri dit :

« Je savais qu'il y avait une mère souriante quelque part en elle parce que je l'avais vue. Tout dépendait de ma capacité de faire ressortir cette mère-là. Et il en est encore ainsi. »

HOMMES ET FEMMES DE TOUS ÂGES

L'histoire d'Henri illustre non seulement le rôle que joue la soif d'attachement dans les dépendances amoureuses, mais encore le fait qu'elle est présente tant chez les hommes que chez les femmes. En fait, plus de la moitié des personnes qui m'appelèrent pour obtenir une consultation après avoir lu mon livre *How to Break Your Addiction to a Person* étaient des hommes. Je crois deviner la cause de cet état de fait. Une soif d'attachement excessive découle en grande partie des lacunes que présente l'attention aimante d'un parent pendant les premières années de l'enfant. Or, comme c'est habituellement la mère qui prend soin de l'enfant en bas âge, le manque d'affection peut être particulièrement nocif pour l'enfant si la mère est peu aimante, empathique et attentive. Tant les hommes que les femmes qui ont grandi avec une soif d'attachement excessive rechercheront des partenaires amoureux qui représentent leur mère peu affectueuse, mais cette tendance peut être amplifiée chez les hommes, car la plupart d'entre eux nouent des liens romantiques avec une personne du même sexe que leur mère. Ainsi, Henri choisissait ce genre de femme avec une précision sans faille (encore qu'inconsciente).

La plupart des gens sont ébahis d'apprendre qu'un aussi grand nombre d'hommes me consultent pour des problèmes liés à la codépendance amoureuse. Plusieurs raisons peuvent justifier cet étonnement. Les hommes jouissent souvent d'une meilleure situation économique que les femmes et sont favorisés par les statistiques dans le sens où le nombre de femmes seules excède celui des hommes seuls à mesure que l'on monte dans l'échelle d'âge. Comme les hommes semblent donc bénéficier d'un plus grand choix, il est facile de conclure qu'un homme ne devrait se sentir dépendant d'aucune femme. Ce point de vue ne tient pas compte du pouvoir magnétique de la soif d'attachement, qui attire une personne vers un partenaire en particulier et qui la retient auprès de lui, même si d'autres personnes sont disponibles.

Comme on suppose en général que les femmes souffrent de dépendance amoureuse, mais non les hommes, on continue de publier des articles sur les femmes aux prises avec des hommes difficiles, mais non sur la situation inverse. Ceci renforce l'impression que la codépendance amoureuse est uniquement une affaire de femme.

La principale raison pour laquelle on croit que les hommes ne souffrent pas de cette obsession tient peut-être au fait qu'ils sont plus portés à cacher soigneusement leur situation. Ce n'est pas très viril pour un homme d'être dépendant d'une femme qui le traite comme un chien. Si une femme qui affronte la conduite abominable de son partenaire est portée à discuter de sa situation avec des amies, les hommes le font rarement. Cela paraît mal pour un homme de raconter au vestiaire que sa petite amie ou sa femme le traite comme de la merde et qu'il ne peut rien y faire parce qu'il en est désespérément dépendant. (Les meilleurs amis d'Henri croyaient que Régine et lui s'entendaient à merveille.) Donc, les hommes ont tendance à se tenir coi jusqu'à ce que la coupe soit pleine; alors, ils consultent un thérapeute. Et même quand un client vient me voir pour la première fois, j'ai remarqué la différence suivante: les femmes portent habituellement mon livre à la main sans se soucier d'être vues, alors que les hommes, s'ils ont apporté le livre, le cachent comme s'ils avaient honte de ce qu'il pourrait révéler sur eux.

L'histoire d'Henri démontre en outre que ce problème ne concerne pas uniquement les jeunes. J'ai travaillé avec un grand nombre d'hommes et de femmes entre soixante et soixante-dix ans qui sont attirés par des relations amoureuses destructrices et vraiment pitoyables. Voici une plaisanterie qui illustre ce point. Une femme de soixante-dix ans qui vit dans une communauté de retraités se présente à un homme âgé qui vient d'arriver.

— Vous avez l'air bien pâle, lui dit-elle. Êtes-vous malade ?

— Non, répond-il. Je sors de prison.

— De prison? Cela vous ennuierait-il de me dire pourquoi vous êtes allé en prison?

— J'ai tué ma femme.

— Ah! Son regard s'illumine. Vous êtes seul!

Qu'ils soient mus par le désespoir ou par la dépendance, il est clair que la tendance de bien des gens à avoir une liaison avec une personne beaucoup plus susceptible de les rendre malheureux que de contribuer à leur bonheur, ne se limite pas à un sexe ni à un groupe d'âge en particulier. Il s'agit là d'un problème répandu chez les humains, et si c'est le vôtre, vous savez fort bien qu'il entraîne un genre de vie frustrant et auto-destructeur. Mais à moins que vous ne décidiez de le régler et de prendre les mesures nécessaires, vous pourriez fort bien vous retrouver à la même place dans un an ou dans dix ans.

Ou pour le restant de votre vie.

LA ROUTE DEVANT SOI

Il peut être terrifiant de quitter le territoire desséché et douloureux des relations codépendantes. Même si vous trouvez angoissant et avilissant d'être amoureux sans avoir une relation amoureuse, cette souffrance vous est familière. Il peut être ardu de la quitter pour la chaleur plus calme et plus satisfaisante d'une relation amoureuse. Agir ainsi, c'est entamer un voyage vers l'inconnu, et même si vous savez que vous n'avez rien à perdre, à part votre souffrance, cette bonne vieille souffrance peut vous sembler très attirante. Au moins, c'est un monstre que vous connaissez. Tenter de modifier l'objet de vos sentiments amoureux peut être long et difficile, et le résultat n'est pas garanti. Mais je peux vous assurer que vous avez de bien meilleures chances de trouver un amour gratifiant si vous renoncez aux vieilles relations autodestructrices auxquelles vous vous accrochez et si vous progressez vers quelque chose d'infiniment meilleur. Et c'est possible de le faire.

CHAPITRE 4

Mettre fin à la dépendance amoureuse

P eu après que Carole m'eut consulté au sujet de la souffrance et du désespoir que lui causait sa relation avec Marc, je lui demandai si elle était prête à tenter une petite expérience.

— J'aimerais que vous fassiez une sculpture vivante de votre relation avec Marc. Imaginez à quoi ressemblerait une statue de votre relation. Puis faites-moi prendre la pose de Marc dans votre sculpture et prenez la vôtre.

— Cela ressemble à un truc, dit Carole.

— Bien sûr, mais nous apprendrons peut-être quelque chose.

Après un moment de réflexion, Carole me fit me lever et me plaça presque entièrement de dos à elle, dans la pose de Marc. Elle me pria de mettre une main dans ma poche et de laisser traîner l'autre derrière moi. Elle m'invita à afficher l'air de quelqu'un qui a très hâte de partir. Puis elle s'agenouilla derrière moi et prit ma main libre entre ses mains. En jetant un coup d'œil par-dessus mon épaule, je vis qu'elle arborait un sourire désespéré.

— J'aimerais que nous gardions cette pose quelques instants, dis-je, et que vous réfléchissiez aux questions suivantes:

« Comment vous sentez-vous dans cette posture ? L'avez-vous déjà adoptée dans d'autres relations amoureuses ? Quand vous étiez petite ? Si c'est le cas, qui était l'autre personne ? »

Après un certain temps, je lui demandai de réfléchir à une autre question : « Que ressentiriez-vous si vous vous trouviez dans la même position dans un an et dans cinq ans ? » Nous gardâmes notre pose en silence.

— J'ai mal aux genoux, dit Carole au bout de quatre ou cinq minutes. Cette posture est inconfortable.

— Pas pour moi, répondis-je. Je pourrais la garder toute la journée.

Carole rit et nous nous assîmes pour parler de l'expérience. Je lui demandai ce qu'elle éprouvait : « Ce n'était pas seulement la douleur dans mes genoux et les crampes dans mes cuisses, dit-elle. Je me suis sentie malade jusqu'à la moelle en expérimentant la vérité de ma relation avec Marc et la façon dont je m'abaissais. J'aurais aimé pouvoir me lever et le chasser à coups de pied, hors de ma vie et de ma tête. »

DIRE NON TOUT SIMPLEMENT ?

Vivre une relation malsaine peut vous obliger, comme Carole en refit l'expérience en s'efforçant de tenir la pose dans sa sculpture, à passer les journées irremplaçables de votre vie dans une position inconfortable et angoissante. Et plus vous la gardez sans bouger, plus elle peut devenir angoissante. Pourtant, vous choisissez peut-être d'y demeurer, même si votre relation est en train de détruire votre bonheur, votre estime de vous-même, votre moral et peut-être même votre système immunitaire.

Sachant cela, ma première impulsion est de vous exhorter à suivre le conseil que prodiguait Nancy Reagan en ce qui concerne l'usage de drogue : « Dites non, tout simplement. » Comment discuter un conseil comme celui-là ? Il ne fait pas de doute que vous devrez dire non aux relations codépendantes et destructrices si vous voulez mener une vie plus épanouissante. En fin de compte, qu'il s'agisse de cocaïne, d'un cocktail, de marijuana ou d'une personne, si vous voulez briser votre lien de dépendance, vous devrez mettre votre raison et votre volonté au service de votre instinct de survie et dire non tout simplement. Le hic dans cette approche, c'est qu'il est beaucoup plus facile de donner ce conseil que de le mettre en pratique. Si vous souffrez d'une dépendance, votre désir d'obtenir votre dose l'emporte sur votre instinct de survie. Cela s'explique par le fait que votre soif d'attachement est beaucoup plus forte que votre volonté et votre jugement.

Ces deux forces se livrent bataille à l'intérieur de vous, et pour modifier votre situation, vous devez prendre conscience le plus clairement possible de cette bataille. Jusqu'à maintenant, votre soif d'attachement était victorieuse. Elle le sera tant que vous n'aurez pas trouvé une façon de diminuer son pouvoir et de renforcer celui de votre jugement. Si vous y parvenez, la balance s'inclinera lentement de sorte que le poids relatif des forces de l'autodestruction et de la survie s'égaliseront peu à peu. À ce moment, votre volonté peut prendre le dessus et l'expression « dire non tout simplement » cessera d'être une platitude pour devenir une possibilité réelle.

Afin de *diminuer le pouvoir de votre soif d'attachement*, vous devrez reconnaître et accepter l'enfant qui manque d'affection à l'intérieur de vous, comprendre ce que cet enfant veut et craint, et apprendre à le traiter avec bienveillance et tendresse. Il faudra aussi que vous appreniez à tenir cet enfant avec compassion afin de le sécuriser et de l'inciter à se montrer raisonnable. Pour *renforcer le pouvoir de votre jugement*, vous devrez reconnaître les terribles torts que vous cause votre soif d'attachement, comprendre les motifs cachés qui vous poussent à choisir une relation autodestructrice et rejeter les croyances erronées auxquelles vous vous accrochez pour pouvoir poursuivre cette relation. (Une croyance clé à rejeter est celle qui veut que, parce que votre relation est si intense, ce doit être de l'authentique. Cette intensité est peut-être seulement le signe d'une authentique dépendance.) Il faudra en outre que vous envisagiez avec réalisme l'avenir sans votre partenaire et sans ressentir la crainte enfantine d'être abandonné et de demeurer seul éternellement. Pour renforcer votre jugement, vous devrez élargir votre perspective afin de voir que votre vie, en vérité, ne se limite pas à cette seule relation. Il vous faudra aussi découvrir, saisir et diriger votre penchant naturel pour la santé, l'actualisation de soi et l'amour gratifiant.

BRISER SON LIEN DE DÉPENDANCE — TECHNIQUES ET APPROCHES

Une fois que nous avons compris la nécessité de confier notre vie à la partie adulte rationnelle et aimante de nous-mêmes, nous devons à tout prix utiliser *toute technique, approche, exercice, philosophie ou truc non destructeur que vous, moi ou quiconque pouvons imaginer pour réduire la tyrannie de notre soif d'attachement et renforcer le pouvoir directeur de notre jugement adulte.*

TECHNIQUES DE DÉCISION

Bien des gens qui me consultent au sujet de leurs relations malheureuses ignorent comment décider s'ils doivent quitter ou non leur partenaire. D'autres sont persuadés d'avoir pris cette décision, mais en les écoutant attentivement, je constate que ce n'est pas vraiment le cas. Souvent, ils posent des restrictions et des conditions telles que : « Peut-être suis-je trop sensible au fait qu'il m'ignore », « Je sais que j'ai dit cela il y a six mois, mais si la situation ne s'améliore pas au cours des six prochains mois, je le quitterai pour de bon », « Si elle buvait un peu moins, tout serait parfait », « Si je patiente encore un peu, peut-être qu'il quittera sa femme ». Comment décider si vous voulez vraiment terminer ou poursuivre votre relation ?

Tout d'abord, vous pouvez effectuer ce que j'appelle une *analyse coûts-avantages* de la relation. Dans une colonne, énumérez quels éléments de votre relation contribuent à votre bonheur, à votre sentiment de sécurité, à votre bien-être et à votre estime de soi. Dans une seconde colonne, énumérez les aspects de la relation qui vous rendent malheureux et anxieux, et qui sont destructeurs pour votre bien-être et pour votre estime de soi. Soyez scrupuleusement honnête en évaluant les résultats de ce bilan. S'il est carrément négatif, demandez-vous si vous vous êtes vraiment efforcé d'améliorer votre relation. A-t-elle changé de façon *significative*? Ai-je vraiment des *raisons* de croire qu'elle changera pour le mieux dans un laps de temps raisonnable? Si elle ne change pas, est-ce que je veux la poursuivre?

En donnant le nom d'«analyse coûts-avantages» à ce procédé, j'utilise les termes froids et exsangues de la comptabilité pour vous aider à utiliser toute votre objectivité pour lutter contre la tendance de votre soif d'attachement à déformer votre vision des choses. Vous devrez faire preuve de vigilance afin d'empêcher que votre évaluation ne soit influencée par les peurs, les désirs profonds et l'aveuglement de votre enfant intérieur.

Une autre technique utile et même indispensable consiste à tenir un *journal de la relation*. Dans ce journal, vous relatez au jour le jour les incidents, événements et conversations qui ponctuent votre relation et surtout, vos *sentiments*. Quand Carole se demandait quoi faire à propos de Marc, je l'invitai à tenir un journal comme celui-là. Elle vit bientôt très clairement que si son journal contenait le récit de moments merveilleux, de plusieurs rencontres sexuelles excitantes et tendres, et de quelques moments d'ouverture et d'intimité partagées, les descriptions d'incidents au cours desquels Marc l'avait traitée avec indifférence et mépris étaient prédominantes. Les sentiments qui revenaient le plus souvent étaient la déception, les sentiments blessés, la dépression et la colère devant la conduite de Marc à son égard. Pour Carole, ce journal corroborait son analyse coûts-avantages, qui montrait que les expériences et sentiments positifs qu'elle retirait de la relation ne valaient pas les atteintes infligées à son moral et à son bien-être.

Le *questionnaire sur la relation amoureuse* dont il est question au chapitre deux peut vous aider au même titre à décider si vous devez ou non mettre fin à votre relation. Si vos sentiments à l'égard de votre partenaire et vos objectifs relationnels ne s'accordent pas du tout avec ceux que vous percevez chez votre partenaire, vous disposez de puissantes preuves additionnelles pour mettre un terme à votre relation, à moins que vous n'ayez une raison réaliste de croire qu'une mutualité plus grande peut se développer entre vous.

Pour atteindre un niveau plus profond que les mots, il peut être utile de recourir au truc que j'ai proposé à Carole et qui consiste à faire une sculpture de la relation. Vous pouvez peut-être demander à un ami ou une amie de remplacer la personne dont vous êtes dépendant. Lorsque vous ferez cet exercice, rappelez-vous que vous êtes le sculpteur, le créateur de cette statue de la relation et que l'autre personne est votre matériau.

La première étape consiste à réfléchir à la sculpture qui reflète le mieux vos sentiments à l'égard de votre relation. Puis faites prendre une pose à l'autre personne et dites-lui quelle expression elle doit arborer. Prenez ensuite votre pose et faites la mimique appropriée. Vous devez tenir la posture en silence pendant plusieurs minutes au moins. Pendant ce temps, réfléchissez aux questions ci-dessous:

- Qu'est-ce que je ressens dans cette position? Qu'est-ce que je ressens sur les plans physique et émotionnel?
- Me suis-je déjà trouvé dans cette position ou dans une position semblable dans une autre relation amoureuse? Dans plus d'une relation amoureuse?
- Ai-je déjà tenu cette position étant enfant? Avec qui?
- Comment pourrait s'intituler ma sculpture?
- Que ressentirais-je si je me trouvais encore dans la même position dans un an? Dans cinq ans?
- Si la relation demeure ce qu'elle est maintenant, est-ce que je veux la poursuivre ou y mettre fin?

Quand Carole fit cet exercice, elle se rendit compte que sa relation avec Marc et la précédente étaient non seulement inconfortables et avilissantes, mais que sa posture avait un caractère familier qui remontait à un passé lointain. « Je pense qu'en quelque sorte j'étais toujours à genoux, en train de mendier l'attention de mon père. En fait, c'était le cas avec mes deux parents: mon père partait souvent et je voulais l'inciter à rester, tandis que ma mère semblait toujours me tourner le dos et ne me regardait jamais vraiment pour voir qui j'étais. »

Cet exercice fit ressortir certains liens entre les premières expériences de Carole et sa relation avec Marc. Elle songea à sa première rencontre avec Marc et à la façon dont le commentaire («C'est inutile») qu'il avait formulé pendant qu'elle s'entraînait avait allumé son intérêt. Puis elle se remémora un incident de son enfance au cours duquel son père l'avait houspillée pour avoir utilisé la mauvaise liste d'adresses. Elle avait éclaté en sanglots en disant: «Je voulais juste t'aider», ce à quoi il avait répondu: «Tu ne m'aides pas du tout.» Carole pouvait sentir à quel point les paroles de Marc avaient déclenché son désir désespéré de mériter l'amour et l'approbation paternels et l'avaient automatiquement poussée à le poursuivre.

— Vais-je jouer le même drame malsain à perpétuité? me demanda Carole, comme ces pièces tombaient en place.

— Tout dépend de vous, répondis-je. Vous pourriez le faire, mais vous n'y êtes pas tenue. Vous pouvez décider d'arrêter et d'abandonner cette posture.

À ce moment-là, Carole n'était pas prête à se relever et à dire adieu à Marc, mais elle sentit que cet exercice l'aidait à pencher en faveur de cette décision.

Bertrand décida de faire l'exercice directement avec Diane au lieu de lui trouver une remplaçante. Dans la sculpture qui lui vint à l'esprit, il se trouvait derrière elle, les bras passés autour de sa taille. Elle s'écartait légèrement de lui, ses mains étaient placées derrière sa tête et elle arborait un air sexy et séducteur. Ils se trouvaient devant un miroir et leurs regards étaient posés sur le reflet de Diane. Bertrand lui fit prendre la pose et prit la sienne, mais avant même qu'il lui dise quel air prendre ou quel reflet regarder dans le miroir, elle afficha une physionomie hautaine et provocatrice, et ne put détourner les yeux de sa propre image. Puis elle insista pour se remettre du rouge à lèvres et essaya diverses poses provocantes. «C'était renversant, me confia Bertrand. Elle avait pris l'exercice en main et ne communiquait pas du tout avec moi, comme si je n'existais pas ou presque. Le seul détail conforme à ce que j'avais imaginé était que nous regardions son reflet à elle et non le mien ou le nôtre.» Bertrand dut reconnaître que la Diane qu'il avait créée dans sa sculpture reflétait avec précision ce qu'elle était ainsi que la nature de leur relation. Cela l'aida à faire un autre petit pas vers la rupture.

Supposons que vous avez analysé les coûts et avantages de votre relation, tenu un journal de la relation, rempli un questionnaire sur la relation et illustré dans une sculpture vivante l'interaction fondamentale qui existe entre vous et la personne de votre vie qui vous pose un problème. Supposons en outre que tous ces exercices indiquent que vous devriez terminer cette relation parce que vous êtes trop souvent malheureux et qu'il y a peu de chances réalistes qu'elle s'améliore de façon suffisante. Il se peut, même dans ce cas, que vous soyez incapable d'y mettre un terme et cela est tout à fait compréhensible. Après tout, des émotions puissantes et profondément ancrées en vous sont peut-être en jeu, y compris le fait d'être amoureux, l'attirance sexuelle, la soif d'attachement et la peur de la souffrance et de la solitude. Toutefois, même si vous êtes incapable de le faire aujourd'hui, *vous pouvez prendre la ferme décision de mettre fin à votre relation et d'œuvrer dans cette direction afin d'y parvenir le plus tôt possible.* Un jour, Carole me dit : « Je suis convaincue que je dois cesser de voir Marc pour de bon et à jamais. Je suis incapable de m'y résoudre maintenant, mais désormais toutes mes actions viseront à me débarrasser de son emprise sur moi et à me donner la force de rompre. »

Cette décision provisoire ne doit pas vous servir d'excuse pour ne pas passer à l'acte « sur l'heure ». En la prenant, vous vous engagez à cesser de justifier la conduite de votre partenaire, à mettre de côté vos faux espoirs de voir les choses s'arranger, et à cesser de faire des efforts pour préserver votre relation. En d'autres termes, elle constitue un engagement à amorcer le processus de désengagement qui vous conduira à mettre fin à votre relation.

Affronter ses idées délirantes* et destructrices

Après avoir pris la décision de rompre votre lien de dépendance le plus tôt possible, votre tâche consistera à résister à toutes les attaques auxquelles votre soif d'attachement soumettra cette décision. Les rationalisations et fausses croyances que vous serez tenté d'utiliser afin de retarder l'étape finale peuvent affaiblir votre détermination. Voici certaines manières typiques de s'illusionner au nom de sa soif d'attachement. L'une d'elles touche-t-elle une corde sensible en vous?

Henri: « Je ne peux pas dire si Régine est vraiment méchante et si elle me rejette vraiment ou si c'est moi qui suis trop sensible. Peut-être suis-je trop exigeant. »

Laure: « Je ne devrais vraiment pas m'offusquer de ne pas occuper la première place dans la vie de Louis. Après tout, je mène une carrière exigeante et dispose moi-même de très peu de temps. »

Bertrand: « Diane peut être vache et égocentrique, mais elle est comme ça, c'est tout; je ne dois pas me sentir personnellement visé. Et puis, elle est incroyablement belle ! »

Carole: « Même si Marc se montre parfois froid et cruel, je pense qu'au fond, il m'aime vraiment. Il a du mal à le montrer, c'est tout. »

Daniel: « Peut-être qu'elle ne couche pas avec n'importe qui et que je suis trop soupçonneux. Peut-être que les nuits où elle ne répondait pas au téléphone, sa ligne était vraiment en dérangement. Et peut-être que quand mon ami l'a vue tenir les mains de ce type au restaurant, il s'agissait vraiment d'un client. »

---

* Idée délirante: idée fausse, en opposition avec la réalité, mais dont le sujet reste convaincu. *(N.∂.T.)*

Maude: «Je sais que je suis encore une fois en train de m'éprendre d'un homme marié, mais cette fois, c'est différent. Deux personnes qui font l'amour aussi passionnément que nous sont faites l'une pour l'autre. Je sais qu'il m'aime, et même s'il m'assure qu'il ne quittera jamais sa femme, je crois qu'il finira par le faire. »

Corine: «Je suis terrifiée à l'idée que, si je quitte Jacques, je serai seule jusqu'à la fin de mes jours. Je ne trouverai peut-être jamais un autre homme. »

Vous reconnaissez sans doute aisément le faux raisonnement sur lequel sont fondées ces rationalisations formulées par d'autres. Vous devez maintenant examiner avec un esprit aussi critique les raisons pour lesquelles vous restez assis, à souffrir, sur un poêle brûlant. Je vous invite à écrire toutes les raisons pour lesquelles vous poursuivez votre relation malsaine, puis à les relire comme si elles émanaient de quelqu'un d'autre. Sonnent-elles réellement vrai ?

Tomber amoureux comporte une certaine part de fausseté, une part qui est peut-être essentielle. Nous avons tendance à idéaliser l'être cher, à ne voir que les aspects de sa personne qui nous enchantent et nous excitent, et à ne pas tenir compte ou à minimiser les faiblesses et les traits de caractère qui pourraient nous déplaire. Nous pouvons même, tels des sorciers, transformer des habitudes agaçantes et des particularités peu attrayantes en attributs que nous trouvons mignons, séduisants et attachants. Comme l'écrit Ethel Person dans *Dreams of Love and Fateful Encounters*, «Si l'amour peut, en fait, nous procurer un bien-être aussi grand, c'est qu'il est tellement créateur ». Ce qui est créé, c'est une illusion, une image idéalisée qui forme un élément vital du lien amoureux. À mesure que la relation se poursuit, l'idéalisation est altérée par les réalités que le temps met en lumière et par les inévitables conflits, mais lorsque l'amour dure, une partie de la vision idéalisée demeure vivante.

Toutefois, il faut se garder de confondre ces illusions inoffensives et même constructives avec les idées délirantes.

Les idées délirantes sont des perceptions tellement contraires à la réalité qu'elles peuvent déformer et masquer les facettes négatives du caractère et du comportement de l'être aimé. Si une relation amoureuse vous fait souffrir, vous devez prendre conscience de la frontière souvent peu évidente entre l'illusion et l'idée délirante. Vous devez vous demander si vous avez traversé la frontière entre l'idéalisation naturelle qui accompagne le sentiment amoureux et l'idée délirante.

Certaines idées délirantes font appel à des stéréotypes culturels. Un homme égocentrique, insensible ou fermé peut être idéalisé sous les traits du « type fort et silencieux ». Une femme dépendante ou volage peut être idéalisée sous les traits d'une personne « ultra-féminine ». Comme d'autres idées délirantes, celles-ci servent à masquer la vérité. Henri disait que Régine était « fière », pour ne pas voir sa froideur et son incapacité de se montrer affectueuse ou même gentille. Carole disait que Marc était « autosuffisant » pour se dissimuler son indifférence et son incapacité d'aimer. De la même manière, la magie de l'idéalisation peut convertir une personne *peu généreuse* en une personne « indépendante », une personne *insensible* en un être cool, une personne *méchante* en une personne « solide », une personne *paresseuse* en un type « décontracté », un être *possessif* en un être « aimant », quelqu'un de *difficile à satisfaire* en un être à l'esprit « perspicace », une personne *narcissique* en un être doué d'une abondance d'« estime de soi », un être *irresponsable* en quelqu'un de « non conformiste », une personne *irritable* en une personne « sensible », un être *égoïste* en quelqu'un qui « sait ce qu'il veut » et ainsi de suite.

Vous devez absolument reconnaître que lorsque votre idéalisation est alimentée par votre soif d'attachement, elle peut cesser de favoriser l'amour et la relation pour se transformer en une *idée délirante* qui vous prend au piège. Il est important que vous admettiez la possibilité que vous vous leurriez sur le type de personne qu'est votre partenaire, sur ses véritables sentiments à votre égard, sur ce que cette personne veut obtenir de votre relation et, par-dessus tout, sur le fait que les choses peuvent changer.

Souvent, les partenaires qui finissent par désidéaliser l'autre, car cela est inévitable, sont convaincus, surtout si cela se produit rapidement et entraîne des révélations importantes, que les facettes négatives qu'ils voient chez lui sont récentes. Ce peut être le cas, mais parfois, ces qualités indésirables étaient présentes dès le début. L'idéalisation a simplement créé un halo aveuglant. Mon ami et collègue, Fred Hahn, dit à ses patients qui croient découvrir soudain chez l'autre des traits négatifs dont ils ne soupçonnaient nullement l'existence auparavant : « Vous saviez alors ce que vous savez maintenant. » J'ai eu maintes fois l'occasion d'emprunter cette phrase et je signale aux personnes qui me consultent les indices que dissimule leur idéalisation.

Il existe une illusion particulière qui peut surgir avec une intensité poignante lorsque l'on s'apprête à rompre le lien amoureux : il s'agit de la croyance effrayante que la personne que vous vous apprêtez à quitter est la *seule et unique* personne qui puisse vous aimer autant, ou qui puisse vous aimer et vous accepter, ou avec laquelle vous pouvez faire l'amour avec autant de plaisir. Cette croyance est presque toujours fondée sur un raisonnement qui provient du petit enfant que vous avez déjà été et qui existe encore à l'intérieur de vous. Pour cet enfant, il est vrai qu'il n'y avait qu'« une seule et unique » maman ou « un seul et unique » papa. Être aimé d'eux, c'était le bonheur suprême, leurs soins étaient notre confort et leur protection, notre sécurité. Si vous éprouvez ce sentiment d'un « seul et unique » partenaire aujourd'hui, c'est que votre enfant qui a soif d'attachement déforme la réalité.

Le pouvoir de cette croyance erronée fut illustré d'une manière frappante un soir où Maude se présenta chez moi, bouleversée et affolée. « J'ai garé ma voiture dans la rue en bas, j'en suis sortie, puis j'ai décidé de l'avancer d'un mètre. Mais elle n'a pas voulu démarrer. Le démarreur n'a même pas produit un son. Il fera noir quand je partirai d'ici et je ne sais pas quoi faire. » Elle était au bord des larmes. Je lui suggérai de commencer par vérifier si elle avait bien enclenché la roue de verrouillage. Si le problème ne résidait pas là, il y avait une station-service deux rues plus loin où on pourrait lui venir en aide. Cette idée ne lui parut pas très réconfortante. Maude semblait paralysée et était incapable de commencer la séance de thérapie, ou de descendre voir si elle avait bien enclenché la roue de verrouillage de sa voiture. Elle insista pour téléphoner à son petit ami, le dernier sur la liste des hommes arrogants autour desquels elle gravitait, afin de lui demander conseil. Ayant tenté à quelques reprises, mais sans succès, de l'amener à voir pourquoi elle voulait à tout prix appeler son ami, je lui permis d'utiliser mon téléphone. Elle avait l'air presque hystérique en lui décrivant la situation. Puis elle l'écouta en disant « Je vois, je vois » et se calma peu à peu. Lorsqu'elle raccrocha, elle était tout à fait calme. Cette transformation me stupéfia, et j'étais curieux de savoir quel sage conseil son ami lui avait prodigué. Détenait-il des informations particulières sur sa voiture ? Allait-il venir jusqu'ici pour l'aider ? « Il m'a dit de vérifier si la roue de verrouillage était bien enclenchée et, si ma voiture refuse toujours de partir, d'appeler la station-service la plus proche. » Nous nous sommes regardés et nous avons éclaté de rire en même temps. Toutes mes suggestions précédentes selon lesquelles elle sur-idéalisait son ami et le voyait comme la « seule et unique » source de force et de sagesse n'avaient eu aucune influence sur elle, mais cette fois les pouvoirs magiques qu'elle lui prêtait étaient tellement évidents qu'elle ne pouvait plus le nier.

Pour Maude, ou pour vous, il n'y a pas « une seule et unique » personne au monde que vous pourriez aimer d'un amour passionné. Donc, si votre meilleur jugement vous dit que vous devez quitter votre partenaire, vous avez toutes les raisons de croire que vous ouvrirez ainsi la porte à de nouvelles possibilités d'enrichissement.

RELÂCHER L'EMPRISE DE LA CULPABILITÉ

Pour certaines personnes, l'un des sentiments les plus redoutables qu'elles affrontent lorsqu'elles envisagent de mettre fin à une relation désastreuse est la culpabilité devant l'impact de la rupture sur l'autre. J'ai vu ce sentiment de culpabilité constituer un écueil émotif même quand le partenaire se comportait d'une manière atroce. J'ai vu des femmes battues se sentir coupables de quitter un homme qu'elles croyaient dépendant d'elles : « Il sera désemparé sans moi. » J'ai vu des hommes paralysés par la culpabilité à l'idée de quitter une femme qui les soumettait à d'incessantes critiques, des demandes interminables et ne leur témoignait ni affection ni considération : « Elle compte sur moi pour tout et elle perdra sans doute les pédales si je la quitte. » J'ai vu des hommes et des femmes qui, même s'ils avaient prévenu leur partenaire à maintes reprises et en vain : « Je t'en prie, écoute-moi, si ça continue comme ça, je te quitterai » se sentir quand même coupables quand ils ont fini par partir.

Il est vrai que si vous mettez fin à une relation contre le gré de l'autre personne, celle-ci sera blessée. Nul doute qu'elle sera furieuse aussi et vous accusera de tous les maux afin de vous donner l'impression que vous êtes un monstre, un traître, un être abominable. Il peut être très difficile d'être la cause de tant de souffrance et de rage chez une personne que l'on a déjà aimée et que l'on aime peut-être encore. Plus la relation a duré longtemps et plus les partenaires étaient proches, plus ce sentiment de culpabilité a des chances d'être profond. Si vous êtes marié et avez des enfants, vous savez qu'un grand nombre de personnes que vous aimez profondément se sentiront blessées, rejetées ou seront furieuses contre vous. Vous ne pouvez tout bonnement pas rejeter vos sentiments de culpabilité sous prétexte qu'ils sont névrotiques et qu'ils n'ont pas de fondement. Votre départ peut laisser des cicatrices sur les personnes plus vulnérables, et, à moins que votre rage à l'égard de la personne que vous quittez soit si grande que la douleur que vous lui causez vous paraisse justifiée, il est peu probable que vous vous fichiez complètement de sa réaction. Comment donc faire face à ce sentiment de culpabilité s'il vous empêche de mettre votre décision en œuvre ?

La clé consiste à vous assurer que vous avez pris une décision responsable et à en assumer les conséquences. Voici les étapes que vous pouvez suivre afin de vous convaincre que votre décision est appropriée et même inévitable :

- Prenez votre décision avec soin en évitant d'agir impulsivement parce que vous n'êtes pas disposé à passer à travers vos frustrations. Vous pouvez recourir aux techniques de prise de décision expliquées plus tôt. Par exemple, effectuez une analyse coûts-avantages et tenez un journal de la relation. Évaluez les possibilités d'amélioration de votre relation et examinez le rôle que vous jouez dans ces difficultés. Plus la relation a été longue, plus les partenaires étaient proches et plus la rupture touche un grand nombre de personnes, plus vous devrez y apporter du soin.
- Pesez les conséquences d'une *non*-rupture ; souvent elles sont pires pour tout le monde que celles d'une rupture.
- Étudiez la possibilité que vous puissiez surestimer les réactions négatives de la personne que vous quittez ; elle ne sera peut-être pas aussi dévastée ou furieuse que vous l'imaginez.
- Examinez la possibilité que votre sentiment de culpabilité ne soit pas lié uniquement à votre rupture, mais qu'il provienne aussi de votre enfant intérieur qu'un parent aurait culpabilisé quand l'enfant a voulu voler de ses propres ailes ou qu'il l'a déçu. Peut-être qu'inconsciemment, vous vous sentez davantage comme un mauvais garçonnet ou une mauvaise fillette que comme un adulte coupable.
- Décidez que si vous mettez fin à la relation, vous le ferez de la façon la moins nocive et la moins destructrice pour votre partenaire et pour toutes les personnes en cause.

AFFRONTER LE MOMENT FATIDIQUE

Si vous suivez ces étapes, la conscience d'avoir bien pesé votre décision pourrait atténuer votre sentiment de culpabilité suffisamment pour qu'il ne vous empêche pas de mettre votre décision en œuvre. J'ai découvert, toutefois, que bien des gens reculent devant ce qu'ils appellent souvent «le moment fatidique», celui où ils devront annoncer à leur partenaire que c'est terminé. J'en connais beaucoup qui, sur le point de prononcer les paroles fatales, ont reculé parce qu'ils avaient peur et se sentaient coupables. Certains ont été à deux doigts de rompre leur relation un nombre incalculable de fois, et leur incapacité d'aller plus loin les décourage. Un homme avait tellement peur d'affronter le moment où il annoncerait sa décision à sa petite amie qu'il imaginait qu'elle était tuée dans un accident de voiture afin que leur relation finisse sans intervention de sa part. Et je connais une femme qui encourageait sans arrêt son partenaire à parler et à danser avec d'autres femmes dans l'espoir qu'il s'intéresserait à l'une d'elles et qu'il mettrait lui-même un terme à leur relation. Si ce moment vous paralyse, je vous invite à vous asseoir et à rédiger une description de la scène comme vous imaginez qu'elle se déroulera. Où a-t-elle lieu? Que dites-vous au juste? Quelle pourrait être la réaction de votre partenaire? Quelle réaction redoutez-vous le plus? La rage? Les menaces? La violence? Les accusations? Les larmes? La dépression? Le suicide?

Un homme à qui j'avais demandé de faire cet exercice imagina que son amie fondait en larmes, tournait les talons et, avant qu'il puisse l'en empêcher, se jetait par la fenêtre de son appartement, situé au dixième étage. En imaginant cette scène, il en ressentait toute l'horreur. Quand nous en parlâmes par la suite, il comprit qu'elle ne réagirait pas ainsi, que sa peur n'avait aucun fondement réel. Je lui suggérai de laisser venir cette image encore et encore, de la rendre aussi atroce que possible. Après quelque temps, à force de répéter la scène tout en sachant qu'elle ne se déroulerait vraiment pas comme il l'imaginait, la perspective redoutée perdit peu à peu de sa charge émotive.

La femme qui espérait voir son partenaire s'éprendre d'une autre femme vit une scène différente quand je lui demandai d'imaginer qu'elle lui annonçait la rupture. Elle le vit s'effondrer en pleurant et répéter sans arrêt: «Comment peux-tu me faire ça? Tu me détruis.» L'évocation de cette scène lui donnait envie de rentrer sous terre. Puis l'image céda la place à celle de son père, un homme qui souffrait de fréquents accès de dépression et qui restait assis dans son fauteuil, l'air abattu et désespéré. Elle comprit qu'elle s'attendait à ce que son partenaire réagisse comme son père et elle pouvait reconnaître qu'en réalité il avait beaucoup plus de dynamisme et de ressort.

Je demandai à l'homme qui imaginait sa partenaire tuée dans un accident de se représenter ce qui l'effrayait à l'idée de rompre avec elle. Il la voyait prenant un revolver dans un tiroir et lui tirant dessus. Il ressentait toute sa terreur et suppliait son amie de ne pas tirer. Pourtant il se rendait compte qu'en réalité, son amie n'était pas une personne violente, qu'elle ne possédait pas de revolver et qu'elle avait même peur des fusils. « Cela n'a aucune chance de se produire », dit-il. Il voyait bien qu'il était paralysé par des peurs irréalistes.

Permettez-vous de ressentir toute l'horreur de la réaction atroce que vous anticipez quelle qu'elle soit. Mettez le scénario et vos sentiments par écrit. Est-ce de la peur que vous ressentez ? (Peur de quoi ?) De la culpabilité ? De la honte ? De la tristesse ? Un sentiment de perte ? Puis mettez votre texte de côté pendant un certain temps. Quand vous y reviendrez une heure ou une journée plus tard, évaluez les chances pour que la réalité se déroule selon votre scénario. Si ces chances sont bonnes, comment pourriez-vous y faire face ? En revoyant à répétition les images du « moment fatidique », vous pouvez les rendre moins effrayantes, et cela peut vous laisser libre de faire ce qui est le mieux pour vous.

LA PERCEPTION ENFANTINE DU TEMPS

Dès que vous aurez passé à travers le « moment fatidique » et que vous aurez fait part à votre partenaire de votre décision de mettre fin à votre codépendance, vous serez sans doute secoué par des symptômes propres à l'état de manque : souffrance, tristesse et un violent désir de renouer avec votre partenaire. Pendant cette période, vous revivrez sur le plan affectif la soif d'attachement que vous avez ressentie étant bébé ou lorsque vous commenciez tout juste à marcher : vous aviez besoin d'affection, vous étiez vulnérable, vous jouissiez d'une perspective limitée et vous manquiez de volonté. Dans cet état, votre perception du temps est aussi celle d'un très jeune enfant. Sans vous en rendre compte, vous vivez en fonction de ce que j'appelle la « perception enfantine du temps », qui est très différente de celle de l'adulte.

S'il vous est déjà arrivé d'attendre l'appel d'une personne que vous aimez, mais dont vous doutez de l'amour, vous savez que si cet appel a été retardé, chaque seconde qui passait vous a paru une éternité. Vous vous rappellerez peut-être que votre anxiété s'est accrue, que votre imagination inquiète s'est déchaînée, et que votre corps était tendu et agité. Peut-être avez-vous senti votre cœur battre plus vite. Voilà ce qui arrive aux bébés qui pleurent si personne n'accourt immédiatement auprès d'eux. Cela peut prendre seulement une minute ou deux avant que maman ou papa sorte du lit ou réchauffe un biberon, mais pour les bébés, qui n'ont aucune notion de ce qu'est « une minute ou deux », qui ignorent tout des horloges, des calendriers ou de demain, seul ce moment de supplice existe. Ils pleurnichent et s'agitent parce qu'ils ont l'impression qu'ils seront seuls et impuissants à jamais.

Nous pouvons supposer que vous avez vécu cette expérience dans la petite enfance parce que tout le monde la vit à un degré ou à un autre. Il y a peut-être eu des moments où l'arrivée de la gardienne vous indiquait que vos parents allaient sortir. Ils ont peut-être tenté de vous rassurer en vous disant qu'ils ne seraient partis que quelques heures. Quelques heures ? Qu'est-ce que cela représentait pour vous ? Vous veniez de perdre vos parents, partis pour toujours.

Vous avez pu connaître, dans la prime enfance, des privations et des incertitudes beaucoup plus nocives que le fait d'être confié aux soins d'une gardienne. L'attention que vous avez reçue était peut-être insuffisante, inconstante ou destructrice. Si l'un de vos parents était souvent malade ou déprimé, s'il était alcoolique ou si sa capacité de vous aimer et de prendre soin de vous était limitée d'une autre façon, il se peut que vous ayez connu trop de moments interminables de détresse. Si vous-même étiez souvent malade, affaibli physiquement ou craintif, vous avez pu vivre une éternité d'impuissance et de solitude. Aujourd'hui, si vous vivez, dans votre relation amoureuse, un scénario semblable d'amour non fiable, insuffisant ou toxique — ou si vous vivez les affres d'une rupture prochaine — il se peut que vous ressentiez de nouveau le caractère éternel de la souffrance qui vous accablait quand vous étiez petit et dépendant.

Je me souviens d'avoir senti le petit garçon affolé dans les mots et la voix d'Henri lorsqu'il me téléphona le week-end après sa rupture avec Régine. J'entendais l'enfant vulnérable dont la mère s'était détournée et qu'elle avait jeté dans des ténèbres interminables. «C'est intolérable. J'ai passé à travers la soirée de vendredi en me soûlant la gueule avec des amis. Mais maintenant, même si je sais qu'on est samedi et qu'il est seulement deux heures, j'ai l'impression d'avoir vécu tout un siècle sans elle. Comment pourrai-je passer le reste de la journée ou la soirée si le temps s'étire comme ça? Puis il y a demain, toute une journée, sans projet ni Régine.»

Quand je lui affirmai qu'un week-end, ce n'était vraiment pas long et qu'il se sentirait mieux très bientôt, il rétorqua: «C'est peut-être court pour vous, mais pour moi, c'est une éternité. Quand je me sens comme ça, j'ai du mal à croire que je connaîtrai des jours meilleurs. Je ne peux même pas l'imaginer. Je ne vois que de la souffrance et de la solitude pour toujours.»

J'expliquai à Henri les distorsions reliées à la perception enfantine du temps et je lui rappelai qu'il avait connu le même sentiment de solitude éternelle lors de ruptures précédentes. Il s'en souvint, et cette reconnaissance l'aida à retrouver une perception adulte du temps.

Quelques semaines plus tard, Henri vint me voir à mon bureau. Il se sentait très optimiste et en paix avec lui-même. «Je suis tellement heureux d'avoir quitté Régine, m'avoua-t-il. C'est comme si on m'avait ôté un poids sur le cerveau et sur le cœur et je me sens de nouveau bien dans ma peau. Je me *réjouis à l'avance* des temps meilleurs qui m'attendent.»

En entendant cela, je dis: «Henri, loin de moi l'idée de jouer les rabat-joie, mais au cas où vous retomberiez dans un état de manque et perdriez votre perception adulte du temps, j'aimerais que vous fassiez une petite expérience inventée par une de mes patientes pour elle-même, il y a quelques années de cela. Écrivez des notes de la part du Henri que vous êtes aujourd'hui au petit enfant perdu que vous risquez de devenir si la soif d'attachement vous submerge de nouveau. Si vous avez le temps, vous pourriez vous asseoir dans la salle d'attente après notre séance et écrire cette note pendant que vous vous sentez bien et que vous êtes bien ancré dans la perspective adulte du temps. »

Henri écrivit une note dont il fit deux copies, une qu'il accrocherait au tableau d'affichage de sa chambre et l'autre, qu'il glisserait dans son portefeuille. Elle se lisait ainsi:

Cher fiston (son père l'appelait ainsi):

Je t'écris ceci parce que je sais une chose que tu ignores. Quand tu es malheureux et seul et que Régine te manque terriblement, tu penses que ce sera toujours comme ça. Tu crois que ta vision pessimiste des choses et ta douleur atroce dureront toujours. Mais tu as une perception enfantine du temps et tu vois tout de travers. Ça te donne envie de renouer avec Régine parce que tu crois qu'il n'y aura plus jamais personne d'autre. Mais Régine était toujours en colère et elle te rejetait, comme ta mère après le départ de ton père. Elle a fait de ta vie un enfer de critiques et de commandements. Bientôt, cette crise de nostalgie passera et tu te sentiras de nouveau comme je me sens en ce moment où je t'écris: heureux, indépendant et ayant hâte à demain. Aussi, continue de lire cette note jusqu'à ce qu'elle te rentre dans la tête, appelle un ami ou écris tout ce que tu ressens. Je t'assure que tu iras mieux très bientôt.

Quand Henri eut d'autres « crises », il se força à lire sa note et découvrit qu'elle lui servait de tremplin pour commencer son ascension hors de l'abîme de la perception enfantine du temps.

S'il vous arrive de perdre votre perspective adulte du temps, je vous invite, vous aussi, à rédiger ce genre de note pendant que vous êtes heureux et que vous envisagez de nouvelles possibilités pour l'avenir. Puis, pendant les moments où vous êtes le plus susceptible de perdre votre perception adulte — en revenant du travail, au milieu de la nuit, pendant le week-end, ou à tout autre moment —, relisez ces messages, de préférence lentement et à voix haute.

SURMONTER L'AMNÉSIE DE DÉPENDANCE

La nostalgie atroce qui suit la fin d'une relation codépendante agit souvent comme une gomme à effacer bizarre qui efface tous les souvenirs de ce qui était malsain dans la relation et de ce qui était difficile avec la personne. J'ai baptisé «amnésie de dépendance» ce phénomène qui ne vous laisse que le souvenir des aspects positifs, des instants merveilleux, des moments d'intimité, de confort et de passion, pour aussi rares qu'ils aient été. Une fois que vous avez oublié tous les côtés négatifs de votre relation et que vous ne vous rappelez que les positifs, il est compréhensible que vous vous demandiez pourquoi vous avez rompu. «C'était vraiment formidable, vous direz-vous, certainement mieux en tout cas que la solitude et le vide que je ressens maintenant. Il faut que je le rappelle avant qu'il soit trop tard.»

Vous devez absolument prendre conscience de ce phénomène et vous y préparer. Le journal de la relation que je vous ai pressé de tenir peut être un outil utile. Il peut fonctionner comme une mémoire écrite, la preuve de ce qui s'est vraiment passé, le registre des sentiments et incidents que l'amnésie de dépendance a effacés de votre mémoire. Ainsi, Carole retrouvait, dans le journal de sa relation avec Marc, les raisons évidentes qui l'avaient poussée à quitter Marc et elle consulta son journal maintes fois pendant les nuits longues et solitaires où elle était en état de manque pour se rappeler pourquoi elle ne devait pas revenir en arrière. Elle gardait le journal à son chevet et l'ouvrait dès qu'elle se voyait en train d'oublier à quel point sa relation était souvent malsaine.

Si vous n'avez pas tenu un journal de votre relation, dressez la liste de tous les aspects négatifs dont vous vous souvenez.

Faites-le à un moment où vous vous sentez fort et ne souffrez pas de la soif d'attachement. Dans *Cent ans de solitude*, Gabriel García Márquez relate un épisode de l'histoire de la ville fictive de Macondo, au cours duquel tous les habitants de la ville souffrent d'une perte progressive de la mémoire. Un par un, jour après jour, ils perdent la mémoire au point d'oublier jusqu'au nom des objets et leur fonction. Certains tentent d'endiguer le cours inexorable de cette amnésie en attachant aux objets des étiquettes portant leur nom. Mais avant longtemps, ils oublient aussi la signification des mots inscrits sur les étiquettes. Votre perte de mémoire, toutefois, est réversible et cet « étiquetage » des aspects négatifs de la relation que vous venez de rompre peut constituer un excellent antidote à votre propre crise d'amnésie de dépendance.

Vous pouvez stimuler fortement votre mémoire en préparant vos amis à servir de mémoires auxiliaires. Quand Bertrand rompit avec Diane, il confia à son ami Matthieu : « Si l'envie de lui téléphoner me prend, je t'appellerai et tu me rappelleras pourquoi je ne dois pas le faire. » Mais une nuit, ravagé par des fantasmes dans lesquels il la voyait déjà dans les bras d'un autre homme, il appela Diane au lieu de Matthieu. Elle était absente et il laissa un message amoureux sur son répondeur. Ensuite, il appela Matthieu et lui avoua ce qu'il avait fait. Matthieu lui rappela les nombreux actes cruels et égocentriques que Diane avait commis, le fait qu'elle trouvait toujours une façon de le blesser quand ils se rapprochaient et qu'il était souvent malheureux. « Pendant que Matthieu me parlait, me dit ensuite Bertrand, j'ai senti que mon esprit se clarifiait et que le désir désespéré que j'avais de la présence de Diane s'estompait peu à peu. Je lui laissai un autre message pour lui dire que j'avais eu un accès de nostalgie, mais que je ne voulais vraiment pas qu'elle me rappelle. J'étais soulagé. »

Lorsque vous préparez vos amis à vous servir de mémoire, expliquez-leur ce qu'est l'amnésie de dépendance afin qu'ils ne s'étonnent pas que vous ayez oublié les raisons pour lesquelles vous avez mis fin à votre relation. Ils pourront alors vous remettre en mémoire des incidents concrets et se montrer fermes devant vos tentatives de passer outre ces incidents et de réécrire l'histoire.

LES ATTACHEMENTS MULTIPLES

Quand nous reconnaissons avoir été poussés par notre soif d'attachement à réduire une aussi grande part de nous-mêmes et de notre vie à une obsession vis-à-vis d'une personne en particulier, nous comprenons à quel point nous sommes devenus dépendants et limités, et comme notre situation est précaire. Nul doute qu'il existe en chacun de nous une mesure irréductible de soif d'attachement qui constitue l'héritage inévitable de l'abominable dénuement de notre enfance. Mais pourquoi faut-il que nous cherchions à étancher la totalité de cette soif auprès d'une seule personne dans une seule relation ? Ne vaudrait-il pas mieux l'étendre autour de nous de sorte que les divers aspects de ce besoin soient comblés de différentes façons : à travers les amitiés et la famille, le travail, les passe-temps, les animaux familiers, les cours ou les responsabilités ?

Manifestement, la réponse à cette question est oui, mais le paradoxe, c'est que plus vous êtes engagé à fond dans une relation codépendante, plus vous avez tendance à relâcher, à larguer et à oublier ces autres attachements, qui pourraient vous apporter équilibre et confort. Cette relation unique attire comme un aimant puissant tous vos besoins d'attachement, de sorte que vous devez fournir un effort considérable pour vous dire « Non, ma vie est plus que cela » et faire en sorte que cet élargissement se produise.

Au début, accorder du temps et de l'énergie à des intérêts plus vastes peut présenter peu d'attrait à vos yeux. Votre vision de ce qui est important et de ce dont vous avez besoin est devenue si étroitement liée à cette personne, à la façon dont elle vous traite et à la question de savoir si elle vous aime ou non que vous n'avez ni la motivation ni l'énergie nécessaires pour quoi que ce soit d'autre. Mais si vous voulez éviter d'être toujours inexorablement attiré dans le trou noir de votre lien de dépendance, vous devez tendre la main vers le monde qui existe au-delà de ce lien. Donc, forcez-vous à nouer des amitiés qui ne sont pas centrées sur des discussions à propos de votre relation codépendante, à cultiver de nouveaux talents et intérêts, à suivre le cours qui vous intéresse depuis longtemps, et à en apprendre davantage sur vous-même et sur vos désirs et besoins plus vastes. Certes, le mieux serait que vous ne considériez pas ces activités comme des « prix de consolation » ou de simples distractions, mais comme des voies propres à combler différents aspects de votre nature complexe. Même si, au début, vous ne voyez ces activités que comme des façons de passer le temps, elles valent la peine que vous vous y adonniez comme un acte de foi affirmant que vous êtes plus grand que ce que vous vous êtes permis d'être.

LES GROUPES DE SOUTIEN

Les groupes de soutien, qui visent à aider les individus à s'affranchir d'une dépendance, constituent une source d'aide particulière, qui allie certains des meilleurs aspects de l'amitié et de la formation d'attachements multiples. Ces groupes sont nombreux. Certains, comme Alanon ou Enfants adultes d'alcooliques (EAA), viennent en aide aux personnes qui ont un lien avec un alcoolique ou un toxicomane. D'autres, comme CODA *(Codependants Anonymous)* regroupent des gens souffrant d'une dépendance amoureuse à l'endroit d'une personne qui peut être toxicomane ou alcoolique (sans l'être forcément). Ces groupes exercent maintes fonctions utiles. Vous y découvrirez que vous n'êtes pas seul dans votre cas et que les relations codépendantes mettent en jeu des modèles de comportement étonnamment courants. Vous discernerez chez d'autres le comportement autodestructeur que vous refusez de reconnaître en vous-même et vous pourrez ensuite appliquer ces observations à votre propre cas. Vous apprécierez l'empathie et la camaraderie des membres du groupe qui partagent des expériences douloureuses communes. Et vous apprendrez à voir votre relation codépendante et votre vie sous un jour nouveau. De nombreux groupes de soutien utilisent une variante des programmes en douze étapes, qui ont donné d'excellents résultats avec la toxicomanie, et fournissent un cadre pratique et spirituel pour se libérer d'une dépendance.

Pour en savoir davantage sur les groupes qui existent dans votre région, consultez votre annuaire téléphonique ou informez-vous auprès d'un centre de santé mentale, d'une église, d'un centre communautaire ou d'un YMCA ou YWCA de votre localité. En effet, c'est généralement dans ces lieux que ces groupes tiennent leurs rencontres. S'il n'existe pas de groupe CODA dans votre localité, essayez Alanon. Même si la personne dont vous êtes dépendant n'est ni toxicomane ni alcoolique, vous devez quand même mettre fin à votre dépendance, et ces groupes vous apporteront un soutien et des observations utiles.

Quelque temps après avoir cessé de voir Marc et avant de rencontrer David, Carole envisageait sérieusement d'appeler Marc pour renouer avec lui. Lors d'une séance de psychothérapie, elle me dit :

— Peut-être que si je n'ai pas trop d'attentes, ça peut aller.

— Réduire ses attentes peut faire une différence, dis-je, en autant que ces attentes soient excessives. Mais ce n'est pas votre cas. Vos exigences envers Marc (qu'il se montre affectueux, prévenant et fiable) sont plutôt fondamentales dans ce qui est censé être une relation amoureuse.

— Peut-être que je ne lui ai pas vraiment donné sa chance.

— Oui, vous l'avez fait et vous avez bien des preuves que Marc est incapable d'être là pour vous de façon régulière et qu'il ne le sera sans doute jamais. En fait, il a très souvent mal agi envers vous.

— Ce n'était pas si grave que ça.

— Oui, ça l'était. Et si vous renouez avec lui, vous vous arrangez pour subir de nouvelles déceptions, frustrations et insultes.

— Je ne vous comprends pas, explosa Carole. À certains moments, vous soutenez mes sentiments et les comprenez, et à d'autres, comme maintenant, vous êtes vachement dur et vous portez des jugements catégoriques.

— Je comprends très bien l'amour que vous portez à Marc, et la souffrance et la solitude que vous ressentez depuis que vous l'avez quitté. Je sais que vous avez du mal à vous défaire de votre attachement et à demeurer loin de lui. Mais quand vous vous leurrez vous-même en disant que ce n'était pas si grave que ça ou que vous êtes responsable de son comportement afin de trouver une bonne raison de renouer avec lui, je dois vous arrêter. Si vous voulez renouer parce que vous ne supportez pas la souffrance liée à l'état de manque, il n'en tient qu'à vous. Vous seule pouvez décider où est votre limite. Mais ne croyez pas que tout ira comme sur des roulettes cette fois. Votre expérience passée nous indique que vous aurez sans doute un prix élevé à payer.

Carole me quitta en colère et frustrée en disant: « Je crois que vous vous trompez. » Mais elle s'abstint d'appeler Marc ce jour-là et le lendemain, et son besoin d'entrer en contact avec lui diminua. En tant que psychothérapeute qui travaille auprès de drogués de l'amour, j'utilise en général l'approche que j'employai avec Carole. D'une part, j'éprouve une profonde compassion pour les personnes qui se trouvent dans la pénible situation humaine qu'est une relation malsaine et qui y sont enchaînées par la soif d'attachement jusqu'à la dépendance. Je ressens la souffrance de la personne qui tente de quitter une telle relation. Je manifeste une patience sincère devant le rythme souvent lent avec lequel elle tend vers ce but. J'encourage les gens à ne pas se traiter durement et à ne pas éprouver un sentiment d'échec lorsqu'ils ont du mal à rompre et que leur besoin d'affection les pousse à renouer avec leur partenaire encore et encore. Je soutiens chaque effort que je vois comme une étape propre à renforcer le sentiment d'indépendance et le respect de soi de la personne. D'autre part, je suis enclin à parler clairement et avec force même, quand un de mes clients se met à rationaliser, à déformer la réalité, à se leurrer lui-même et à tenter de me berner, tout cela pour pouvoir continuer à s'autodétruire. Alfred Adler, l'un des fondateurs de la psychanalyse, a dit un jour que la psychanalyse est parfois un processus qui consiste à « cracher dans la soupe du patient ». Si elle manque d'élégance, cette phrase n'en définit pas moins à merveille ce que je fais quand un client se prépare une soupe pleine d'illusions trompeuses et de toxines.

Même si tous les psychothérapeutes n'utilisent pas de façon explicite l'approche à deux faces que je décris ci-haut, il s'agit d'une partie précieuse de ce que la psychothérapie peut offrir à la personne codépendante. Ce qui est encore plus important, c'est que la psychothérapie vise en général à aider cette personne à voir que son problème n'est pas simplement relié à sa situation, mais prend sa source dans sa propre histoire et reflète souvent des comportements autodestructeurs acquis il y a des années et repris aujourd'hui dans l'espoir vain d'obtenir un résultat différent et meilleur. Une psychothérapie efficace vise à relâcher l'emprise du passé de la personne codépendante sur les manières dysfonctionnelles qu'elle choisit pour affronter ses relations actuelles.

Dans quel cas doit-on envisager de suivre une psychothérapie ? Cela est approprié quand : 1) vous ne voyez pas clairement si vous devriez accepter votre relation telle qu'elle est, si vous devriez faire d'autres efforts pour l'améliorer, ou si vous devriez y mettre fin ; 2) vous savez que vous devriez y mettre un terme, mais êtes incapable de vous y résoudre et souffrez ; 3) vous soupçonnez que l'insécurité, la peur de la solitude, le sentiment de culpabilité ou la soif d'attachement minent votre volonté de partir ; 4) vous reconnaissez que vous avez l'habitude d'établir et de poursuivre des relations malsaines, et êtes incapable de modifier ce modèle, même avec l'aide d'amis et de groupes de soutien.

La psychothérapie comporte-t-elle des risques pour le drogué de l'amour ? En règle générale, celui-ci a du mal à conserver un jugement sain et son indépendance lorsqu'il éprouve

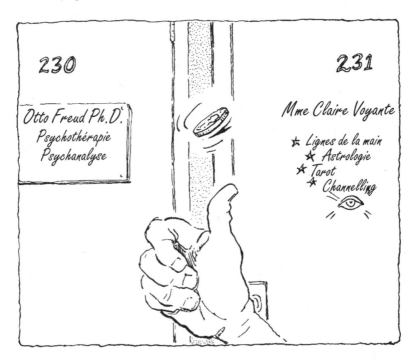

une très forte soif d'attachement. La psychothérapie l'obligera à rencontrer régulièrement, dans une atmosphère d'intimité émotionnelle, une personne qui l'écoutera avec empathie et sollicitude. Il n'est pas rare que les clients s'attachent à leur thérapeute, surtout pendant la période de sevrage où ils sont séparés de l'objet de leur dépendance et où leur soif d'attachement n'a soudain plus d'amarres. La dépendance qu'ils ressentent parfois envers le thérapeute est naturelle et même utile en autant que les deux conditions suivantes soient respectées : 1) ils comprennent que le but de leur relation avec le thérapeute est d'atteindre un point où ils ne seront plus dépendants de lui et 2) le thérapeute est un professionnel compétent et doué de sens moral, qui désire clairement, même si certaines personnes doivent s'appuyer sur lui pendant un certain temps, les aider à comprendre les racines de leur dépendance et à s'affranchir. Certains thérapeutes, à l'instar de certains parents, y réussissent mieux que d'autres et ont plus de facilité à lâcher prise. Si vous suivez une psychothérapie et croyez le moment venu d'y mettre fin, ayez l'esprit ouvert quand votre thérapeute suggérera qu'il pourrait s'agir d'une tentative d'autosabotage ou de résistance au changement. Mais si vous examinez attentivement vos motifs et décidez qu'il est temps pour vous de passer à autre chose, vous devez vous fier à votre jugement.

La fin d'une psychothérapie peut produire son propre syndrome de l'état de manque, mais si vous êtes vraiment prêt à partir, ce malaise devrait être de courte durée et dépassé par la satisfaction que vous procurera le fait de progresser avec une autodétermination et une indépendance plus grandes. En règle générale, c'est un plaisir que votre thérapeute partagera avec vous.

L'USAGE DE MÉDICAMENTS

La rupture d'une relation codépendante peut parfois entraîner des sentiments tellement profonds d'anxiété ou de dépression que cela soulève la question de l'usage de tranquillisants ou d'antidépresseurs. Les opinions divergent à ce sujet.

Certaines personnes qui traitent les problèmes de codépendance se méfient des médicaments. Elles craignent qu'ils ne provoquent une nouvelle forme de dépendance ou qu'ils masquent les problèmes. Bien sûr, ces risques sont réels. En outre, se libérer d'une relation malsaine sans recourir aux médicaments présente de nets avantages, puisque c'est souvent dans le difficile processus qui consiste à passer à travers la découverte de soi-même, les révélations sur soi et la souffrance psychologique que l'on grandit et que l'on acquiert le plus de force. Néanmoins, j'ai vu des gens tellement désemparés par la peur et par le désespoir qu'ils ne pouvaient mettre fin à leur relation malsaine tant que les médicaments n'avaient pas suffisamment atténué ces émotions.

Si vous trouvez que vos angoisses paralysent vos meilleures tentatives pour vous affranchir, je vous assure que vous n'avez pas besoin de jouer les héros. Consultez un psychopharmacologue. Expliquez-lui les changements que vous voulez opérer dans votre vie et les émotions ou symptômes qui vous barrent la route. Précisez que vous voulez des médicaments pour vous aider à atteindre un but précis et non pour en faire un mode de vie. Gardez à l'esprit que les médicaments ont toujours un effet secondaire et informez-vous avec soin de ces effets avant de décider d'en consommer. En outre, n'oubliez pas que ces médicaments ne doivent pas remplacer la psychothérapie ou les groupes de soutien, car il est essentiel que vous poursuiviez votre travail sur votre conscience de soi et sur votre croissance. Enfin, avec les médicaments, comme avec la psychothérapie, le but est d'arriver à un point où vous n'en aurez plus besoin.

L'OBJECTIF FONDAMENTAL

Le but de toutes ces approches est de vous libérer de la tyrannie de votre dépendance. Certains des exemples que j'ai utilisés, comme la mauvaise conduite de Marc à l'égard de Carole ou l'attitude avilissante de Régine envers Henri, sont si évidemment destructeurs que vous voyez clairement que la relation doit prendre fin. Et, certes, bien des gens endurent des humiliations et des privations encore pires. Mais votre malheur n'a pas besoin d'être aussi extrême. La personne dont vous êtes dépendant peut être convenable et même admirable de bien des façons. Mais si vous avez effectué le travail de prise de décision dont nous avons parlé ici, si vous avez examiné votre relation d'un œil aussi objectif que possible et si vous avez conclu qu'elle entraîne d'importantes frustrations et privations qui sont peu susceptibles de changer, il se peut que vous trouviez cette personne inacceptable, ou intolérable, même en l'absence d'ecchymoses ou de trahison. Et si c'est un attachement dépendant qui, en fin de compte, vous retient dans cette relation, alors, en atteignant votre objectif qui est de vous affranchir de votre dépendance, vous serez plus libre d'opérer des choix plus gratifiants. Il est probable que vous traverserez une période de chagrin, d'anxiété et de solitude, mais comme nous le verrons, cela fait partie d'un processus qui vous conduira vers une vie meilleure.

CHAPITRE 5

Une période de consolidation et de régénération

Vous êtes sorti de votre relation codépendante. Vous en savez plus long sur les motifs qui vous poussent vers les gens qui vous rendent inévitablement malheureux et vous êtes déterminé à ne plus perdre une minute de plus dans des relations frustrantes et destructrices. Peut-être avez-vous encore besoin de volonté pour dire non, ou avez-vous atteint un point où le type de personne qui vous attirait tant autrefois vous répugne maintenant ou même vous rend «allergique».

Cependant, en dépit de ces progrès considérables, il se peut que vous ne soyez pas prêt à poursuivre, à goûter et à entretenir une relation avec quelqu'un qui vous aime et qui rehausse vos sentiments sur vous-même et sur votre vie. Et cela est tout à fait bien. Vous venez de remporter une victoire importante. Le moment est venu de faire une pause, de réfléchir et de consolider vos gains.

L'idée de faire une pause peut très bien aller à l'encontre de votre désir. Ayant renoncé à votre dépendance amoureuse, vous avez peut-être l'impression qu'il y a un vide immense au centre de votre être, et de même que «la nature a horreur du vide», vous pourriez trouver ce vide et votre solitude tellement intolérables que vous ressentez le besoin de partir séance tenante à la recherche d'un nouvel attachement. Cela peut être très dangereux parce que votre désespoir risque de fausser vos perceptions et votre jugement. Vous pouvez facilement oublier qu'une personne peut vous faire du tort comme le faisait votre ex-partenaire ou d'une autre façon, mais qu'elle peut être tout aussi malsaine. Aussi, ne soyez pas trop pressé de vous mettre en quête du partenaire idéal. Vous avez d'autres tâches à accomplir qui augmenteront à la longue vos chances de succès. Il ne s'agit pas nécessairement de refuser tout rendez-vous amoureux. En fait, cela peut vous aider à consolider vos gains. Fort du savoir durement acquis, concernant ce qui exerce un attrait dangereux sur vous, vous pouvez regarder chaque nouvelle personne en ouvrant grand les yeux: Qui est cette personne? Qu'est-ce que je ressens en sa présence? Ai-je envie de mieux la connaître? Maintenant que je suis libéré de ma dépendance, quelles qualités sont susceptibles de m'attirer chez quelqu'un?

Vous serez mieux à même d'examiner ces questions importantes si vous n'êtes pas mû par le besoin frénétique de nouer une nouvelle relation. Ce n'est pas seulement que ces reprises sont trop souvent aveugles, mais en outre vous pourriez couper court à une étape importante de votre croissance. (Cela ne signifie pas qu'à ce stade-ci, vous ne puissiez pas rencontrer une personne qui vous convienne à merveille; et ce serait pure sottise de la repousser simplement parce que vous prenez le temps de consolider vos acquis. Mais voyez si vous êtes mû par un sentiment sincère ou par le besoin de combler votre vide intérieur.) Aussi, prenez le temps d'être à l'aise dans ce nouvel espace, qui peut vous paraître étrange, aride et déprimant parce qu'en sont absentes les vieilles tragédies, souffrances et tensions.

Un temps pour pleurer

L'une des tâches utiles qui caractérise cette période consiste à pleurer la perte des éléments valables de votre dernière relation. Commencez par reconnaître que votre relation est terminée et que vous ne reverrez, n'entendrez ni ne serez peut-être plus jamais intime avec la personne qui a déjà été le point central de votre existence. Il peut être utile, en outre, de pleurer sur les mois ou les années perdus dans cette relation et peut-être dans d'autres relations sans avenir. La perte est réelle (quels que soient les éléments positifs que vous ayez pu retirer de cette relation), et c'est être honnête avec soi-même que de la reconnaître. Vous pouvez mettre cette reconnaissance à profit pour intensifier votre volonté de ne pas gâcher de cette façon une autre minute de votre vie.

Comment pleure-t-on une relation perdue et des années gâchées ? Il suffit surtout d'être ouvert à ses sentiments de tristesse et de colère au lieu de repousser la souffrance. Il ne s'agit pas de s'appesantir interminablement sur ces sentiments, car le fait de ruminer sans arrêt ses pensées sur la relation peut devenir une façon de garder le lien vivant. Ce deuil ne devrait pas constituer un prétexte pour s'accrocher, mais bien pour lâcher prise et dire adieu. Les personnes avec qui j'ai travaillé au fil des ans ont élaboré maintes façons de vivre leur deuil. Après avoir enfin tranché le lien qui la retenait à Marc, Carole tenta tout d'abord de fouler aux pieds son sentiment de perte en se disant à quel point elle était heureuse d'être débarrassée de lui (ce qui était vrai) et en se lançant aussitôt dans une vie sociale effrénée. D'une certaine façon, cela marcha très bien et lui offrit des distractions et des expériences intéressantes. Mais elle fondait en larmes inopinément et se réveillait souvent à trois ou quatre heures du matin en proie à la terreur et au désespoir. Elle comprit que ces larmes involontaires et ces crises d'affliction nocturnes l'invitaient à faire son deuil d'une relation empreinte d'une grande puissance émotive. Elle prit donc quelquefois le temps de s'asseoir, de répéter sans arrêt les mots « c'est fini avec Marc » et de se laisser submerger par le chagrin. Ayant répété cet exercice pendant de nombreuses semaines, elle découvrit que cette phrase avait perdu une grande partie de son pouvoir de l'attrister. De temps en temps, elle disait, non pas avec dépit, mais avec sincérité : « C'est fini avec Marc, Dieu merci ! »

Bertrand, le photographe de mode, qui avait fini par trancher le lien intense qui l'attachait à la belle Diane, une femme égocentrique et fuyante, affirma n'éprouver que rage envers elle. Cette rage ainsi que d'autres émotions non résolues débordait dans ses relations avec les femmes qu'il fréquentait pour remplacer Diane. Il était évident que, même s'il n'avait pas eu de contact avec Diane depuis un certain temps, il n'avait pas encore lâché prise. Empruntant la méthode de Carole, je l'invitai à répéter les mots «c'est fini avec Diane» et à ressentir ce que ces mots provoquaient en lui. Bertrand, qui ne manquait jamais de créativité, élabora sa propre variante. Au lieu de dire ces mots, il regardait les photos qu'il avait prises de Diane et écrivait de courtes phrases ou des questions qui lui venaient à l'esprit. Voici l'une des listes qu'il dressa pendant sa période de deuil :

Que ferai-je sans toi ?

Et si je commettais une terrible erreur ?

Ce n'était pas une erreur ; j'ai rompu et elle est partie.

Tu es tellement belle, tu me manques tellement.

Je n'arrive pas à croire que nous ne ferons plus jamais l'amour. Jamais, plus jamais.

Nos moments marrants me manquent.

Si seulement tu avais essayé un peu plus fort.

Si seulement tu avais voulu ce que je voulais.

Mais elle ne le voulait pas et ne le voudra jamais. Jamais, plus jamais.

Je dois l'enterrer.

Je l'imagine dans un cercueil. Elle porte son déshabillé noir transparent. Quelqu'un ferme le couvercle du cercueil solidement.

On met le cercueil en terre.

Je jette de la terre sur le cercueil.

Je pleure, je suis inconsolable.

Adieu, Diane.

Je pars et je me retiens pour ne pas me retourner.

Bertrand effectua un grand nombre de ces «exercices de deuil» comme il les appelait, et il se rendit compte qu'il pensait de moins en moins à Diane. À l'occasion, il souffrait de ce qu'il appelait «des attaques de Diane», surtout les week-ends où il n'avait pas de projet. Une nuit, au milieu d'une crise où il ressentait de façon aiguë sa perte et sa solitude, il s'assit pour écrire de nouvelles phrases, qui prirent cette fois un tour différent et étonnant.

> Je me sens comme un bébé impuissant. Maman, viens, je t'en prie.
> Personne ne m'aime, même pas toi.
> Pourquoi es-tu toujours au téléphone?
> Pourquoi ne joues-tu jamais avec moi?
> Pourquoi flirtais-tu avec d'autres hommes dans le dos de papa?
> Pourquoi ne m'as-tu pas protégé de ça?
> Ne m'aimais-tu pas?
> Ne savais-tu pas comment prendre soin de moi?

Cette tournure imprévue réussit à faire comprendre à Bertrand que son deuil dépassait de beaucoup sa relation avec Diane. Il pleurait la relation qu'il n'avait pas eue avec sa mère, les fréquentes absences de celle-ci, ce qui lui avait manqué quand il était enfant et les duperies dont il avait été victime. À mesure qu'il établissait le lien entre ses sentiments à l'égard de Diane et ceux de son enfance, il lui fut de plus en plus facile de dissocier son désir d'être aimé de sa mère de celui d'être aimé de Diane, et en outre de renoncer à ce désir dans chaque cas.

ÊTRE SA PROPRE CONTINUITÉ

La période de deuil vous permet de reconnaître le caractère définitif de la perte de ce qui avait été une relation amoureuse centrale et intense. La perte d'un être qui, quelle qu'ait été la durée de cette relation, a partagé autant de moments et d'expériences avec vous, pourrait fort bien vous donner l'impression que votre vie est irrémédiablement brisée et qu'elle manque de continuité. Si cela s'est produit à plusieurs reprises, vous vous sentez peut-être comme un vase de céramique cassé, avec des tessons et des fragments qui traînent partout. Pauline, une femme de quarante-deux ans, qui avait divorcé au bout de dix ans de mariage et qui avait eu plusieurs relations intenses et durables avec des hommes qui l'aimaient, mais qui avaient la phobie de s'engager, venait de terminer douloureusement la plus récente de ces liaisons.

— Je ne peux pas supporter de sentir que ma vie est à ce point déchiquetée, me confia-t-elle tristement. C'est à peine si je peux marcher dans une rue, passer devant un restaurant ou entendre une chanson sans que cela me rappelle un merveilleux moment passé avec un homme qui était tout pour moi, à l'époque. Mais aucun n'est là à qui je pourrais dire: «Te rappelles-tu la fois où nous avons mangé ici?» «Te souviens-tu de la fois où nous avons tous deux pleuré à la fin de *Cris et chuchotements*?» «Tu te rappelles le jour où nous avions fait une promenade à la campagne en chantant cette chanson?» Il n'y a aucune continuité dans ma vie.

Il est merveilleux de vivre des relations longues et durables et de pouvoir se remémorer d'innombrables expériences partagées, en rire, même se disputer de nouveau à leur sujet et attendre avec impatience d'en vivre de nouvelles ensemble. Et cela peut être démoralisant quand il n'y a personne avec qui partager de vieux souvenirs ou en accumuler de nouveaux. Comme le disait Pauline:

— Je ne veux plus jamais faire une promenade en voiture en compagnie d'un nouveau mec et dire: «Voici l'école où j'ai fait mes études primaires.»

Peut-être éprouvez-vous vous aussi ce sentiment à ce moment-ci; aussi importe-t-il que vous utilisiez cette période de consolidation pour vous imprégner d'une vérité toute simple qui vous donnera de la force: *vous êtes votre propre continuité.* Elle peut vous paraître évidente en soi, mais si vous la laissez vous pénétrer pleinement, elle peut guérir un grand nombre des fissures et des interruptions que vous ressentez dans votre vie. Au cours des nombreuses expériences que vous avez vécues, une personne était toujours présente : vous. Dans les neurones de votre cerveau sont gravés les souvenirs de chacune de ces expériences — certains vous viennent facilement à l'esprit, tandis que d'autres sont déclenchés de façon inopinée par une image, un son ou un toucher. Vous transportez toutes ces expériences avec vous. Elles forment votre histoire. Ce sont ces expériences qui vous ont façonné, qui ont fait de vous ce que vous êtes aujourd'hui, ce que vous pensez et ressentez. Vous êtes le calendrier de vos années, le journal de vos journées, l'enregistreur de temps de vos heures. Vous êtes, dans une large mesure, ce que vous avez été. Personne ne peut vous ôter cela. Vous serez toujours la personne que ces expériences ont formée.

Donc, essayez de ressentir et d'apprécier la continuité de votre vie. Sachez qu'elle existe. Ne repoussez pas les souvenirs douloureux d'une relation infructueuse. Concentrez-vous plutôt sur le fait que vous étiez là et que c'était vous qui éprouviez certains sentiments, faisiez certaines actions, goûtiez pleinement certains moments et souffriez à d'autres. Si vous acceptez le fait que votre vie possède une certaine continuité et cohésion, vous atténuerez votre sentiment de perte et le goût amer que vos relations manquées vous laissent dans la bouche. Si vous reconnaissez que vous êtes le fil qui relie les divers commencements et fins survenus dans votre passé, vous verrez que vous êtes le fil qui reliera les événements de votre futur. Et vous pouvez mettre à profit tout ce que vous a enseigné la continuité de votre histoire pour façonner le futur différemment.

Corine, la femme qui avait l'impression que son mari la connaissait très peu après quatre ans de mariage, le quitta quand elle sentit que son sentiment de solitude ne pouvait pas être plus profond sans lui qu'avec lui. À sa grande surprise, elle eut l'impression que sa vie tout entière était détruite. « Même si Jacques me connaissait très peu, je me rends compte que nous passions beaucoup de temps ensemble et que nous partagions bien des activités, des événements familiaux et le simple quotidien, m'avoua-t-elle. Maintenant qu'il n'est plus là, c'est comme si toute cette période de ma vie n'avait pas existé et que ma vie actuelle n'avait pas de fondement. Même si nos chemins étaient séparés, ils étaient parallèles, et maintenant j'ai l'impression d'être un monorail. »

Pour mieux faire face à cet étrange sentiment de discontinuité, elle se mit à regarder les photos qu'elle avait prises au début de leur amour. Puis elle écrivit les souvenirs qu'elles évoquaient en elle. Au début, la douleur était presque intolérable, puis elle constata qu'un grand nombre des fous rires qu'ils avaient eus ensemble avaient été provoqués par une drôlerie qu'elle avait dite et que c'est elle-même qui avait amorcé la plupart des activités qu'ils avaient partagées. Corine dit: « J'ai compris que je suis le possesseur de mon sens de l'humour, que je peux prendre des initiatives et planifier des rencontres intéressantes, que c'est même moi qui ai pris les photos. Je possède ces aptitudes. J'ai fait ces choses avant Jacques et elles ne dépendent pas de sa présence à lui. Je suis le fil conducteur de tout ceci. »

Il peut être ardu de s'accrocher à la vérité de notre propre continuité d'une manière fiable et soutenue au milieu des affres qui accompagnent souvent la fin d'une relation importante. Si cette perspective vous échappe, il peut être particulièrement utile, par exemple, durant la période de manque intense que provoque la perte de votre relation codépendante, de vous tourner vers vos amis, votre famille, des groupes d'entraide ou la psychothérapie. En vous reflétant votre moi et votre histoire, ces gens peuvent vous aider à recouvrer un sentiment de plénitude et de continuité.

ATTÉNUER SON SENTIMENT DE SOLITUDE

La solitude est l'un des rares sentiments dont personne ne veut. Les gens peuvent choisir d'être seuls et goûter le doux plaisir de la solitude, mais celui-ci n'a rien à voir avec le pénible sentiment d'isolement. Nous cherchons parfois activement à éprouver d'autres sentiments déplaisants. Nous lisons des histoires d'horreur ou nous sautons en parachute pour avoir peur, nous assistons à des pièces de théâtre tragiques ou à des films qui nous font pleurer, nous recherchons des situations qui nous mettent en rogne ou nous nous adonnons à l'alpinisme et à d'autres activités pour souffrir. Mais à ma connaissance, personne n'aime se sentir seul.

Le sentiment de solitude réside peut-être en partie en nous sous forme de réaction biologique primitive, un peu comme celle du bouvillon que l'on a retiré du troupeau et qui meugle pour y retourner ou de l'ourson dont la mère a été tuée et qui erre en gémissant. Dans le film *Un homme parmi les loups* se trouve une scène inoubliable dans laquelle un petit avion dépose sur le sol arctique gelé un jeune scientifique qui s'intéresse au comportement des loups ainsi que ses vivres et son matériel, puis l'avion s'éloigne lentement. Au moment où l'avion se prépare à décoller, le jeune homme embrasse du regard l'immensité glacée et désolée qui l'entoure de toutes parts, et la panique le submerge soudain. Terrifié, il court derrière l'avion en lui criant de revenir, mais l'avion décolle sans lui, le laissant tout à fait seul. Tous les spectateurs, y compris moi-même, ressentent alors la vague cauchemardesque de solitude qui submerge le scientifique.

La fin d'une relation amoureuse — même si elle était très insatisfaisante, même si c'est vous qui y avez mis fin — laisse un vide que la solitude vient parfois remplir. La tâche consiste à passer à travers la douleur sans se laisser entraîner dans un désespoir prolongé, sans commettre des actions destructives, sans s'enfoncer dans l'alcool ou les narcotiques et sans nouer de liens avec des personnes qui ne vous conviennent pas.

Vous pouvez affronter votre solitude d'une manière constructive en voyant qu'elle provient, pour la plus grande part, de votre enfant intérieur perdu et privé d'affection. Quand vous avez compris que cet état prend sa source dans votre soif d'attachement, vous pouvez aussi reconnaître que le regard et les émotions de cet enfant abandonné déforment votre réalité. Votre moi enfant ne croit pas que vous puissiez survivre sur le plan affectif — ou peut-être même physique — sans un attachement continu. Mais votre moi adulte sait que vous pouvez le faire et continuer seul sans trop de peine aussi longtemps qu'il le faudra. L'enfant en vous se sent impuissant à faire quoi que ce soit pour mettre fin à sa souffrance, pour se rassurer ou provoquer des choses nouvelles et meilleures. Mais votre moi adulte sait que vous pouvez faire beaucoup pour modifier vos sentiments et votre situation. Parce qu'il a une perception enfantine du temps, votre enfant intérieur croit que sa souffrance durera toujours, que passer un samedi soir seul, c'est comme vivre une éternité dans l'arctique. Mais votre moi adulte sait que la souffrance disparaîtra, peut-être au son de la prochaine voix amicale, et qu'un samedi soir ne comprend que quelques courtes heures que l'on peut passer d'une manière profitable ou divertissante. Peut-être devrez-vous lutter pour entendre votre voix adulte par-dessus les hurlements de l'enfant, mais dès que vous l'entendrez et que vous modifierez votre perspective, vous pourrez sécuriser et réconforter cet enfant. Vous pourrez lui dire que vous savez que la solitude fait mal, mais que vous êtes là et qu'il n'est pas vraiment seul, qu'il y a toutes sortes de choses que vous et lui pouvez faire pour améliorer la situation, et que les sentiments négatifs, comme tous les sentiments, finissent toujours par se transformer.

Votre enfant intérieur esseulé nourrit peut-être une autre croyance erronée, celle que jamais une autre personne ne l'aimera autant que la personne qu'il vient de perdre ou que lui-même n'en aimera jamais une autre autant. Vous pouvez signaler à cet enfant que s'il n'avait autrefois qu'une seule maman et un seul papa, il y a bien des gens aujourd'hui qui pourraient l'aimer et être aimés de lui. L'enfant intérieur a parfois l'impression que «personne ne se soucie de lui», mais c'est rarement le cas. Et il n'est pas nécessaire que ce soit le cas non plus, si vous vous souciez activement de la petite fille ou du petit garçon en vous qui se sent délaissé. Si *vous* vous occupez de vous, même lorsqu'il n'y a pas de partenaire amoureux dans votre vie, il y aura toujours quelqu'un, vous-même, pour vous apprécier et vous rassurer. Donc, écoutez les pleurs de l'enfant intérieur solitaire et dites-lui tout ce qu'il a besoin d'entendre à un moment comme celui-là.

Vous pouvez le faire en écrivant à l'enfant et en laissant parler la partie la plus sage et la plus aimante de vous-même. Corine, qui sentait que sa vie était fragmentée sans Jacques et qui y remédia en regardant des photos de leur couple et en ressentant sa continuité avec la femme qui y figurait, eut, elle aussi, recours à cette technique. Elle écrivit: «Tu as l'impression, parce que Jacques n'est pas là, qu'il ne rentre pas à la maison chaque soir, qu'il ne regarde pas la télévision avec toi, qu'il ne dort pas à côté de toi ou qu'il ne prépare pas le café du matin, que personne ne t'aime. Tout d'abord, tu oublies que tu te sentais souvent seule quand Jacques était présent sans l'être vraiment. En outre, je t'aime et je te trouve formidable, et nous ferons encore beaucoup de choses ensemble. Et puis il y a tous nos amis et parents qui nous aiment toutes les deux, la petite et la grande Corine. Je sais que ce n'est pas tout à fait comme avoir un amoureux, mais je te promets que, même si Jacques et moi ne renouons jamais, je ferai de mon mieux pour trouver quelqu'un que nous pouvons aimer et avec lequel nous nous sentirons en sécurité, et qui nous aimera et partagera notre vie. Alors, tu n'as vraiment pas besoin de te sentir si solitaire et si peu aimée.» Corine me confia: «Quand j'écris ces choses à mon enfant intérieur, je me sens idiote et je suis heureuse que personne ne me regarde. Mais cela finit toujours par me réconforter.»

Renverser la vapeur

Outre réconforter l'enfant intérieur attristé, vous pouvez faire beaucoup pour transformer votre solitude en une force positive. Il s'agit pour cela de faire des efforts précis et délibérés pour combattre la *force d'inertie de la solitude*. Comme nous l'avons déjà mentionné, ce sentiment peut parfois nous précipiter dans des actions autodestructrices, qui visent à nous anesthésier ou à nous distraire de notre solitude. Mais il peut aussi nous faire sombrer dans la paralysie, dans une passivité impuissante et désespérée qui nous empêche d'améliorer notre sort. Il devient difficile, dans ce cas, de prendre des décisions. Même si nous aspirons à être consolés et aimés, nous ignorons de quel côté nous tourner. Or, cette inertie peut nous entraîner de plus en plus bas jusqu'à ce que, excédés, nous réagissions ou encore que nous tournions carrément le dos à la vie pour rester assis, seuls, dans le noir.

Pour passer de la passivité à l'action positive, il faut voir notre solitude non seulement comme un état indésirable, mais également comme une occasion unique. Le parent sage et aimant qui est en nous peut aider notre enfant intérieur non seulement en le serrant dans ses bras, en l'apaisant et en le rassurant, mais aussi en le prenant par la main et en disant : «Ne restons plus là à ne rien faire. Allons!» Pour activer la partie plus dynamique de vous-même, il peut être utile de vous demander : «Quelles sont toutes les choses que je me promettais toujours de faire quand j'en aurais le temps et l'occasion?» Voici une autre façon de formuler cette question : «Quelles sont les activités qui me tenteraient si je n'étais pas si seul et si déprimé?» Dressez une liste aussi complète que possible de ces activités. Puis placez-les par ordre d'importance et faites un effort pour commencer à faire au moins une ou deux de ces activités.

J'ai parfois le sentiment que j'aimerais retourner dans l'utérus...

... mais je n'arrive pas à décider celui de qui!

Bertrand, qui traversa une longue crise après sa rupture avec Diane, aurait voulu tâter de bien des choses, reprendre des intérêts qu'il avait délaissés ou en cultiver de nouveaux. Il ne put s'y résoudre tant qu'il ne se posa pas la question de la façon suivante: «Quelles sont toutes les activités que j'aurais voulu faire si Diane avait été plus aimante ou si j'avais vraiment une relation amoureuse positive?» Il se rendit compte que s'il n'était pas vidé par son sentiment de solitude, il s'intéresserait à l'aspect artistique de la photographie sans se limiter à la mode. Il déclara: «J'ai commencé dans la photographie artistique et remporté quelques concours à l'adolescence. Puis j'ai été trop occupé à gagner ma vie et à avoir des relations avec des femmes difficiles à satisfaire. Je pourrais vraiment mettre à profit cette période de guérison pour revenir à mes premières amours. Je vais donc prétendre que tout va bien dans ma vie amoureuse pour m'encourager à démarrer, puis quand mes nouvelles activités me passionneront vraiment, peut-être que je n'aurai plus besoin de faire semblant.»

Je connais d'autres personnes qui ont remis un tas d'activités et d'intérêts à leur programme. Elles sont revenues à d'anciens passe-temps ou s'en sont créé de nouveaux. Elles suivent des cours dans des domaines qui les ont toujours intéressées. Elles ont renoué avec des amis qu'elles n'avaient pas vus depuis longtemps et des connaissances qu'elles désiraient mieux connaître.

Il existe une activité qui, chez bien des gens, combat la solitude d'une manière fort bénéfique. En effet, des recherches récentes ont démontré que les activités altruistes ont un effet antidépresseur assuré, non seulement parce qu'elles nous donnent l'impression d'accomplir quelque chose de valable, mais en outre parce qu'elles *libèrent dans le corps des produits chimiques qui agissent comme des antidépresseurs naturels*, ce qui améliore notre humeur et notre perspective. Ces recherches suggèrent que, plus ce travail altruiste nous met en contact direct avec des gens, plus le nombre d'antidépresseurs naturels libérés dans le corps augmente. Comme cultiver une attitude altruiste peut être bénéfique pour vous, songez à faire du bénévolat de façon régulière afin de combattre la solitude et la dépression. Bien des gens qui commencent à aider les autres pour ce motif continuent de le faire bien après avoir établi une nouvelle relation amoureuse.

En multipliant les contacts avec des gens et des activités, vous pouvez combler une grande partie de la soif d'attachement qui se trouvait à la dérive depuis votre rupture. Prendre ces initiatives exige certes de l'audace, et il n'est pas toujours facile d'être audacieux quand on ressent l'inertie de la solitude. Mais vous pouvez remplacer votre sentiment de défaite par celui de n'avoir rien à perdre, ce qui pourra alors vous inciter à agir efficacement.

PRÉVOIR LES CRISES DE SOLITUDE

À présent, vous savez qu'il y a des moments dans la journée ou des événements précis au cours desquels votre solitude vous pèse davantage. Pour bien des gens, le moment le plus difficile coïncide avec la fin de la journée de travail qui les ramène dans un appartement «vide». D'autres redoutent le moment du coucher. Ils n'aiment pas éteindre la lumière et le téléviseur, et demeurer seuls dans l'obscurité et le silence. D'autres se réveillent au milieu de la nuit et tout leur paraît désolé, lugubre et effrayant. D'autres abhorrent les week-ends sans projet, les vacances ou les occasions qu'ils avaient l'habitude de partager avec la personne qui est sortie de leur vie.

Que pouvez-vous faire? Si vous sentez venir ces moments, vous pouvez élaborer des plans pour y faire face: dîner avec quelqu'un au lieu de rentrer chez vous directement, ou appeler un ami à qui vous pourrez peut-être vous confier ou simplement pour que le contact vous apaise. À d'autres moments, vous pouvez décider de *ne pas* vous distraire de votre solitude, mais de vous y enfoncer profondément afin de l'explorer et de l'apprivoiser. Vous pourriez ainsi découvrir qu'il s'agit d'un malaise temporaire et pas forcément terrible. Ainsi, Henri, que Régine avait traité d'une manière si avilissante, souffrait d'affreuses crises de solitude au milieu de la nuit. Il se réveillait souvent à trois heures et demie et à cette heure-là, sa vie lui semblait si désespérément dénuée de chaleur et de contact humain qu'il envisageait sérieusement de se suicider. Il allumait la télévision, lisait ou tentait de chasser de son esprit ses pensées désespérées. Parfois, il y parvenait et se rendormait, mais à d'autres moments, c'était en vain. Je lui suggérai, lorsqu'il n'arrivait pas à se distraire, de s'immerger dans sa douleur et de l'exprimer par écrit, en se concentrant sur sa vision sombre et pessimiste de la vie dans ces moments-là. Il découvrit que mettre ses sentiments par écrit l'aidait à s'en distancier et souvent le soulageait. Mais le plus important, c'est qu'il déclara: « Le lendemain, quand je relis mes écrits, ils me paraissent à la fois familiers et étranges. Je me rappelle le tourment que j'endurais en décrivant mon impression de vivre sur une planète inhabitée où personne ne m'aimerait plus jamais, mais comme je me sens différent, je comprends que ce n'est pas parce qu'un sentiment est intense qu'il correspond obligatoirement à la réalité. » Henri accepta de mieux en mieux sa solitude nocturne. Sa peur s'atténua en même temps que ses crises, qui s'espacèrent.

UNE SEULE POMME DE TERRE N'A RIEN DE HONTEUX

Il est particulièrement important de ne pas se laisser troubler par la honte déplacée d'être seul. Cette honte peut empêcher certaines personnes d'apprécier de dîner seules au restaurant, de participer à des activités destinées aux personnes seules, d'être à l'aise avec des couples, et même, comme le découvrit Carole, cette honte peut surgir au sujet des moindres détails de la vie quotidienne. Quelque temps après avoir quitté Marc, Carole se trouvait au supermarché où elle avait choisi une grosse pomme de terre qu'elle comptait mettre au four. Soudain, elle fut prise d'une gêne subite. Craignant que la caissière, en voyant qu'elle n'achetait qu'une pomme de terre, n'en déduise qu'elle était seule et la prenne pour une ratée et une perdante, elle prit une seconde pomme de terre dont elle n'avait que faire.

— Le plus bizarre, me confia Carole, c'est que, même lorsque j'étais avec Marc, nous ne dînions pas souvent ensemble, et il m'est arrivé à maintes reprises d'acheter une seule pomme de terre sans même y penser. Mais d'une certaine façon, maintenant que je ne suis plus avec Marc, j'ai l'impression que le monde entier le sait, comme si j'arborais une pancarte où on pourrait lire: « Aucun homme ne veut de moi. »

Pour combattre cette honte, il faut reconnaître que vous êtes un être complet et digne de valeur en soi et qu'être « seul » est un état valable et correct, même pour ceux qui souhaitent de tout cœur avoir une relation amoureuse positive. En général, la solitude est de beaucoup préférable à une relation insatisfaisante ou destructrice.

Lorsque je tenais une chronique destinée aux personnes seules, l'un de mes lecteurs, Tom Deachman, m'écrivit ceci : « Je soupçonne bien des célibataires, qu'ils l'admettent ou non, de s'estimer très peu. Ils ont été conditionnés à se sentir coupables de leur condition, à ne pas se sentir tout à fait entiers ou normaux. » C'est pourquoi Deachman élabora une série d'affirmations positives qu'il appelle « Déclaration d'indépendance du célibataire ». En voici un extrait :

Je suis seul et indépendant, et je le resterai dans un avenir proche... Ne me plaignez pas, car je ne m'apitoie pas sur mon sort. Au contraire, je jouis d'une vaste gamme de libertés et d'options que je m'efforce d'utiliser sans porter préjudice à quiconque.

Je suis libre de nouer des relations saines de toute intensité ou durée, sans répondre de cette relation devant quiconque, hormis mon partenaire ; pourtant je suis conscient que l'amour peut blesser et doit être traité avec sensibilité et respect.

Je suis libre de m'abandonner à mes goûts. Je peux aller et venir à ma guise. Je suis libre de choisir mes amis, ma maison et tous mes biens. Je suis libre de rechercher la santé ou de maltraiter mon corps. Je n'ai besoin d'obéir à personne ; pourtant, je comprends qu'une non-conformité bizarre de ma part pourrait me faire du tort ou nuire à ma réputation et embarrasser ou blesser mes amis, ma famille et mes associés.

Je suis libre d'être moi-même. Comme vous, je suis un individu tout à fait unique. Il n'existe personne d'autre, nulle part, qui soit tout à fait comme moi. Certes, il m'arrive de souhaiter être quelqu'un d'autre. Mais, tout compte fait, j'aime ce que je suis. J'aime réagir spontanément à l'univers qui m'entoure sans avoir à jouer un rôle ni à tenir compte des réactions d'un partenaire permanent... J'ai fait certains choix pour l'instant et j'accepte volontiers la responsabilité qu'ils entraînent.

Peut-être ne vous sentez-vous pas tout à fait comme cela. Néanmoins, lorsque vous risquez d'être submergé par la solitude, la honte ou le sentiment d'échec parce que vous n'avez pas de partenaire dans votre vie, la lecture de cette « Déclaration d'indépendance » peut constituer un excellent antidote. Elle peut vous aider à replacer les choses dans leur contexte, à retrouver votre estime de soi, à vous sentir mieux et à vous respecter davantage dans l'état où vous vous trouvez. Ce respect de soi accru vous incitera à créer des occasions de faire de nouvelles rencontres et vous rendra plus attentif aux personnes que vous rencontrerez. En outre, vous leur paraîtrez également plus intéressant et plus attirant.

En résumé, cette période temporaire est critique, car elle peut renforcer votre sentiment de ce que vous êtes et de ce que vous voulez. Je vous conseille d'adopter le mot d'ordre suivant durant cette phase: Continuez de progresser comme si vous deviez rester seul pour le reste de vos jours, mais gardez l'œil ouvert sur l'amitié et l'amour comme si vous deviez faire une rencontre merveilleuse aujourd'hui même.

CHAPITRE 6

Planifier son
itinéraire personnel

L'humoriste Robert Benchley est l'auteur d'un essai dans lequel il exprime sa confusion quant à la manière de construire un pont. Me voici, se dit-il, d'un côté de la rivière avec tous les matériaux de construction, tandis que l'autre rive se trouve très loin là-bas. Que faire maintenant ? Comment procéder pour construire un pont qui aille d'ici jusque-là ? Plus précisément, par où dois-je commencer ?

Lorsque nous voulons passer d'une relation malsaine (ou d'une absence de relation) à une relation vraiment satisfaisante, nous avons souvent l'impression de posséder tous les matériaux — connaissance de nos modèles de comportement autodestructeurs et des pièges à éviter, et profond désir de réussir — mais de ne pas savoir au juste par où commencer. Plus précisément, nous ignorons parfois où nous voulons aller. Nous avons une vague idée de ce que nous désirons — une relation aimante, l'engagement, le mariage — mais nous ne voyons pas clairement ce que cela exige de nous ou quel type de personne il nous faudrait pour former la relation désirée. Cette ignorance pourrait bien nous amener à construire un pont qui ne mène nulle part.

Au lieu de se laisser prendre à faire des efforts pour rencontrer, attirer et gagner quelqu'un dans le monde extérieur, il faut prendre le temps de regarder à l'intérieur de soi-même afin de discerner ses besoins les plus profonds et les plus fondamentaux. Peut-être savons-nous depuis toujours que nous effectuons tous un voyage unique et tout à fait personnel, dont la direction et le but dépendent des aspirations, des souhaits et des valeurs profondes qui résident au cœur de notre identité. Si nous ignorons quel périple entreprendre pour notre croissance, comment savoir, dans ce cas, quel compagnon nous conviendrait le mieux ? Si nous ne prenons pas au sérieux notre croissance, comment espérer que quelqu'un d'autre le fera ? Si nous ignorons notre destination, pourquoi quelqu'un voudrait-il nous accompagner ? Ou si quelqu'un nous accompagne, ne serait-ce pas dans l'espoir que nous le suivions sans gouvernail ni boussole ? Le cas échéant, cela ne risque-t-il pas de nous conduire à un autre endroit malsain où nous serions malheureux ?

Il est sans doute irréaliste de décider quel but vous voulez atteindre dans un avenir lointain, car votre destination est susceptible de changer à mesure que vous évoluerez et que les circonstances de votre vie se modifieront. Mais il est essentiel et sage de savoir à quel stade se situent votre croissance et votre plaisir dans la prochaine étape de votre vie. Pour cela, vous devrez vous poser des questions rigoureuses :

- Quel sont les aspects de moi-même que je privilégie le plus et que je désire emporter avec moi dans ce voyage ?
- Quels sont ceux que je désire laisser derrière moi ?
- Quels sont les aspects de ma vie que j'apprécie et que je veux cultiver dans une mesure encore plus grande ?
- Quelles sont les facettes de moi-même qui sont insuffisamment développées ou endommagées et qui doivent être renforcées ou réparées ?
- Dans cette prochaine étape de ma vie, ai-je le désir de cultiver mon côté spirituel ? Ma capacité d'aimer ? Ma capacité d'être aimé ?
- Ai-je besoin d'augmenter ma confiance en moi et mon sentiment d'indépendance ?

- Ai-je le désir de mieux m'harmoniser avec mes rythmes intérieurs et mes jugements, et de moins dépendre de l'approbation et de l'acceptation des autres ?
- Est-ce que je souhaite devenir moins égocentrique et plus ouvert aux autres ? Ai-je besoin de devenir moins autoritaire ?
- Ai-je besoin d'augmenter mes capacités d'intimité ? D'ouverture ? De confiance ?
- Et en termes pratiques, dans la prochaine étape de mon voyage, est-ce important pour moi de me marier ? D'être engagé dans une relation en dehors du mariage ? D'avoir l'amour sans engagement ? De fonder une famille ? De poursuivre ma carrière ? De devenir riche ? De renoncer à certaines dépendances ? De libérer et de développer ma sexualité ? De cultiver certains intérêts ou talents ?

Une relation amoureuse est en soi une destination merveilleuse et invitante. Mais si vous ne prenez pas le temps de comprendre qu'elle n'est également qu'une partie — aussi essentielle soit-elle — d'un voyage personnel plus important, vous pourriez rechercher une relation «taille unique», sans tenir compte de la taille et de la forme exclusives de vos besoins et de vos objectifs, ni vous soucier de l'endroit où elle vous conduira. En connaissant vos besoins et objectifs, vous comprendrez mieux que vous avez votre mot à dire sur la destination de votre itinéraire de vie et que vous pouvez décider dans quelle mesure vous vous y engagerez à fond. Fait paradoxal, la relation amoureuse que vous recherchez sera nettement meilleure si elle favorise, nourrit et soutient les aspects de votre voyage qui n'ont rien à voir avec une relation amoureuse. Ou, à tout le moins, elle sera beaucoup plus satisfaisante si elle ne fait pas obstacle à d'autres aspects cruciaux de ce voyage et si elle ne les détourne pas.

Il importe que vous preniez le temps de vous poser les questions que je viens de formuler. Asseyez-vous et écrivez vos réponses. Pour canaliser votre exploration, vous pourriez trouver utile de répondre d'abord au questionnaire qui suit sur les objectifs de vie. Gardez à l'esprit qu'il n'y a pas de bonnes réponses. Soyez honnête et examinez-vous de façon minutieuse. Joseph Campbell soutient qu'il est essentiel que tous, nous « suivions notre félicité ». Laissez cet exercice vous permettre de mieux comprendre la signification de ce sage conseil.

LE VOYAGE EN PERSPECTIVE

QUESTION :
Quels sont les aspects de moi-même que je souhaite le plus ardemment développer dans les années à venir et quels sont mes objectifs les plus chers ?

POINTAGE :   **Écrivez « A »** à côté des aspects et objectifs qui sont très importants pour vous.
Écrivez « B » à côté des aspects et objectifs qui ont une certaine importance pour vous.
Écrivez « C » à côté des aspects et objectifs qui ont peu d'importance pour vous.

CROISSANCE PERSONNELLE :
_____ Être plus détendu et moins agité.
_____ Avoir davantage confiance en moi.
_____ Mieux connaître mes besoins.
_____ Cultiver mon côté spirituel.
_____ M'estimer davantage et moins me déprécier.
_____ Augmenter ma capacité d'être aimant.
_____ Augmenter ma capacité d'accepter l'amour.
_____ Me libérer de mon besoin d'approbation.
_____ Porter moins de jugements critiques sur moi-même et sur les autres.
_____ M'amuser davantage.
_____ Me montrer plus généreux.
_____ Renoncer à une dépendance (envers une substance, une personne ou un comportement).

_____ Surmonter ou accepter un handicap personnel.

_____ M'affirmer davantage.

_____ Cultiver l'esprit de compétition et devenir plus dynamique.

_____ Avoir moins peur.

_____ Être plus décidé.

_____ Apprendre à mieux exprimer ma colère.

_____ Apprendre à mieux dominer ma colère.

RELATIONS :

_____ Apprendre à mieux exprimer mes besoins et tenter de les satisfaire.

_____ Être plus ouvert et m'exposer davantage.

_____ Refuser que l'on se conduise mal envers moi ou qu'on abuse de moi.

_____ Éviter d'agir à l'encontre de mes intérêts pour me faire aimer.

_____ Accepter plus facilement que l'on prenne soin de moi.

_____ Accepter plus facilement que l'on me témoigne de la bonté.

_____ Être plus confiant.

_____ Être moins confiant et plus prudent.

_____ Être plus indépendant par rapport à ma famille.

_____ Cultiver des relations plus étroites avec ma famille.

_____ Être plus responsable dans mes relations amoureuses.

_____ Être plus sensible et généreux dans mes relations amoureuses.

_____ Être plus apte à entretenir une relation amoureuse.

_____ Chercher une relation avec une personne aimante et généreuse.

_____ Éviter de me lier avec une personne qui ne soit ni aimante ni généreuse.

_____ Tirer davantage de plaisir du sexe.

INTÉRÊTS :

_____ Mener une vie excitante et aventureuse.

_____ Effectuer de fréquents voyages.

_____ Essayer de nouvelles choses.

_____ Exploiter un talent particulier.

_____ Garder mon corps en forme.

_____ Soigner davantage mon apparence.

_____ Faire moins attention à mon apparence

_____ Rechercher activement le bien-être physique.

_____ Cultiver un talent sportif particulier.

_____ Explorer mes pensées, sentiments et désirs intérieurs.

_____ Apporter ma contribution à la société ou à l'univers.

_____ Approfondir mon engagement envers une cause.

_____ Développer des intérêts dans les domaines culturels et artistiques.

_____ Approfondir mon engagement et mon développement spirituels.

QUESTIONS D'ORDRE PRATIQUE :

_____ Faire progresser ma carrière actuelle.

_____ Suivre une formation et des cours afin d'atteindre mes objectifs de travail.

_____ Embrasser une nouvelle carrière.

_____ Embrasser une carrière plus gratifiante.

_____ Devenir plus compétent et responsable.

_____ Assurer ma sécurité financière.

_____ Devenir riche.

_____ Avoir un ou plusieurs enfants.

_____ Avoir un genre de vie plus stable.

_____ Déménager.

_____ Déménager dans une autre région géographique.

HONORER SON ITINÉRAIRE PERSONNEL

Durant la période intermédiaire entre Marc et David, Carole, pour la première fois de sa vie peut-être, se mit à réfléchir à ses propres besoins et désirs maintenant qu'elle n'était plus poussée par sa soif d'attachement. Elle comprenait l'importance pour elle de solidifier son amour-propre ébranlé, de se sentir plus solide et plus ancrée dans la réalité, d'être plus directe et de s'affirmer davantage avec ses amis et au travail. En ce qui a trait à ses relations avec sa famille, elle se fixa pour objectif de ne plus se laisser manipuler par sa mère froide et dominatrice. Elle comprenait fort bien que les hommes dont elle avait cherché l'amour jusqu'à l'obsession, depuis son père jusqu'à Marc, ne l'avaient nullement aidée à cultiver ces aspects d'elle-même. Leur mépris et leur rejet avaient semblé confirmer ses pires sentiments quant à sa valeur personnelle. Leur conduite inconsistante à son égard avait sapé ses efforts pour se donner des racines plus solides. Et tout cela avait affaibli sa capacité d'affronter sa mère avec efficacité et compétence. « Je sais que c'est à moi de ne pas me laisser manipuler par la colère glaciale de ma mère et ses tentatives pour me culpabiliser, me dit Carole. Ce n'est pas à l'homme de ma vie qu'incombe cette tâche. Mais ce n'est pas facile de tenir tête à ma mère quand je n'ai personne pour me soutenir. Marc le faisait uniquement quand je risquais de contrecarrer ses projets en appuyant ma mère. »

David, au contraire, apportait à Carole un soutien réel. Il lui disait : « Tu es toute retournée et angoissée parce que tu t'opposes à ta mère sur ce point, mais elle est beaucoup trop exigeante. Elle voudrait te faire croire que tu es égoïste, mais tu ne l'es pas. Tu es juste une femme adulte qui a le droit d'élaborer ses propres plans. Ne la laisse pas toucher tes points sensibles. » Ensuite, dit Carole, il me prend dans ses bras. Elle ajouta : « Ce n'est pas tant ce que David me dit que je trouve important, c'est le sentiment qu'il est à mes côtés. »

Carole vit clairement que se libérer du joug maternel était une étape importante de sa croissance personnelle et elle pouvait apprécier la différence entre un compagnon de voyage destructeur et un compagnon constructif. Quand je demandai à Henri de réfléchir à son voyage personnel, il me dit : « Je suis trop vieux pour le type de relation que m'offre Régine. J'ai toujours été trop vieux pour accepter ce genre de conduite grossière, mais maintenant il est clair que j'ai vraiment besoin d'autre chose. Je veux que les années qui me restent soient tout à fait différentes des précédentes : détendues, remplies de plaisir et de tendresse, faciles... Je ne veux plus me battre pour forcer quelqu'un à être gentil avec moi. La maladie et l'invalidité m'attendent peut-être au tournant, et je ne veux pas entendre Régine me crier que je la dérange. Je suis un homme fondamentalement bon et je veux une compagne qui apprécie cela et qui fasse grand cas de l'amour que je lui donnerais. » Henri mit presque un an après cette conversation pour rompre avec Régine. Mais la découverte du fait que Régine n'était pas la compagne de route qui lui convenait fut une étape importante qui lui permit de lâcher prise et de s'ouvrir à une personne beaucoup mieux assortie à lui.

À trente-quatre ans, Laure était la plus jeune associée d'un prestigieux cabinet d'avocats. Spécialiste des causes matrimoniales, c'était une femme dynamique, travailleuse et efficace. Les hommes avec qui elle sortait étaient aussi motivés qu'elle et réussissaient bien. Les quelques relations amoureuses qu'elle avait connues au fil des ans avaient été intenses et passionnées, mais dénuées d'intimité affective. Elle ne semblait jamais avoir le temps ou la sérénité nécessaires pour cultiver beaucoup d'intimité et n'était pas consciente de le vouloir. Sa relation actuelle avec Louis, propriétaire et p.-d.g. d'une chaîne hôtelière, était bâtie sur le même modèle. Laure le voyait une ou deux fois par semaine depuis six mois. Puis elle découvrit qu'il voyait aussi deux autres femmes avec une fréquence et un attachement au moins égaux. Elle fut dévastée et furieuse. Louis était désolé de la voir si bouleversée, mais il croyait qu'elle avait compris qu'il ne voulait pas de relation « exclusive ». Sa réaction l'étonnait, car il avait toujours cru qu'elle voulait la même chose que lui. C'est à ce moment-là que Laure vint me consulter. Elle était très confuse. « Parfois, j'ai envie de le plaquer. À d'autres moments, je suis déterminée à gagner son cœur et à le garder. Parfois, je veux le conquérir pour le simple plaisir de le rejeter ensuite. » Elle rêvait de lui faire une scène au bureau. Elle caressa même brièvement l'idée d'engager des fiers-à-bras pour lui flanquer une raclée. Mais elle continua de le voir et de le partager avec les deux autres femmes (et, peut-être avec d'autres, croyait-elle) pendant plus d'un an, dans l'espoir de l'amener à vouloir une relation exclusive avec elle-même. Cette tâche se mua en obsession.

Tout cela l'empêchait de se demander si elle voulait vraiment rester avec Louis et, si c'était le cas, pourquoi. Était-ce le défi qui l'attirait ? Avait-elle besoin de remporter la compétition ? Voulait-elle une relation amoureuse avec lui ? Voulait-elle vraiment une relation amoureuse avec quelqu'un ? Quels étaient ses véritables sentiments à l'égard de Louis ? Elle refusait tout bonnement d'aborder la question de ses besoins et désirs profonds. Quand je voulus diriger son attention sur ces questions, elle me dit : « Ne me parlez pas de ces foutaises sur le fait que je devrais connaître le but de mon voyage personnel. Je le saurai bien quand j'arriverai à destination. Pour l'instant, tout ce que je sais, c'est que je veux Louis. »

Comme Laure vivait dans la constante frustration que lui causaient l'inconstance de Louis, ses tromperies désormais évidentes et ses promesses apaisantes de passer plus de temps avec elle, sa santé commença à se détériorer. Elle souffrait de spasmes intestinaux douloureux et débilitants. Quand elle comprit enfin qu'elle devait rompre, Louis l'avait devancée. Elle sombra dans une dépression qui dura des mois. C'est pendant cette période cependant que, pour la première fois, elle put m'entendre lui demander où elle voulait que sa vie la mène. « Je me rends compte que je n'ai pas la moindre idée de ce que je suis, me dit-elle un jour. Je suis surperformante depuis l'école primaire, car cela me permet d'étouffer mes sentiments et de devenir tout à fait indépendante. Tout cela a très bien marché jusqu'à ce que je m'effondre après avoir perdu ce que je croyais posséder avec Louis. Quand il m'a dit qu'il croyait que je n'avais pas vraiment besoin de lui, j'ai compris que beaucoup d'hommes m'avaient dit cela. Mais je sais maintenant que ce n'est pas vrai. »

Sous son zèle frénétique, Laure trouva un profond désir d'affection et d'intimité, que les privations subies dans l'enfance et que celles qu'elle s'imposait en tant qu'adulte, avaient intensifié. Quand elle accompagna une amie en retraite pour un week-end, elle se découvrit en outre un côté spirituel et méditatif qu'elle avait enterré depuis longtemps et qu'elle désirait désormais développer. Les découvertes de Laure sur elle-même transformèrent son idée de ce qu'elle attendait d'une relation. « J'avais coutume de dire que j'ai besoin d'un homme qui accepte que je travaille fort et que j'aie un horaire dingue. Ce besoin restera le même, car je ne pourrai pas modifier cet aspect de ma vie très rapidement, mais maintenant que je sais quel genre d'itinéraire de vie je souhaite, j'ai aussi besoin d'un homme capable d'accepter et de soutenir mes besoins affectifs et mon côté spirituel. J'ai besoin d'un homme dont l'itinéraire s'accorde avec le mien. »

Pierre, un biologiste de quarante-quatre ans reconnu mondialement pour ses recherches médicales, avait vu ses relations se détériorer les unes après les autres à peu près de la même façon. Il me dit : « Il y a toujours beaucoup de joie au début de mes relations amoureuses. Nous nous extasions de nous être trouvés mutuellement et sommes très amoureux. Après quelque temps, ma partenaire a l'impression croissante que je la rejette en faveur de mon travail. Plusieurs femmes ont presque employé les mêmes termes : " J'ai l'impression de passer en dernier sur ta liste de priorités. " » Hélène (sa dernière partenaire) lui avait crié : « J'ai l'impression d'être veuve, et nous ne sommes même pas mariés. » « Ces femmes m'apparaissaient de plus en plus comme des bébés privés d'affection et exigeants qui n'avaient aucune idée de l'importance de mon travail. J'ai répliqué à Hélène : " Tu essaies de m'étouffer. Fais-toi une vie à toi ! " Elle m'a quitté et je suis resté avec mon habituel mélange de soulagement, de tristesse et de confusion, à me demander pourquoi mes relations tournaient toujours aussi mal. »

En se penchant sur ses relations passées, Pierre constata que les femmes dont il s'éprenait étaient toutes en quelque sorte naïves et dépendantes, qu'elles avaient peu d'intérêts, de points de vue ou d'objectifs propres. Souvent, elles étaient beaucoup plus jeunes que lui. « Je vois bien que je suis attirée par des femmes qui m'admirent et qui écarquillent les yeux quand je leur parle d'art, de politique, de biologie, de musique ou de quoi que ce soit. Comme j'aime ce rôle ! Pendant un certain temps, nous filons le parfait bonheur. Mais ce type de femme devient vite très dépendante de moi et se met à détester les activités ou les personnes qui accaparent mon temps et mon intérêt. Alors, c'est à mon tour d'être contrarié lorsque j'ai l'impression que ma partenaire me harcèle, me culpabilise et m'étouffe. Notre félicité devient un cauchemar d'incompréhension et de récriminations. »

Pierre finit par comprendre que son travail de biologiste et de scientifique constituait un élément vital de son voyage, et que, s'il voulait établir une relation amoureuse vraiment satisfaisante, il fallait que sa partenaire respecte cela. « Je vois que je dois consacrer plus de temps et d'attention à une relation, et je suis disposé à essayer. Mais je dois choisir une femme en fonction de ce que je suis vraiment. Elle doit être mature et douée d'un fort sens du soi, et posséder une volonté et une orientation bien à elle. Le hic, c'est que je ne suis guère attiré par ce genre de femme. Je crois sans doute que si elles n'ont pas besoin de moi et qu'elles ne m'admirent pas, elles pourront me quitter facilement. Je ne suis pas certain de pouvoir changer facilement le genre de femme qui m'attire. Mais au moins, je suis décidé à ne pas tomber sans cesse amoureux du même type de femme dépendante que je décevrai et qui me décevra. »

Cette découverte que fait Pierre n'est pas limitée aux personnes exerçant un travail de l'importance du sien. Les aspects de notre itinéraire personnel qui requièrent notre attention immédiate peuvent revêtir n'importe quelle forme ou presque : faire fortune, élever les enfants d'un précédent mariage, adhérer à une religion particulière, se dévouer à une cause politique ou sociale, s'adonner à un passe-temps ou exercer une profession tout à fait satisfaisante. L'important, c'est de reconnaître et de placer par ordre de priorité les divers aspects de votre voyage et d'évaluer l'importance que vous accordez au fait d'aimer une personne qui soutienne ces aspects ou qui aille dans le même sens qu'eux. Vous devrez déterminer quels aspects vous pouvez modifier afin de satisfaire aux exigences d'une relation donnée — et dans quelle mesure vous pouvez le faire — et lesquels sont tout bonnement immuables.

Carole, par exemple, devint de plus en plus consciente du fait qu'avoir un enfant était un élément crucial du voyage qu'elle envisageait pour elle-même. Elle comprit que fonder une famille avec les hommes égocentriques et méprisants qui l'attiraient auparavant serait désastreux. À plusieurs reprises, elle s'était éprise d'hommes qui affirmaient clairement ne pas vouloir d'enfants. Avec chacun d'eux, elle s'était dit qu'avoir des enfants n'avait peut-être pas autant d'importance à ses yeux ou que son partenaire finirait peut-être par changer d'avis. Elle ne prit pas au sérieux ce désir d'enfant ni le refus de son partenaire d'en avoir jusqu'à ce que la question se pose d'une façon critique. Un homme qu'elle fréquentait depuis deux ans avait des enfants d'un précédent mariage. Il lui avait dit : « Tu ne comprends pas : je ne veux plus d'enfant. On ne peut pas en discuter parce qu'on ne peut pas faire la moitié d'un enfant. »

— Je m'accrochais à lui, dit Carole, à cause de ma soif d'attachement et je rationalisais son attitude, car une amie à moi avait épousé un homme qui refusait catégoriquement d'avoir des enfants et avait fini par changer d'avis. Mais c'est très risqué et s'il est aussi important pour moi d'avoir des enfants que je le pense, je dois trouver un homme qui veut m'accompagner dans ce projet.

Certaines personnes, au contraire, en viennent à la conclusion qu'avoir des enfants est une priorité discutable. Laure put dire, après avoir fait un examen de conscience honnête : « J'aimerais bien avoir un enfant, mais je me rends compte qu'avoir une relation saine et heureuse passerait avant tout ; aussi, si je trouve un homme que j'aime et qui m'aime, qui me laisse être moi-même et qui ne veut pas d'enfant, je suis prête à renoncer à ce projet. J'en concevrais quelques regrets, qui seraient vite annulés par ma relation amoureuse satisfaisante. »

Une part substantielle de mon travail de psychothérapie s'exerce auprès de couples. Les voir se débattre avec leur frustration et leur déception m'a permis de comprendre deux choses : une certaine dose de frustration et de déception est inévitable dans une relation ; peu importe qui est votre partenaire, nul être humain ne correspond exactement à notre idéal. Toutefois, il est clair que certains couples ne seraient pas ensemble si l'un des partenaires ou si les deux partenaires avaient identifié leur itinéraire de vie ainsi que les besoins et objectifs qu'ils privilégiaient. S'ils l'avaient fait, ils auraient cherché un partenaire beaucoup plus compatible.

Ceci étant dit, il est clairement démontré dans le présent chapitre qu'il n'existe pas de formule toute faite pour opérer un choix satisfaisant. Pour une personne, avoir un partenaire sans inhibition et passionné sexuellement peut être si important que, si elle choisit un partenaire qui s'intéresse beaucoup moins au sexe qu'elle, peu importe leur degré de bonne entente sur d'autres plans, le couple vivra un conflit chronique et des déceptions. Une autre personne peut souhaiter une relation plus libre et plus axée sur la sexualité — mais en privilégiant tellement d'autres facteurs comme la communication, le sens de l'humour, les intérêts partagés — qu'elle y trouve un compromis acceptable et satisfaisant.

Bref, pour chaque aspect de votre voyage, vous devez être conscient de vos exigences et tenir compte, dans votre choix d'un compagnon ou d'une compagne de voyage, des compromis que vous êtes ou que vous n'êtes pas prêt à faire. Si vous connaissez vos besoins, vous avez de bien meilleures chances de vous détourner des personnes qui ne peuvent pas les combler pour vous tourner vers celles qui le peuvent. Cette idée simple donne sans doute de bons résultats dans d'autres domaines de votre vie. Ainsi, si vous voulez faire la tournée des musées et des cathédrales pendant vos vacances, vous ne partirez pas en safari ; si vous voulez des lumières vives et de l'action, vous n'irez pas sur une île tropicale retirée et tranquille. Et si vous voulez acheter un bifteck, vous n'irez pas chez le boulanger.

Choisissez l'itinéraire le plus susceptible de combler vos besoins les plus profonds et les plus essentiels, et un compagnon ou une compagne capable d'améliorer votre voyage plutôt que de l'entraver.

CHAPITRE 7

Comment éviter une relation amoureuse vraiment satisfaisante

Cela ne mène à rien de dire : « Le genre de personne qui me conviendrait ne m'excite pas », comme s'il s'agissait d'un fait immuable, inscrit dans vos gènes ou dans votre horoscope. De même que vous étiez attiré par des personnes qui ne vous convenaient pas pour certaines raisons, il y a d'autres raisons pour lesquelles, même si vous ne vous accrochez plus à des relations malsaines, vous n'éprouvez aucune attirance pour les personnes qui vous conviendraient et excluez celles avec lesquelles vous pourriez nouer une relation saine et aimante.

Malheureusement, les motifs de ce déni autodestructeur sont en grande partie inconscients, parce qu'ils sont camouflés par la rationalisation et par d'autres formes d'aveuglement. Il existe cependant des moyens de vous débarrasser de ce camouflage afin d'exposer au grand jour vos motifs cachés ; votre conscience nouvelle pourra ainsi vous aider à être séduit par quelqu'un qui vous convient. Au chapitre huit, nous examinerons les motifs qui vous poussent peut-être à vous tirer dans le pied. Mais d'abord, vous devez apprendre à reconnaître vos tactiques d'autosabotage.

Trop gentil

À mi-chemin environ de la longue période qui suivit sa rupture avec Marc et de celle qui précéda sa rencontre avec David, période pendant laquelle Carole fréquenta des hommes et se montra aussi distante et irritable que Marc l'avait été, survint un incident qui provoqua une percée dans la conscience de soi de Carole. Elle avait connu Roland au mariage d'une amie proche. En fait, il était le garçon d'honneur du marié et elle fut attirée non seulement par sa bonne apparence, mais encore par les toasts amusants qu'il porta aux mariés ainsi que par la liberté tout à fait dénuée de timidité avec laquelle il dansa avec elle et avec d'autres. Elle fut heureuse qu'il l'appelle pour l'inviter à sortir. Le premier soir, comme ils dînaient dans un restaurant tranquille qu'il avait choisi « pour qu'ils puissent mieux faire connaissance », Carole rit beaucoup et passa une soirée merveilleuse. Mais étrangement, elle se sentait aussi mal à l'aise et irritée. À la fin de la soirée, elle avait déjà fait plusieurs commentaires destinés à le garder à distance, sinon à le repousser. Elle me décrivit ses sentiments contradictoires et expliqua son malaise en disant : « Peut-être ne suis-je pas encore tout à fait prête. » Bien qu'elle eût accepté une seconde invitation avec empressement, elle éprouvait un ressentiment sous-jacent envers Roland, l'impression que l'intérêt évident qu'il lui manifestait en faisait un « pauvre mec ».

Tout en s'apprêtant à passer cette seconde soirée avec Roland, Carole était tendue et désemparée. Elle fit un effort pour être particulièrement jolie, mais elle s'en voulut. Roland arriva à l'heure pile, et non avec l'heure ou deux de retard qui caractérisait Marc, et lorsqu'elle ouvrit la porte, il se tenait là avec un bouquet de fleurs et un sourire chaleureux. Elle jeta un regard sur les fleurs et, sans même réfléchir à son geste, lui claqua la porte au nez ! Elle se tenait adossée à la porte comme pour repousser un être dangereux ou répugnant. Au bout d'une minute environ, elle se ressaisit et dit dans un souffle : « Oh ! mon Dieu, qu'ai-je fait ? » Elle rouvrit la porte, mais Roland était parti. Il ne la rappela jamais, et elle était trop embarrassée pour l'appeler. (Carole apprit des semaines plus tard de la bouche de son amie nouvellement mariée que son comportement avait passablement secoué Roland. Il avait dit : « J'étais très attiré par elle, mais ce genre de comportement est trop cinglé pour moi. »)

Carole et moi explorâmes cet incident en détail au cours d'une séance de thérapie. Carole avait fini par reconnaître et par comprendre les racines de sa vieille attirance pour les hommes qui se conduisaient mal avec elle. Comme elle le dit : « J'ai toujours espoir de métamorphoser le crapaud en prince, mais je finis par croasser sur un nénuphar. » En dépit de cette prise de conscience, Carole s'entêtait à nier le fait qu'elle évitait les hommes qui lui convenaient et qui la traitaient avec égards. Parmi ces hommes, prétendait-elle, tous ceux qui sont libres sont des perdants et des indésirables. Carole tenta de soutenir son déni en dépeignant Roland comme un être peu attirant parce qu'il était assoiffé d'affection et dépendant. « Quelle idée d'apporter des fleurs dès la deuxième sortie ! » fit-elle remarquer. Je lui rappelai que sa première impression avait été très

favorable et que le malaise qu'elle avait ressenti pendant leur première soirée ensemble était uniquement lié au fait qu'il s'intéressait à elle et qu'elle s'amusait bien. Elle tenta de nier cela aussi, mais sans conviction. Elle savait que c'était la vérité. « Pour bien comprendre ce qui se passe, dis-je, disons que vous vous sentiez menacée par la possibilité d'engager une relation potentiellement saine avec un homme libre, de sorte que vous vous êtes affolée et que vous êtes débarrassée de lui. Si nous présumons que ceci est la vérité, alors pourquoi ? En quoi cette possibilité peut-elle vous sembler si menaçante ? »

Nous étudierons plus loin les réponses intéressantes auxquelles Carole et moi sommes parvenus ensemble. Pour l'instant, je vous demande d'observer si vous avez tendance à décourager les personnes qui s'intéressent ouvertement à vous sous prétexte qu'elles sont « trop gentilles ». Est-ce une faiblesse ? Cela démontre-t-il une dépendance et un besoin d'affection excessifs ? Chez certaines personnes, il est possible que ce soit le cas. Ou « trop gentilles » est-il simplement la rationalisation qui vous permet de liquider une possibilité menaçante ? À l'instar de Carole, vous devez vous poser les questions suivantes : « Qu'est-ce qui m'apparaît si menaçant ? Et qu'est-ce que je fais au juste pour éviter une relation avec une personne qui me convienne ? »

Vos manœuvres autodestructrices ne sont sans doute pas aussi flagrantes et dramatiques que le geste de Carole qui claque la porte (au sens littéral et au sens figuré) au nez d'un partenaire prometteur. Mais elles peuvent se révéler tout aussi efficaces.

AMPLIFIER LES IMPERFECTIONS

Je suis toujours étonné de voir certaines personnes, qui font semblant de ne pas voir et qui défendent les traits les plus déplaisants chez le partenaire avec lequel elles ont une relation codépendante et malheureuse, amplifier la moindre imperfection chez une personne avec qui elles auraient des chances d'établir une relation saine. Ces défauts leur inspirent une telle répulsion qu'elles font une croix sur le partenaire potentiel ou qu'elles montent tellement ses défauts en épingle qu'il finit par se lasser.

Laure traversa une période pendant laquelle elle s'efforça de sortir avec des hommes beaucoup plus disponibles sur le plan affectif que Louis et que d'autres avant lui, mais elle persistait à trouver ternes et doucereux ces hommes plus sensibles. Quand elle fit la connaissance de Robert, toutefois, elle fut aussitôt attirée par sa réserve tranquille et par l'intérêt chaleureux qu'il manifestait envers elle et envers ses moindres paroles. « Il y a quelque chose de rassurant et de solide chez lui. Il est facile à vivre. Je suis certaine qu'au lit, ce sera merveilleux. » Et ce fut le cas. Ils nouèrent rapidement un lien sexuel puissant et passionné. « Je crois que je suis amoureuse, me dit-elle. Je n'arrive pas à le croire. Pour la première fois, je pense que je suis en train de tomber amoureuse d'un homme qui m'aime et avec lequel je me sens vraiment très bien. »

Quelques semaines plus tard, Laure arborait un air triste. « Il y a des tensions au paradis, annonça-t-elle. J'ai honte de ce que je ressens, mais c'est plus fort que moi. Il y a des détails chez Robert qui me rebutent. Quand il s'enthousiasme pour quelque chose, sa voix monte d'une octave et il parle vite avec une voix aiguë que je trouve insupportable. Et puis, à certains moments, il s'habille mal, comme un pauvre type, et j'ai du mal à le regarder. Je sais que ces détails ne devraient pas avoir d'importance comparativement à tous les trucs positifs et à l'affection croissante qu'il me témoigne, mais ils m'empêchent littéralement de dormir. Je reste là, les yeux ouverts, avec l'impression que je ne peux pas continuer comme ça, et je me sens affreuse et mesquine. Et triste. Mais j'ai bien peur que s'il ne change pas sur ces plans-là, je doive cesser de le voir. »

Dans son livre, *D'accord avec soi et avec les autres*, Tom Harris relate un incident de l'enfance d'un ami. À la fin du repas, la mère de son ami annonce qu'elle a confectionné des galettes d'avoine pour le dessert, puis elle prend le plat de galettes et le met sur la table. Harris écrit : « Suit une lutte bruyante des enfants pour se servir dans le plat, le plus petit, âgé de quatre ans, étant le dernier comme d'habitude. Quand il atteint le plat, il ne trouve qu'une galette à laquelle il manque un morceau, il s'en empare et, en larmes, la jette par terre : " Ma galette est toute cassée ", crie-t-il dans une rage de désespoir. »

— C'est la nature de l'Enfant, commente Harris, de confondre déception et désastre, de détruire toute la galette parce qu'il lui manque un morceau ou parce qu'elle n'est pas aussi grosse, aussi parfaite ou aussi bonne que celle d'un autre.

Je fus frappé par l'idée que quelque chose d'aussi puéril se passait avec Laure. À cause d'une petite imperfection, Laure s'apprêtait à faire voler en éclats sa relation prometteuse avec Robert. Ceci souleva de nombreuses questions : Pourquoi la voix de son enfant intérieur difficile à satisfaire est-elle si forte et si impérieuse à ce moment-ci ? Pourquoi ce besoin perfectionniste de voir l'homme qu'elle aime comme un être sans imperfection ? Pourquoi amplifie-t-elle ses défauts mineurs au point de les voir comme des faiblesses intolérables ?

La question cruciale, compte tenu des antécédents amoureux peu reluisants de Laure, était de savoir si elle était mue par la *compulsion intérieure inconsciente de détruire une relation amoureuse prometteuse.*

Pendant quelque temps, elle fut à deux doigts de rompre et j'ignorais si elle pourrait poursuivre sa relation avec Robert tout en explorant ces questions. Nous examinerons plus loin la trajectoire de cette exploration et la façon dont Laure résolut ses conflits intérieurs. Mais si vous percevez en vous-même une tendance similaire, prenez le temps de répondre aussi honnêtement que possible et de préférence par écrit aux questions ci-dessous :

- Pourquoi cette imperfection paraît-elle si cruciale à vos yeux ? A-t-elle une signification particulière pour vous ? Vous rappelle-t-elle quelque chose ou quelqu'un ?
- Vous souciez-vous à ce point des apparences et craignez-vous que ce défaut vous fasse du tort pour accepter qu'il l'emporte sur tous les aspects positifs de votre relation ?
- Avez-vous élaboré il y a longtemps des « images » de la personne que vous voulez ? Vous y accrochez-vous avec une trop grande rigidité ?

- Puisque l'on peut toujours découvrir des défauts chez quelqu'un, est-il possible que vous soyez inconsciemment porté à chercher et à amplifier ces imperfections afin de vous donner une raison de détruire une relation qui autrement pourrait évoluer avec bonheur ?

JE M'ENNUIE À MOURIR

Durant la période qui suivit sa rupture avec la femme égocentrique et exigeante qu'était Diane, Bertrand sortit avec une quantité de jolies femmes, dont plusieurs semblaient suffisamment intéressantes, affectueuses et disponibles sur le plan affectif pour la relation amoureuse qu'il disait vouloir. Avec chacune d'elles toutefois, pour aussi prometteurs qu'aient été les débuts, il ne tarda pas à me dire : « Je dois rompre. Elle est très gentille, mais je m'ennuie à mourir avec elle. »

Plus la nouvelle partenaire de Bertrand était amoureuse et affectueuse, plus il semblait devenir distrait et agité. Au bout d'un moment, son ennui s'étendait comme un épais brouillard sur sa passion sexuelle. « Peut-être suis-je incapable de conserver très longtemps mon désir sexuel pour quelqu'un. Peut-être que personne ne le peut et que mes attentes sont trop élevées. Quand nous avons tout essayé et tout exploré et que le sexe perd de sa nouveauté, je voudrais qu'il m'enflamme comme au début, mais c'est peine perdue. » Plus tard, il dit : « Je pense que je cherche une femme avec laquelle je ne m'ennuierais jamais au lit et en dehors du lit. Vous croyez peut-être que c'est impossible, mais laissez-moi vous dire qu'aussi enquiquinante qu'ait été Diane, je ne m'ennuyais jamais avec elle. »

Qu'est-ce donc que cet ennui dont se plaignent Bertrand et d'autres quand ils ne vivent pas une relation codépendante ? Bien sûr, il y a des gens que beaucoup jugeraient ennuyeux, parce qu'ils ont des intérêts limités, qu'ils ne sont pas en contact avec leurs sentiments ou qu'ils ont une conversation rasante. Et il y a des gens que nous jugeons assommants parce que leur style et leurs intérêts sont extrêmement différents des nôtres. Mais souvent, ces défauts ne constituent pas la véritable cause de l'ennui.

Il m'est arrivé à plusieurs reprises de rencontrer une personne qu'un client avait délaissée parce qu'il la trouvait ennuyeuse et de la trouver plutôt intéressante : parfois beaucoup plus même que la personne « excitante » dont ce client était dépendant.

De même que la beauté est dans les yeux de celui qui regarde, l'ennui est souvent dans l'esprit de celui qui s'ennuie.

Il y a dans l'esprit de chacun de nous un espace terne, vide et aride. Cet espace est parfois ressenti comme de la dépression, parfois comme de l'ennui. Chez certains, il est petit et provoque juste des sensations éclair. Chez d'autres personnes, y compris un grand nombre qui a tendance à établir des relations codépendantes tumultueuses, il peut s'agir d'un désert qui s'étend sur la moitié d'un continent. Si vous reconnaissez un espace stérile et sans couleur à l'intérieur de vous, il peut être utile d'admettre son existence et d'en connaître l'origine. Il est sans doute apparu à la suite d'une déficience dans ce que les chercheurs en psychologie de l'enfant appellent la capacité de *se rassurer soi-même*. Puisque toutes les satisfactions ne peuvent pas venir de l'extérieur, chaque bébé et chaque enfant doit cultiver la capacité d'apaiser en lui-même certains sentiments de contrariété causés par la douleur, les besoins et même la curiosité et le désir de stimulation. Les enfants qui sont capables de s'autostimuler peuvent s'amuser seuls, élargir leurs horizons et combler un grand nombre de leurs besoins intérieurs. Ceux qui sont moins capables de le faire comptent beaucoup sur les autres et sur la stimulation extérieure pour calmer leur excitation et agiter leurs périodes de calme. L'indépendance naît de la capacité de se rassurer soi-même et empêche la création de grands espaces stériles à l'intérieur de soi.

Quand un enfant est très jeune, il développe cette indépendance lorsque ses parents évitent de le surprotéger ou de le sous-protéger. Dans ce dernier cas, l'enfant peut être submergé par des besoins non comblés et par une souffrance non apaisée et, en conséquence, il se sentira égaré et désorganisé. Il peut tenter d'échapper à ces sentiments troublants en se réfugiant dans un état d'esprit détaché et aride. Cet état formera alors le paysage lunaire dans lequel naîtront ses futurs sentiments de vide et d'ennui. Si, par contre, les parents surprotègent l'enfant au point de l'empêcher de ressentir le moindre malaise, de satisfaire sa curiosité innée ou d'apprendre à s'amuser seul, l'enfant n'apprendra pas l'autosatisfaction affective. Il pourrait bien alors passer sa vie à chercher une stimulation externe et à compter sur les autres pour échapper au vide et à l'ennui.

La tendance à conclure que, si vous vous ennuyez, c'est que votre partenaire est ennuyeux, au lieu de reconnaître, de comprendre et d'affronter votre ennui peut vous amener à exclure un grande nombre de partenaires susceptibles de vous convenir. Si vous prenez la responsabilité de votre ennui, vous pourriez découvrir qu'il résulte de votre refus de vous investir pleinement dans votre vie et d'apprendre à connaître et à apprécier votre partenaire. Permettre aux parties les plus profondes de vous-même d'entrer en contact avec la profondeur de l'autre personne peut constituer un antidote à l'ennui beaucoup plus efficace que la souffrance et l'agitation inhérentes à la dépendance amoureuse.

Si vous finissez toujours par vous ennuyer dans des relations qui, autrement, vous satisfont, dites-vous que vous assignez peut-être à votre partenaire la tâche impossible de vous soustraire à votre ennui intérieur. Il se peut aussi que vous vous concentriez sur les inévitables moments ternes d'une relation afin d'exclure cette personne. À moins que les personnes que vous choisissez soient clairement insipides et présentent peu d'intérêt pour vous, il pourrait être utile de vous poser la question suivante : « Est-ce que je crée moi-même l'ennui que je ressens devant la possibilité de bâtir une relation vraiment intéressante ? Et si c'est le cas, pourquoi ? »

REJETER LES BONS CANDIDATS À LA SÉLECTION

Nous avons vu que vous pouvez saboter inconsciemment une relation prometteuse de trois façons : 1) en voyant les traits positifs de votre partenaire sous un jour négatif ; 2) en amplifiant les défauts de votre partenaire ; 3) en trouvant votre partenaire ennuyeux. Vous pouvez, en outre, aller un peu plus loin en évitant cette relation avant même qu'elle commence ! Il suffit de ne pas voir les personnes qui sont prêtes à s'engager dans une véritable relation amoureuse. Même si vous n'êtes plus attiré par les personnes qui vous rendent malheureux, vous continuez peut-être à exclure de votre champ visuel toutes celles qui pourraient vous rendre heureux.

Souvent, on ne se rend pas compte que l'on effectue une présélection tant que l'on ne cesse pas de le faire. Tant que Laure était attirée par des hommes peu affectueux et agressifs, elle ne remarqua jamais les hommes plus sensibles qu'elle rencontrait en grand nombre au travail et dans ses activités sociales. Après sa rupture avec Louis, elle traversa une période pendant laquelle elle insista sur le fait qu'il n'y avait absolument « pas d'hommes » qui possédaient la confiance en soi qu'elle admirait sans l'égocentrisme qui les rendait totalement froids. Plus tard, ayant surmonté en partie sa propre peur de l'intimité et de l'engagement, elle me demanda d'un ton songeur d'où venaient tous les chics types qu'elle rencontrait. Elle voyait soudain des hommes qu'elle n'aurait jamais remarqués à une autre époque de sa vie. Et dès qu'elle les voyait, ils devenaient soudain, comme par magie, plus attentifs à elle.

Je ne sous-estime pas la réelle difficulté qu'il y a à rencontrer des gens convenables et attirants. Mais peut-être compliquez-vous énormément cette difficulté en bloquant vos perceptions. Si vous êtes convaincu que le type de personne que vous recherchez est si rare qu'il appartient à une espèce menacée d'extinction, je vous invite fortement à envisager la possibilité que vous ne voyez pas ce qui se trouve sous vos yeux. Peut-être que vous regardez droit derrière eux, à travers eux ou autour d'eux. Peut-être ne remarquez-vous plus personne d'autre parce qu'il y a trop longtemps que vous n'avez d'yeux que pour le genre de partenaire qui vous rend dépendant.

LA LISTE DE CONTRÔLE RÉDUITE

Peut-être rejetez-vous des partenaires prometteurs parce que vous avez établi une liste limitée et rigide de caractéristiques que doit posséder une personne pour que vous vous intéressiez à elle.

Nous dressons tous de telles listes, de façon explicite ou non. Après tout, personne n'est attiré par n'importe qui. Et ces listes peuvent être précieuses en ce qu'elles dirigent notre attention vers les personnes qui nous conviennent le mieux. Elles concernent souvent les attributs physiques, la personnalité, le caractère, l'intelligence, le mode de vie et les valeurs de l'autre. Certains éléments reflètent nos préférences et nos besoins les plus profonds. D'autres peuvent viser carrément à nous protéger, en excluant quiconque se montre grossier, irresponsable, souffre de toxicomanie ou est trop égocentrique. Mais certains éléments ont trait à des attributs insignifiants que nous avons inscrits sur notre liste quand nous étions très jeunes et que nous n'avons jamais fait l'effort de réévaluer. Par exemple, à l'école primaire ou secondaire, il peut être crucial que la personne qui nous attire ait l'air cool. Mais plus tard, lorsque nous cherchons une relation sérieuse, l'exclusion de personnes qui ne sont pas cool peut éliminer maintes possibilités attirantes et intéressantes.

On choisit souvent à un âge précoce les traits physiques que l'on préfère et l'on ne réexamine plus ce choix par la suite. On peut croire que seules les personnes possédant des yeux ou des cheveux d'une couleur particulière, une certaine taille ou un certain type physique nous attirent sexuellement. Réjean mesurait plus d'un mètre quatre-vingt-douze, mais il était immanquablement attiré par des femmes très petites et il rejetait des femmes adorables parce qu'elles ne correspondaient pas à son étonnant critère. « Faut-il que je domine une femme de très haut pour me sentir puissant et sûr de moi ? » se demandait-il. C'était une raison, mais non la principale. Réjean trouva une photo de famille prise quand il avait deux ou trois ans. « Sur cette photo, ma mère a à peu près le même âge que les femmes avec qui je sors aujourd'hui. Non seulement a-t-elle la même taille que les femmes qui m'attirent le plus, mais la couleur et la longueur de ses cheveux ainsi que la forme de son visage sont les mêmes. C'est stupéfiant. »

Pourquoi faut-il s'étonner du fait que les premières personnes de qui nous sommes proches aient laissé leur marque sur nos préférences, désirs et aspirations ? Même si nous ne sommes plus conscients des origines lointaines des traits qui nous semblent si irrésistibles, il y a de bonnes chances pour qu'ils présentent toujours un attrait particulier à nos yeux. Cela ne pose problème que dans trois circonstances : 1) cet attrait est si grand qu'il nous rend aveugle aux traits négatifs gênants de la personne ; 2) cet attrait porte sur des traits négatifs ; 3) ces traits tombent dans une catégorie tellement étroite que le choix de partenaires que nous jugeons attirants s'en trouve gravement restreint.

Si vous soupçonnez votre liste de limiter de façon excessive l'étendue de vos attirances, le moment est venu de la rendre explicite et consciente, et de voir si vous voulez la réviser. Écrivez la phrase suivante : « Voici les traits que doit absolument posséder la personne qui m'attire : ... » et classez-les en quatre catégories : attributs physiques, personnalité, occupations, et intérêts et mode de vie. Puis, pour chaque caractéristique, répondez aux questions suivantes : D'où cette préférence me vient-elle ? Est-elle encore valable ? Est-elle aussi valable qu'elle l'a déjà été ? M'oblige-t-elle à exclure trop de gens qui pourraient me convenir ? Suis-je prêt à m'accorder plus de latitude ?

Comprendre l'origine de nos préférences nous permet-il de les élargir ? Pas toujours, mais cela est certainement utile. Par exemple, Réjean fit un effort pour sortir avec des femmes possédant des traits physiques plus diversifiés et pour apprendre à les connaître. Parfois, il n'arrivait pas, malgré sa bonne volonté, à éprouver de l'enthousiasme pour ces femmes tout en reconnaissant que, d'une façon objective, elles étaient attirantes. Puis il se mit à fréquenter une femme de grande taille qui ne correspondait pas à ses préférences habituelles sur d'autres plans, mais qui était séduisante et chaleureuse. À mesure que la relation évoluait, il fut surpris de découvrir qu'il était en train de tomber amoureux d'elle. Après une soirée particulièrement voluptueuse, tandis qu'ils se regardaient avec tendresse, il dit : « Tu sais ce qui est curieux ? Tu n'étais pas mon type de femme avant. »

Vous ne pourrez pas modifier votre « type » au point d'englober toute personne gentille qui pourrait vous convenir, mais si votre gamme actuelle est trop exclusive, vous pouvez certainement l'élargir un peu. Il est important de reconnaître qu'une liste trop précise ne présente pas beaucoup d'avantages. Peut-être vous enorgueillissez-vous d'être exigeant et d'avoir un goût raffiné alors qu'en fait, votre choix limité reflète peut-être uniquement une fixation enfantine. Quand vous aviez huit ou quinze ans, peu importait que vos préférences alimentaires portent presque exclusivement sur les hamburgers et sur les pizzas. Mais si c'est encore le cas à vingt-cinq, trente-huit ou quarante-huit ans, vous pourriez reconnaître que vos goûts n'ont pas évolué. Il y a de bonnes chances, cependant, pour qu'aujourd'hui vous appréciiez le rouget et la salade César, et peut-être même le brocoli. Vos goûts amoureux peuvent mûrir, eux aussi, si, au lieu d'insister sur l'équivalent romantique des hamburgers et de la pizza, vous vous donnez la liberté d'explorer un menu plus élaboré et plus aventureux.

CHAPITRE 8

Les motifs cachés qui nous poussent à éviter les relations amoureuses gratifiantes

Tous vos efforts pour nouer une relation amoureuse avec une personne disposée à vous aimer et capable de poursuivre ce genre de relation sont voués à l'échec si vous êtes conditionné inconsciemment à échouer. Cet autosabotage involontaire peut faire que vous vous sentez frustré et coincé, malgré votre ardent désir de progresser dans ce domaine de votre vie. Pourquoi vous feriez-vous une chose aussi méchante à vous-même ? Et si votre scénario autodestructeur est inconscient, comment l'amener à votre conscience ? Pouvez-vous prendre conscience de l'œuvre de ce saboteur intérieur malveillant ? Et cette prise de conscience ferait-elle une différence ?

Commençons par répondre à cette dernière question : Oui, vous pouvez prendre conscience de vos motivations et stratégies infructueuses si vous vous ouvrez à la possibilité qu'elles existent et si vous faites un effort pour les découvrir. Et oui, cette prise de conscience peut affaiblir le pouvoir de cet ennemi intérieur ou du moins orienter vos efforts de manière à vous permettre de contrecarrer efficacement ses sournoises stratégies. Pour vous aider à trouver les motifs cachés qui vous poussent à éviter ou à détruire des relations amoureuses positives, nous nous pencherons sur ce qui m'apparaît comme les dix motifs les plus courants et les plus puissants d'autosabotage. Ces motifs ont un objectif commun : *vous défendre contre quelque chose qui, consciemment ou non, vous effraie.* Mais malheureusement, même s'ils ont pour but de vous protéger d'un danger psychologique ou réel, ils vous empêchent également d'obtenir la relation amoureuse que vous désirez profondément. Quels périls cherchez-vous à éviter au point de vous priver ainsi d'une chose que vous désirez si ardemment ?

1. La peur de l'intimité

L'un des aspects les plus précieux d'une relation amoureuse vraiment satisfaisante tient au fait qu'elle comble notre profond désir d'être connus et compris par un autre être humain. Mais ce désir est ambivalent. Il s'accompagne de la terreur d'être connus, de la peur de devenir vulnérables si nous laissons entrer quelqu'un, de la peur qu'en abattant nos défenses dans la lueur tentante de l'intimité, nous risquions d'être blessés, dominés ou trahis par notre tendre envahisseur.

Cette peur prend souvent naissance bien avant nos premières relations amoureuses adultes. En s'entêtant à choisir des femmes hostiles comme Diane, Bertrand s'obligeait à demeurer constamment sur ses gardes, de crainte de révéler sur lui-même un détail qu'elles pourraient utiliser pour le critiquer ou le blesser. Il n'avait jamais connu de relation de véritable intimité et il pouvait à peine imaginer à quoi ressemblait ce genre de relation. En se demandant pourquoi il en était ainsi, il se rappela que l'on n'avait pas l'habitude d'exprimer ses sentiments, ses désirs ou ses espoirs dans sa propre famille. « Cela ne se faisait pas d'exprimer ses émotions. Nous avions l'habitude de nous affronter à distance, et les rares fois où je me suis épanché, les choses ont mal tourné. » Bertrand évoqua la fois où, à l'âge de sept ans environ, il avait connu un moment de rare intimité avec sa mère. Il était en train de dessiner à la table de la cuisine pendant que sa mère préparait le dîner. Comme elle semblait s'intéresser sincèrement à ce qu'il pensait et ressentait, il avait eu le courage de lui révéler, avec beaucoup d'anxiété, qu'il lui arrivait de détester son père parce qu'il était souvent méchant avec lui et avec elle.

— Le lendemain, raconta Bertrand, je la surpris en train de répéter mes paroles à mon père. J'étais horrifié. Mon père me tourmenta pendant des semaines en criant sans cesse après moi. Il disait : « Je vais t'apprendre ce que c'est que d'être méchant. »

Un autre incident indélébile se produisit quand Bertrand était en sixième année.

— Je n'avais rien d'un athlète quand j'étais enfant, dit Bertrand, mais un jour que je participais à un match de baseball dans la cour de l'école, j'ai frappé la balle tellement fort que j'ai fait un coup de circuit et que nous avons gagné le match. Ce soir-là, dans mon euphorie et mon exubérance, j'annonçai à mon père que je serais joueur de base-ball quand je serais grand. Ce à quoi il répondit : « On ne prendra personne qui court comme un canard dans les ligues majeures. »

Pendant ses études secondaires, Bertrand tomba amoureux et découvrit le plaisir de passer des heures dans sa voiture à partager des secrets avec sa petite amie. Il lui racontait ses conflits familiaux et lui parla de la fois, quand il avait neuf ans, où lui et les autres garçons de son camp s'étaient livrés à des attouchements sexuels. « Je lui dis que je n'avais jamais parlé de cela à personne. Plus tard, elle s'intéressa à un autre gars de ma classe et me quitta. Le gars avait une case à côté de la mienne au gymnase et je compris, en écoutant ses commentaires moqueurs, qu'elle lui avait révélé tous mes secrets. Je fus humilié et détruit. Je pouvais sentir que je me fermais de nouveau. » Quand Bertrand tenta de se rapprocher de femmes dont le caractère chaleureux l'incitait à exprimer ses sentiments et à partager ses expériences, il apporta ses peurs et ses murs avec lui. Plusieurs femmes firent des commentaires comme : « Nous avons passé beaucoup de temps ensemble, mais je te connais à peine. »

— Être proche de quelqu'un est parfois très risqué, me dit Bertrand.

Laure trouvait, elle aussi, que l'intimité était risquée et elle l'évitait en travaillant trop et en choisissant des hommes distants comme Louis. Mais elle avait soif d'intimité aussi. Elle me confia : « J'ai toujours rêvé d'avoir un homme qui serait mon âme sœur, quelqu'un avec qui je pourrais partager chacune de mes pensées. Mais je dois admettre qu'au fond, cette possibilité m'effraie. » Comme nous tentions de comprendre pourquoi, elle dit : « L'atmosphère à la maison, où mon père piquait des colères, surtout quand il avait bu, et où ma mère jouait à la victime impuissante, silencieuse et stoïque, nous poussait tous à garder nos sentiments pour nous. Souvent, j'ignorais quels étaient mes sentiments parce que je n'avais pas d'endroit sûr où les ressentir. »

Laure se souvient, qu'enfant, elle faisait des cauchemars affreux dans lesquels elle était pourchassée par des ours polaires ou des tigres et appelait sa mère en pleurant. « Ma mère accourait, davantage pour éviter que je ne réveille mon père que pour me réconforter. Elle m'enjoignait de cesser de pleurer, en disant que ce n'était qu'un rêve. Mais elle ne me demandait jamais à quoi je rêvais, elle ne me prenait jamais dans ses bras et elle ne restait jamais plus que le temps nécessaire pour me calmer. Elle faisait ce qu'il faut pour me faire taire, mais rien de plus. Le simple fait d'obtenir son attention me réconfortait quand même et j'ai dû me contenter de ça. »

Laure se rappelle également que la plupart de ses premières tentatives pour partager ses secrets intimes avaient mal tourné. « En troisième année, j'avais le béguin pour un petit garçon qui s'appelait Arthur. Pour une raison ou une autre, je l'avouai à ma mère lorsqu'elle vint me chercher à l'école ; elle voulut tout savoir sur lui et me prit très au sérieux. C'était merveilleux. La semaine suivante, alors que je fêtais mon neuvième anniversaire de naissance, elle annonça à tous mes amis que j'étais amoureuse d'Arthur. Je quittai la table en courant et je demeurai dans ma chambre pour ce qui me parut une éternité. »

Tous les gens qui ont peur de l'intimité ne peuvent pas toujours raconter des incidents traumatisants tels que ceux évoqués par Bertrand et par Laure. En outre, bien des gens qui *peuvent* raconter des incidents de ce genre ont grandi sans que l'intimité leur pose de problèmes graves. La question cruciale est de savoir si l'atmosphère de votre famille était généralement réceptive et sensible à l'expression d'une vaste gamme de sentiments ou si elle était si limitée que vous éprouviez de la honte et de la culpabilité en ce qui concerne les pensées, les sentiments et les actions qui n'entraient pas dans le cercle étroit de ce qui était jugé acceptable.

En outre, demandez-vous si, plus tard, dans vos relations amoureuses, vous avez vécu des expériences négatives qui auraient pu amplifier vos craintes antérieures ou vous rendre circonspect en ce qui concerne l'intimité. Si c'est le cas, il se peut que vous voyiez un amoureux potentiel comme un cheval de Troie capable de piller et de détruire votre équilibre et votre estime de soi si vous lui ouvrez vos portes. Inconsciemment, vous conjurez peut-être ce sort en gardant vos portes fermées et en trouvant avec ingéniosité de « bonnes » raisons de le faire.

2. La peur de perdre son moi

Peut-être souhaitez-vous, même inconsciemment, devenir tout à fait dépendant de quelqu'un que vous aimez. Dans ce cas, vous pourriez craindre d'être tenté de renoncer à votre indépendance pour vous fusionner en quelque sorte avec une personne aimante et disponible. Ce degré d'anxiété est encore plus profond que la peur d'être blessé en se mettant à nu dans l'intimité.

Voici comment Bertrand exprima sa peur un jour : « Je pense que j'ai toujours été attiré par des femmes impossibles pour cette raison précisément : il était *impossible* de rester proche d'elles. Avec Diane, le petit garçon en moi qui a besoin d'affection avait coutume de s'exprimer et de se couvrir de ridicule, mais je savais que Diane ne me garderait jamais assez longtemps pour que ce besoin se révèle dans toute son ampleur. J'étais donc en sécurité. Avec une femme affectueuse, le bébé qui est en moi pourrait prendre le dessus trop facilement. »

De même, quand Carole sentit qu'elle et David étaient en train de tomber amoureux, elle me dit : « Je sais que j'éprouve le besoin de m'abandonner à lui et de me perdre en lui. Avec Marc, je pouvais me laisser aller à ces sentiments parce que sa fuite perpétuelle me sauvait, mais David ne fuit pas l'intimité. J'ai peur de perdre toute l'indépendance que j'ai travaillé si fort à construire. » (Plus tard, Carole découvrit que, quand son désir de fusionner n'était pas intensifié par le caractère évasif de son amoureux, elle pouvait le dominer assez bien. Qui plus est, elle constata que si David l'aimait et était présent, il n'avait, par contre, aucun désir qu'elle se perde en lui et nulle intention de laisser cela se produire.) Nous nous heurtons tous jusqu'à un certain point à ce conflit entre séparation et symbiose. À moins de raffermir notre confiance en notre capacité de conserver notre indépendance même dans les relations les plus intimes, nous pourrions choisir inconsciemment des partenaires qui ne permettront pas cette intimité.

3. LA PEUR D'ÊTRE ABANDONNÉ

« Si personne ne vous tient, personne ne peut vous lâcher. » Voilà ce que répondit Laure quand je lui fis remarquer qu'elle ne s'était jamais donné la permission d'avoir une relation dans laquelle elle était complètement engagée. J'ai entendu des propos similaires dans la bouche de bien des gens qui, en raison de leurs expériences passées et de leurs sentiments sur eux-mêmes, ont peur de tomber vraiment amoureux, puis d'être abandonnés. Cela est particulièrement évident chez les gens qui s'amourachent sans cesse de personnes qui ne sont pas libres. Au chapitre deux, je parle de Stéphane, un avocat épris de Jeanne, une collègue mariée, qui finit par quitter le cabinet pour lequel il travaillait afin de se défaire de son obsession. Lorsqu'il vint me consulter et qu'il me raconta son histoire, il me révéla qu'il avait déjà eu deux liaisons assez longues avec des femmes mariées. Dans chaque cas, il était très épris et il avait été très déprimé quand la liaison s'était terminée. Après de nombreux mois de thérapie, il finit par se rendre compte qu'il avait mis un terme à ces relations lorsque les femmes avaient laissé entendre qu'elles pourraient quitter leur mari. Comme nous le verrons plus loin, les motifs de ces liaisons répétées avec des femmes mariées étaient beaucoup plus complexes que la simple peur d'être abandonné, encore que cette peur y tînt, à coup sûr, un rôle. « Je ne m'attends jamais à avoir une relation complète avec ces femmes, me dit Stéphane, alors, même si je souffre quand la relation se termine, c'est moins pire que de perdre une personne que je croyais garder pour toujours. »

Il nous fut facile, en explorant la sensibilité de Stéphane à la perte, d'en déceler les origines. Stéphane raconte : « Quand j'avais six ans, ma mère jeta mon père dehors. Je savais qu'ils se querellaient souvent, mais je tombai des nues quand il me dit : " Maman ne veut plus que je vive ici. " Puis, après un très court temps, un autre homme commença à venir à la maison et s'installa presque chez nous. Ma mère était obsédée par cet homme et elle était très amoureuse de lui. Au point qu'elle faisait très peu attention à moi et à ma petite sœur. Dans ma tête, nous étions comme Hansel et Gretel, et ma mère était devenue la belle-mère acariâtre qui essaie d'égarer ses enfants dans les bois. Parfois, j'avais même l'impression qu'elle était la sorcière qui allait nous tuer. Je forçais sans cesse ma sœur à jouer des scènes de *Hansel et Gretel* avec moi. »

Outre la perte de son père et de sa mère, Stéphane avait souffert d'autres pertes antérieures : d'abord, à la naissance de sa sœur (une perte courante et pas forcément nocive en soi), puis quand son père et sa mère étaient si absorbés par leurs querelles et affaires conjugales qu'il avait l'impression de ne plus exister pour eux. Les pertes précoces peuvent revêtir maintes formes : un parent meurt, part ou tombe malade, devient déprimé, est égocentrique, très préoccupé ou inaccessible. Le tort causé par une perte peut être minimisé par l'attention sensible et affectueuse des autres membres de la famille. Mais ce qui en reste peut avoir rendu la personne sensible à la peur de l'abandon, ce qui fait que les relations prometteuses lui semblent risquées.

Explorez le rôle que pourrait jouer la peur de l'abandon dans vos relations en répondant aux questions ci-dessous :

- Quand j'ai une relation amoureuse, est-ce que je crains peu à peu d'être abandonné ? Cette crainte se change-t-elle en inquiétude constante ou en obsession ?
- Ai-je déjà été abandonné aux termes d'une relation amoureuse importante ? En ai-je été tellement blessé que même si je recherche vraiment l'intimité et l'engagement, j'ai peur de courir ce risque de nouveau ?
- Ma peur de l'abandon m'a-t-elle poussé à tomber amoureux de personnes tellement avides d'affection et dépendantes qu'elles ne me quitteraient jamais ? Et j'en suis amoureux même si leur dépendance finit par m'oppresser ou que d'autres traits me déplaisent chez elles ?
- Est-ce que les personnes clés de mon enfance m'ont pris dans leurs bras et aimé d'une manière rassurante et inconditionnelle ? Est-ce qu'un conflit familial — une séparation, un divorce, la maladie, la dépression ou l'égocentrisme d'un parent — a interrompu ou altéré ce sentiment de sécurité ?
- Est-ce possible que je choisisse des personnes qui peuvent seulement avoir une relation limitée avec moi parce qu'elles sont engagées ailleurs ou parce qu'elles se heurtent à des obstacles émotifs ? Ces choix sont-ils accidentels ? Dus à la malchance ? Ou à une fuite inconsciente ?
- Ai-je le courage de choisir une personne avec qui j'ai de réelles chances d'établir une relation amoureuse saine et avec qui, par conséquent, je risque d'être abandonné et de souffrir ?

4. LA PEUR DU REJET

La peur du rejet est un type particulièrement paralysant de peur de l'abandon. Le rejet, non seulement entraîne une perte, mais il suggère en outre que l'on est incomplet, insuffisant ou peu attirant. Cette peur nous afflige tous jusqu'à un certain point. Mais chez certains, elle est si grande qu'ils évitent toute relation prometteuse ou qu'ils la détruisent pour que la fin de cette relation dépende d'eux et soit, par conséquent, moins dévastatrice. Laure me dit un jour : « Lorsqu'un homme disponible montre qu'il s'intéresse sérieusement à moi, je deviens très nerveuse. Je suis persuadée que lorsqu'il me connaîtra mieux, il me quittera, alors, je démissionne avant d'être congédiée. En fait, je démissionne avant même d'être engagée. »

Une peur excessive du rejet est un signe de faible estime de soi. Quelque chose dans l'enfance a contribué à vous donner le sentiment que vous n'aviez pas suffisamment de valeur, que vous n'étiez pas assez intéressant ou attirant pour gagner et conserver l'amour d'une personne digne de valeur, intéressante et attirante. Ou peut-être que des expériences amoureuses antérieures qui se sont soldées par un rejet vous ont laissé des cicatrices que vous craignez de voir se rouvrir. Vous avez l'impression que trois choix seulement s'offrent à vous :

1. Vous pouvez décider de ne jamais tomber vraiment amoureux de nouveau. Cela est manifestement l'option la plus sûre, mais il se peut qu'en la choisissant, vous vous sentiez privé de quelque chose, solitaire et peu épanoui.

2. Vous pouvez éviter de tomber amoureux de personnes que vous estimez vraiment, mais dont vous croyez qu'elles ne pourront jamais aimer vraiment une personne comme vous. (Ceci est une variante de la célèbre affirmation de Groucho Marx selon laquelle il n'adhérerait jamais à un club qui le compterait pour membre.) Au lieu de cela, vous vous éprenez de personnes que vous n'estimez pas particulièrement, mais qui s'intéressent beaucoup à vous. À moins que vous ne finissiez par aimer ces personnes (ce qui se produit parfois), vos rapports ne seront jamais aussi agréables qu'ils pourraient l'être.

3. Vous pouvez devenir très amoureux ou même dépendant de personnes dont l'incapacité innée d'avoir une relation amoureuse complète se manifeste assez tôt. De cette façon, vous subirez un rejet chronique ou répété, mais cela vous paraîtra moins menaçant que la perspective de vous engager à fond dans une relation qui fera naître en vous de grands espoirs avant de les anéantir d'une façon foudroyante.

Si vous croyez être coincé dans un schéma de comportement qui vous porte à manger des merles faute de grives, demandez-vous si vous pensez que la seule autre solution de rechange consiste à tendre la main vers une grive pour qu'on vous l'arrache d'un coup sec.

5. LA PEUR DE GAGNER

Il est facile de comprendre que l'on puisse éviter une relation satisfaisante parce que l'on craint de perdre quelque chose : son individualité, son indépendance, son estime de soi. Mais il est plus difficile de comprendre que l'on puisse fuir une relation saine parce que l'on pourrait y gagner quelque chose : une relation amoureuse enrichissante. C'est pourtant ce qui se passe quand on croit, même inconsciemment, qu'en obtenant un amour bien à soi, *on remporterait une vieille compétition que l'on pense ne pas avoir le droit de gagner.*

Bertrand regimbait toujours quand je laissais entendre que, s'il s'amourachait toujours de femmes impossibles, cela tenait en partie à sa croyance qu'il était tabou et dangereux de posséder l'amour dévoué d'une femme aimante. Il comprenait les autres raisons sous-jacentes qui présidaient à ses choix peu judicieux : le défi que représentaient pour lui les femmes égocentriques, la façon dont elles déclenchaient son désir puéril de gagner l'amour de ses parents peu affectueux et la raison pour laquelle il s'ennuyait avec les femmes qui ne lui présentaient pas ce défi. Mais il m'assura qu'il désirait vraiment une relation saine et que rien ne l'effrayait dans cette idée. J'étais d'accord sur le fait qu'il y accordait un réel prix, mais j'étais persuadé qu'inconsciemment, il avait peur que son succès entraîne de terribles conséquences.

Qu'est-ce qui me poussait à croire cela ? Surtout ma connaissance de la vie familiale de Bertrand. Le père de Bertrand était un être critique et arrogant qui pouvait se montrer despotique à l'occasion. Il exigeait de sa femme une attention de tous les instants et de ses enfants, une obéissance sans faille. Il rabaissait Bertrand et ses frères et sœurs en faisant des commentaires sarcastiques ou dénigrants. La mère de Bertrand, une jolie femme aux pommettes saillantes, si elle se pliait aux désirs de son mari, ne lui manifestait jamais ouvertement son affection. Quand il lui arrivait de se montrer affectueuse avec Bertrand, son père disait qu'elle le gâtait ou le dorlotait.

Bertrand crut pour la première fois que je n'étais peut-être pas tout à fait dingue quand il se mit à faire des rêves parsemés de conflits avec des hommes, dès qu'il commença à sortir avec une femme qui l'attirait vraiment. Il avait rêvé d'accident dans lequel il emboutissait un « vieux tacot » avec sa nouvelle voiture. Il raconte : « Le conducteur furieux jaillit hors de sa voiture en brandissant un levier dans ma direction. Je voulais lui présenter mes excuses et je répétais sans arrêt : " J'ai des assurances, j'ai des assurances. " Mais l'autre se précipita sur moi et se mit à me battre à coups de levier. Je tentais de parer ses coups avec mes bras et je me suis réveillé le cœur battant. »

Bertrand fit d'autres rêves dans lesquels il s'opposait à des hommes ; dans certains d'entre eux, il battait ou même tuait l'autre homme. Il reconnut alors qu'il avait souvent fait ce genre de rêve qui, dans son enfance, prenait la forme de cauchemars dans lesquels l'homme brutal était parfois son père. Ces rêves revenaient régulièrement aujourd'hui quand une nouvelle relation avec une femme l'enthousiasmait et paraissait prometteuse.

Quelques mois plus tard, quand Bertrand tomba amoureux d'une femme aimante nommée Pauline, qui était presque le contraire de Diane, il fit de nouveau des rêves remplis de conflits. Mais désormais, il était mieux placé pour comprendre qu'il s'agissait de conflits anciens. Ces conflits ne l'amenèrent pas à s'ennuyer avec Pauline ni à éteindre sa flamme amoureuse comme ils l'avaient fait, à son insu, dans ses relations passées. Toutefois, quand il se mit à penser qu'il pourrait vouloir épouser Pauline, il lui découvrit toutes sortes de défauts, et ses critiques mirent en danger leur relation. Je lui rappelai que son père avait l'habitude de dire d'un ton belliqueux : « Je suis le seul homme dans cette maison, ne l'oublie pas. » Bertrand avait encore du mal à croire qu'il trouvait des raisons d'écarter

Pauline parce qu'il craignait de défier la position de son père en devenant lui-même mari et chef de famille. Je lui demandai : « Si vous épousez Pauline et invitez vos parents à dîner chez vous, qui s'assoira au bout de la table ? » Ma question le dérouta. Bertrand avait du mal à s'imaginer assis au bout de la table en présence de son père, mais l'idée d'y voir son père lui était aussi intolérable. Il finit par répondre : « J'achèterai une table ronde. » Nous rîmes tous deux et la révélation qu'eut Bertrand à ce moment-là le libéra et lui permit de progresser dans sa relation avec Pauline.

Cette dynamique découle du conflit œdipien qui, dans la prime enfance, naît de la peur de défier le parent du même sexe pour obtenir l'affection et la « possession » du parent de l'autre sexe. Ce conflit peut amener tant les hommes que les femmes à gâcher involontairement une relation amoureuse durable et prometteuse. Carole découvrit que lorsqu'elle poursuivait des hommes inaccessibles et sévères comme Marc, non seulement elle tentait de mériter l'amour de son père difficile et évasif, mais elle s'assurait en outre de n'avoir jamais un homme à elle. Elle garantissait ainsi, d'une manière encore une fois symbolique, qu'elle ne défierait ni ne vaincrait jamais sa mère en gagnant l'amour de son père.

Vous avez peut-être du mal à accepter la possibilité que vous êtes « programmé » pour ne jamais être victorieux en amour. Et encore plus de mal à admettre que cette programmation infructueuse résulte d'une vieille crainte de remporter une victoire enfantine taboue sur votre parent du même sexe. Et ce qui peut vraiment vous pousser à rejeter cette possibilité, c'est que la situation de l'enfance qui l'a engendrée n'est peut-être pas aussi flagrante que celle de Bertrand, dont le père était clairement un tyran, ou de Carole, dont la mère était froide et le père évasif. Dans la plupart des triangles œdipiens, la concurrence avec le parent du même sexe pour l'amour de l'autre parent est beaucoup plus subtile et surtout présente dans l'esprit de l'enfant. À certains moments, l'enfant vit un affreux conflit avec un parent qui n'a que de la bonne volonté et de l'amour pour lui. C'est comme si l'enfant sentait : « S'il savait ce que je pense, il me tuerait ou me chasserait. Ou peut-être faudrait-il que je le tue ou le chasse, ce qui est aussi effrayant. » Ces sentiments, s'ils ne sont pas désamorcés, peuvent demeurer en nous à l'âge adulte et être reportés symboliquement sur d'autres situations amoureuses. C'est comme si nous disions au parent du même sexe : « Ne t'inquiète pas papa, je ne suis pas ton rival. Tu n'as rien à craindre de moi. »

Comme ce conflit est subtil et en grande partie inconscient, comment pouvez-vous savoir s'il mine ou non vos relations ? Il existe plusieurs façons de l'explorer :

- Le premier point et le plus essentiel consiste à ne pas écarter sommairement cette possibilité. Ouvrez-vous plutôt à l'idée qu'elle peut s'appliquer dans votre cas. Cela vous aidera à remarquer les pensées et sentiments que vous avez peut-être niés ou fait semblant d'ignorer.

- Remarquez si vous devenez inquiet ou craintif lorsque votre relation semble progresser et que vous caressez des pensées agréables sur l'avenir qui serait possible avec votre partenaire. Avez-vous l'impression que quelqu'un pourrait s'opposer à votre bonheur ? Craignez-vous qu'un événement terrible se produise ?

- Soyez attentif à vos rêves si vous êtes de plus en plus emballé par une personne qui semble vous convenir à merveille. Vos rêves mettant en jeu des conflits, un danger et même de la violence se multiplient-ils ? Rêvez-vous à un conflit avec des gens du même sexe que vous ? Rêvez-vous que l'on vous punit ? Ou que vous devez défendre votre vie ? Si c'est le cas, vous devez vous demander pourquoi vous faites ce genre de rêve à un moment où un élément sain et prometteur entre dans votre vie.

- Si vos parents sont encore en vie, observez ce que vous ressentez lorsque vous annoncez à chacun d'entre eux votre nouvelle relation. N'excluez aucun sentiment sous prétexte que vous le jugez irrationnel. Allez plus loin en imaginant que vous annoncez à chaque parent votre intention de vous marier. Imaginez leur réaction la plus probable. Puis celle que vous appréhendez le plus.

- Remémorez-vous vos relations avec chacun de vos parents quand vous étiez enfant et leurs rapports mutuels. Explorez vos premiers sentiments d'attirance envers le parent du sexe opposé et votre désir de nouer un lien particulier avec lui. Vous rappelez-vous avoir éprouvé ces sentiments et ce désir ? Que ressentiez-vous alors à l'égard du parent du même sexe que vous ?

- Avez-vous déjà eu l'impression que si un élément très positif apparaissait dans votre vie, cet élément vous serait ôté ? Cela déplairait-il au parent du même sexe que vous ? Cela créerait-il un conflit avec lui ? Aurait-il l'impression que vous êtes en train de le surpasser ou de le vaincre ?

- Enfin, prenez conscience de vos principaux modèles d'interaction émotive avec votre famille et en particulier, du fonctionnement de votre triangle œdipien. La forme de ce triangle peut différer fortement d'une famille à l'autre. Par exemple, si le parent de l'autre sexe aimait rivaliser avec vous et vous intimider, vous n'aurez pas la même inquiétude en ce qui concerne votre réussite que si ce parent était effacé et semblait facile à vaincre ou s'il s'érigeait en martyr patient et vous culpabilisait dans votre désir de triompher. N'importe laquelle de ces conjonctures du passé peut vous faire craindre d'établir une relation amoureuse vraiment satisfaisante dans le présent.

Il existe d'autres conjonctures familiales qui, au contraire, peuvent aider les enfants à atteindre l'âge adulte sans être excessivement accablés par les vestiges du conflit œdipien. Il y a de bonnes chances pour que vous soyez prêt, disposé et apte à développer effectivement une relation amoureuse saine si, dans votre foyer : 1) vos parents s'aimaient d'une façon manifeste, de sorte que vous n'aviez pas l'impression de pouvoir supplanter l'un ou l'autre ; 2) vos parents étaient présents et disponibles sur le plan affectif l'un pour l'autre et pour vous ; et 3) chacun vous portait un amour inconditionnel que vous sentiez assez clairement pour comprendre que votre rivalité ne mènerait pas à la vengeance ni au conflit.

Dans la mesure où le tableau n'était pas aussi idéal chez vous, utilisez les grandes lignes ci-dessus pour prendre conscience de la façon dont ce vieux triangle pourrait encore nuire à votre capacité de trouver un amour gratifiant. Si vous découvrez que vous vous retenez par peur de gagner, efforcez-vous de dissiper vos peurs enfantines et de les empêcher d'influencer négativement votre mode de vie actuel. Vous avez droit à une relation amoureuse saine avec un homme ou une femme qui vous appartienne, même si ce n'était pas le cas avec papa ou maman. Le passé appartient au passé, et n'a rien à voir avec votre vie amoureuse actuelle.

6. SE SENTIR COUPABLE DE LAISSER QUELQU'UN DERRIÈRE SOI

Il se peut que vous ne puissiez jouir parfaitement de votre bonheur en sachant qu'une personne clé de votre vie traverse un mauvais moment. Vous pouvez être mal à l'aise de progresser si cette personne piétine ou recule même. Et vous sentir coupable si vous croyez que votre progression vers le bonheur rend cette personne malheureuse.

L'une des découvertes de Laure en thérapie tenait au fait que chaque pas qu'elle faisait vers une vie meilleure s'accompagnait du sentiment de blesser ses parents d'une façon ou d'une autre. Parce qu'il était alcoolique, son père était non seulement un père inconséquent et souvent terrifiant, mais aussi un mari intimidant, peu fiable et parfois violent. Aux yeux de Laure, sa mère paraissait piégée, misérable et incapable de faire face à son mari. Quand Laure était adolescente, elle lui demandait souvent : « Comment peux-tu endurer ça ? Pourquoi ne le quittes-tu pas ? » Ce à quoi sa mère répondait d'un ton las : « C'est plus facile à dire qu'à faire. » Laure comprit que sa mère était immuablement attachée à son rôle de martyre et déterminée à sauver son âme. Laure quittait la maison chaque fois qu'elle le pouvait. Quand elle était invitée chez une amie à la campagne pour le week-end, sa mère disait en soupirant : « Tu en as de la chance ! » sur un ton qui semblait signifier : « Toi, tu peux sortir et t'amuser, tandis que moi je suis coincée dans cet endroit déprimant. » Pendant ses études secondaires, Laure fit part à ses parents de son désir d'étudier dans une université à l'extérieur de la ville. Son père déclara que cela coûtait trop cher, mais Laure obtint une bourse et des prêts, travailla dur pendant ses étés et affirma qu'elle travaillerait pendant ses études. Avec un peu d'aide de ses parents, elle réussit à s'en sortir. La première fois qu'elle revint à la maison après le début de l'année universitaire, elle raconta à sa mère quelques-unes des activités passionnantes auxquelles elle participait, et sa mère répondit : « Ce doit être agréable. » À ce sujet, Laure me dit : « Ce n'était pas tant les mots que la manière dont elle les a dits, d'un ton mi-envieux, mi-nostalgique ; je les ai ressentis comme une accusation. Elle laissait entendre que des activités aussi passionnantes n'avaient jamais ou ne feraient jamais partie de sa morne vie. »

Bientôt, Laure apprit à ne parler à sa mère que du travail pénible, des difficultés, des maladies occasionnelles et de tous les incidents négatifs qui lui arrivaient. Mais l'affirmation acérée de sa mère « Ce doit être agréable » revenait pour chaque événement positif de la vie de Laure : son admission à la faculté de droit et la réception de son diplôme, son entrée en tant qu'associée dans un cabinet d'avocats, l'achat d'un appartement spacieux, ses vacances aux Antilles ou en Europe. Et si Laure ne laissait jamais l'envie et l'attitude de martyre de sa mère l'empêcher de réussir ou de vivre agréablement, une ombre de culpabilité venait toujours atténuer l'éclat de ses expériences.

Je proposai d'ajouter aux motifs pour lesquels elle évitait toute relation amoureuse gratifiante le sentiment de culpabilité qu'elle éprouvait parce qu'elle était plus heureuse que sa mère. Laure protesta : « Mais je n'ai jamais laissé ce sentiment m'empêcher d'entrer à l'université ou à la faculté de droit, de devenir associée, de voyager ou de vivre bien, alors, pourquoi devrait-il nuire à ma vie amoureuse ? » Je ne répondis pas, et Laure garda le silence pendant un long moment. Puis elle dit : « Parce que c'est la seule chose que je trouverais presque insupportable : faire un mariage heureux, alors que le sien est si affreux.

Ce serait vraiment la laisser dans sa merde pendant que je me la coule douce avec un homme bon. » Laure se mit à pleurer : « Nous appartiendrions alors à deux mondes différents. À l'heure actuelle, malgré toutes mes réussites et mon confort, ma mère et moi sommes compagnes d'infortune en ce qui a trait aux hommes. »

Bien des gens, s'ils laissaient une personne « derrière » dans une situation où elle est malheureuse, insatisfaite ou solitaire, tandis qu'eux vogueraient vers une vie plus pleine et plus joyeuse, se sentiraient coupables et craindraient la perte inhérente au fait de vivre « dans deux mondes différents ». Souvent, la personne laissée derrière est un parent, mais il peut parfois s'agir d'un frère, d'une sœur ou même d'un ami cher. Rappelez-vous, par exemple, Daniel, le professeur de sciences de vingt-neuf ans, qui semblait posséder un radar pour détecter les femmes amusantes et séduisantes, lesquelles se révélaient immanquablement volages. Il découvrit que, outre le fait qu'il était attiré par ces femmes parce qu'elles le stimulaient et le faisaient se sentir moins détaché, il éprouvait un désir inconscient de ne pas réussir parce qu'il se sentait coupable vis-à-vis de son frère aîné partiellement paralysé, qui était confiné à son fauteuil roulant depuis l'âge de dix ans. Et Maude, la jeune femme qui était tombée amoureuse de son patron et d'autres hommes qui n'étaient pas libres, se rendit compte qu'une partie des motifs cachés qui la poussaient à fuir toute relation amoureuse positive tenait au fait qu'elle ne voulait pas surpasser Noémie, son amie et proche confidente depuis l'enfance, qui souffrait d'une maladie et d'une dépression chroniques.

Posez-vous la question suivante : « Si j'établissais un lien amoureux heureux et durable, aurais-je l'impression de blesser quelqu'un, de m'en séparer ou de le laisser derrière ? » Si cette question provoque un malaise ou un sentiment de culpabilité en vous, vous devez examiner le terrible prix que vous payez pour accompagner cette personne dans son malheur. En outre, vous devez envisager la possibilité qu'elle ne désire vraiment pas que vous la suiviez dans cette voie et que le drame se joue surtout dans votre esprit à vous.

7. LA PEUR DE DEVENIR ADULTE

Les petits enfants ont des béguins. Les adolescents sont souvent en proie à des engouements et à des désirs sexuels intenses. Les gens de tous âges peuvent éprouver une passion, tomber amoureux et vivre dans l'obsession ou la dépendance amoureuse. Mais seuls les adultes peuvent avoir une relation amoureuse complète. Certaines personnes n'en ont pas parce qu'elles ne sont pas assez adultes. Et certaines l'évitent (tout en affirmant en vouloir une) parce qu'elles ne *veulent* vraiment pas grandir.

Lorsque Maude eut pris conscience de son sentiment de culpabilité et de sa répugnance à laisser son amie malheureuse derrière, elle comprit qu'elle utilisait aussi son lien avec son amie pour rester petite fille et éviter ce qui lui apparaissait comme les affreuses responsabilités de l'âge adulte. Elle reconnut que sa tendance à s'éprendre d'hommes mariés et plus âgés qu'elle était sa façon de se mettre constamment dans la position de l'enfant par rapport aux « grands » comme son patron et sa femme, qui avaient des enfants, habitaient une maison confortable, partaient en voyage ensemble, prenaient d'importantes décisions et participaient aux activités de leur communauté. Elle, au contraire, restait dans son studio où elle passait souvent les week-ends à se demander avec tristesse et d'une manière obsessive ce que les grands — en l'occurrence son patron et sa femme — étaient en train de faire. Lorsqu'elle ne restait pas seule à la maison, elle allait dans un club ou un bar pour danser et boire jusque tard dans la nuit ou elle rendait visite à Noémie, chez qui elle regardait une vidéo ou mangeait une glace. Elle avait toujours vu ces week-ends comme une conséquence infortunée de son amour pour un homme marié. Soudain, elle comprit qu'elle choisissait ces week-ends et cette vie parce qu'elle voulait rester petite fille. « Ce n'est déjà pas gai de vivre comme une gosse à trente ans, mais cela m'horrifie carrément d'être encore dans cette situation à quarante ans et plus. »

Bertrand explora aussi sa tendance à passer d'une liaison tumultueuse à une autre comme une façon de demeurer un perpétuel adolescent. Il pouvait voir que les jolis modèles qu'il choisissait étaient en général très immatures et ne le pousseraient pas à grandir ou à devenir plus stable, plus réfléchi ou plus responsable. « J'ai eu une série de camarades enfantines, me dit-il. Nous jouons et nous nous battons comme deux gosses dans un carré de sable jusqu'à ce que l'un de nous dise : " Je ne serai plus ton ami. " Alors, je trouve une autre copine. » Il ajouta : « Je ne suis pas certain de vouloir changer d'attitude même si elle commence à me paraître insignifiante. D'après l'image que je garde du mariage de mes parents ou de certains de mes amis, je ne vois rien de si emballant dans le fait d'être un adulte responsable. »

De nombreux motifs peuvent pousser les gens à fuir les relations amoureuses adultes : par exemple, la vision négative qu'a Bertrand du mariage ou le plaisir charmant qu'il prend avec ses copines, la peur de Maude de laisser son amie derrière, la crainte de beaucoup d'hommes et de femmes à l'idée d'avoir des responsabilités, de s'engager et de jouer « pour de vrai ». Il peut être utile de voir si cette aversion de grandir joue un rôle dans votre vie. Imaginez que vous sortez avec une personne que vous aimez et qui est présente, aimante et mature. Imaginez que vous vous êtes tous deux engagés à faire votre possible pour rendre votre relation gratifiante et intime. Prenez franchement contact avec les sentiments que provoque cette image en vous. Sentez-vous le petit garçon ou la petite fille en vous qui résiste, qui a peur, qui veut se réfugier à jamais au pays de cocagne ? Si c'est le cas, pour obtenir la relation amoureuse à laquelle vous prétendez aspirer, vous devrez d'abord vous efforcer de résoudre vos anxiétés à l'idée de devenir adulte.

8. La peur de renoncer à la position de victime

En reconnaissant qu'elle se sentait coupable d'avoir une meilleure vie que sa très patiente mère, Laure eut une révélation spectaculaire. Elle fit des efforts ardus pour comprendre que sa mère était responsable de ses choix malheureux, et qu'elle-même n'avait pas pour mission d'empêcher sa mère d'être encore plus malheureuse en refusant de trouver un amour gratifiant. Elle sentait qu'elle s'ouvrait à de nouvelles possibilités et pourtant, elle était encore tourmentée par l'anxiété et des sentiments de perte. Je lui demandai de décrire ces sentiments avec autant de précision que possible. « Ce n'est plus ma mère, mais une partie de moi-même que je laisse derrière, dit-elle. Peut-être suis-je en train d'abandonner la fillette malheureuse qui est en moi ou la partie de moi-même qui a dû se battre pour survivre et garder espoir dans un foyer tendu et sans joie. » Ce sentiment resurgit plus tard quand elle me parla de Robert, l'homme chaleureux et responsable qu'elle fréquentait depuis peu. « Malgré tout ce que j'ai accompli, il existe en moi un noyau de tristesse et de dureté qui est une partie fondamentale de ce que je suis. Je suis tellement habituée à être triste et à me contenter de très peu d'affection que j'ai du mal à renoncer à cela au profit de quelque chose d'étrange et de nouveau. Chaque fois que je suis heureuse avec Robert, je sens mon vieux moi triste qui me tire en arrière. Ce n'est pas seulement ma mère que j'abandonnerais, mais la Laure que j'ai déjà été et tout son univers sans amour. »

La personne que vous avez déjà été et les sentiments que vous avez déjà ressentis peuvent exercer un puissant attrait magnétique sur vous. Les personnes qui ont eu la chance de se sentir aimées conservent des sentiments qui les aident à espérer et à demeurer optimistes dans les périodes ultérieures d'adversité. Celles qui, à l'instar de Laure, ont été pauvrement nourries sur le plan affectif et qui sont devenues pessimistes et inquiètes, conservent des sentiments qui peuvent agir comme un trou noir prêt à les happer pour les ramener à leur tristesse familière, chaque fois qu'elles avancent vers un espace plus lumineux, plus léger et plus gratifiant.

Remarquez si les paragraphes ci-dessus, en particulier les affirmations de Laure, touchent une corde sensible en vous. Demandez-vous : « Quand j'entrevois la possibilité d'être heureux, surtout en amour, suis-je mal à l'aise d'entrer dans un territoire nouveau et étranger et de quitter une atmosphère émotive qui, à défaut d'être heureuse, n'en était pas moins familière et confortable ? Quelle est la force de l'attrait de ces vieux sentiments de tristesse que je porte encore à l'intérieur de moi ? »

Il est important de voir ce contre quoi vous luttez et de comprendre qu'il vous faudra du courage pour abandonner votre tristesse. Peut-être serez-vous rassuré de savoir que vous ne laisserez sans doute jamais complètement votre moi triste ou cynique derrière vous. Dans une certaine mesure, il fera toujours partie de vous ; vous porterez toujours en vous une partie de son paysage gris. Mais, en réduisant son influence sur vos décisions et sur vos actions, vous pourrez progresser vers une plus grande actualisation de soi. Et ce paysage gris ne sera plus qu'un sombre refuge occasionnel dans un monde coloré.

9. LES ANGOISSES RELIÉES AU SEXE

Les parents de Carole lui avaient donné l'impression que le sexe était mauvais, sale et dégoûtant. Cette attitude fut en grande partie transmise par ce qui *n'était pas* dit ni fait, et par l'absence quasi totale de toute discussion sur des sujets reliés même de loin au sexe ainsi que par le manque d'affection physique ou d'enjouement entre ses parents. Carole se souvient du malaise évident qu'éprouva sa mère lorsqu'elle-même, toute petite, l'interrogea sur la grossesse de sa tante. Elle se rappelait le dégoût général que manifestait sa mère à l'égard de tout ce qui concernait le corps et ses fonctions. Parfois, cette attitude était exprimée plus directement. Lorsque Carole eut ses premières règles, elle annonça la nouvelle à sa mère avec un mélange de peur et de fierté : peur que quelque chose cloche en elle et fierté de devenir plus adulte. (Des amies lui avaient expliqué à quoi s'attendre, mais sa mère ne l'avait pas fait.) La première réaction de sa mère fut : « Comme si je n'avais pas assez de soucis comme ça. » Puis elle ajouta : « Quel gâchis ! Prends des serviettes hygiéniques dans ma salle de bain. » Carole ne dit rien à son père, tout en sachant que sa mère l'avait informé. « Dans ses moments occasionnels de bonne humeur, il avait l'habitude de chahuter avec moi et de me prendre sur ses genoux, mais ces jeux s'arrêtèrent brusquement, sans aucune explication. »

Quand Carole commença à fréquenter des garçons, sa mère la prévint que ceux-ci « ne veulent qu'une chose ». Elle ne sortait jamais sans que sa mère lui serve une sévère mise en garde. Il était impensable qu'elle confie à l'un ou l'autre parent ses sentiments et ses inquiétudes par rapport au sexe. Dès ses premières expériences sexuelles, faites de baisers et de tâtonnements sur la banquette arrière d'une voiture, Carole était tendue et nerveuse. Elle avait l'impression que toute sensation sexuelle qui s'éveillait en elle était sale. « Au secondaire, je sortais avec le plus gentil garçon qui soit et il essayait très fort d'être doux et de tenir compte de mes peurs, mais je lui en ai fait voir de toutes les couleurs et il a fini par abandonner. J'ai été blessée, mais soulagée aussi. Puis j'ai commencé à sortir avec Benoît, un gars qui passait pour un crétin et un égoïste, et qui utilisait les filles pour son plaisir. Il me fit clairement comprendre qu'il ne supporterait pas que je sois aussi crispée. Il était grossier et énergique ; je l'ai suivi et j'étais très troublée. Après, je me sentais toujours sale, mais cela m'importait peu parce que j'étais follement amoureuse de lui. Plus il me menait la vie dure, plus je voulais lui plaire sexuellement et plus je m'abandonnais sur ce plan-là. C'est sûrement le premier gars dont je suis devenue dépendante ! »

Carole comprit que si elle pouvait se laisser aller sexuellement avec des hommes égocentriques et émotivement non disponibles, c'est parce qu'elle avait l'impression que sa sexualité ne dépendait pas d'elle, mais était au service de leurs désirs. « Je me disais, ce n'est pas moi qui le fais, mais ma dépendance, sauf que je ne parlais pas de dépendance à l'époque. Même aujourd'hui, je peux apprécier le sexe dans les relations codépendantes parce que c'est plus fort que moi. Ainsi, je peux me pardonner de faire tous ces trucs honteux. » Mais quand Carole faisait l'amour avec un homme qui semblait vraiment l'aimer et désirer une relation avec elle, elle perdait toute sensation sexuelle et s'asséchait littéralement. « Quand je ne suis pas dépendante, je dois assumer mon désir sexuel, et cela ramène ma vieille impression que mes actions et que mes désirs sexuels sont sales et honteux. J'étais certaine que les chics types me trouveraient dégoûtante si je me montrais réellement passionnée. »

Carole perpétua ce modèle de comportement pendant des années. Quand elle rencontra David, toutefois, elle avait moins peur de l'intimité, avait en grande partie surmonté l'obsession qui la poussait à rechercher l'amour d'un père instable et non disponible, et ne voyait plus rien de honteux dans sa sexualité. Ces changements lui permirent d'apprécier le sexe avec un homme qu'elle aimait et qui l'aimait. « Cela devient de plus en plus libre et merveilleux parce qu'avec David, je ne suis pas poussée par un besoin obsessif de plaire, et je me contente de m'amuser et d'apprécier le fait qu'il m'apprécie. »

De nombreuses personnes qui souffrent d'angoisses reliées au sexe ont plus de facilité à éprouver de la passion dans une relation codépendante, surtout si le partenaire se conduit très mal avec elles. Lorsqu'elles tentent d'éprouver des sensations sexuelles dans une relation plus réciproque et plus aimante, elles ne sont plus excitées ou, au mieux, elles le sont beaucoup moins que dans la relation codépendante. Cela s'explique en grande partie par le fait que, à l'instar de Carole, la dépendance leur donne la permission d'exprimer leur désir sexuel. Mais il y a souvent d'autres raisons, dont certaines sont reliées au conflit œdipien dont nous avons parlé plus tôt, en ce que l'objet de leur dépendance remplace souvent le parent défendu. Ce qui était impossible et refusé devient symboliquement accessible, et l'excitation et la détente qui en résultent engendrent une irrésistible vague de passion. Au même moment, le fait que le partenaire ne désire pas une relation d'amour complète est une assurance contre la terreur qu'occasionnerait la possession complète du parent défendu. Il protège en outre la personne contre les risques d'une intimité soutenue, la perte potentielle de son individualité, la crainte de laisser quelqu'un derrière et ainsi de suite. L'absence de ces angoisses permet également à la sexualité d'émerger sans encombres. Carole résuma ceci en disant : « *Sa non-disponibilité est mon aphrodisiaque.* » (En fait, pour Carole comme pour d'autres, ce n'était pas uniquement la non-disponibilité de l'objet de sa dépendance qui enflammait son désir, mais aussi ses mauvais traitements, ses insultes et la capitulation de son enfant intérieur devant le parent dominateur.) À cette affirmation de Carole, nous pourrions ajouter : « La disponibilité de mon partenaire en ce qui a trait à une relation amoureuse me terrifie et refroidit mes ardeurs. »

Le sentiment que le sexe est mauvais ou tabou n'est pas la seule cause des angoisses liées au sexe. Maintes personnes craignent de ne pas être à la hauteur sexuellement, et cette peur les pousse parfois à s'accrocher à une mauvaise relation soit parce qu'elles se sentent acceptées sur le plan sexuel, soit parce qu'elles essaient tellement fort de prouver qu'elles sont désirables qu'elles ne voient plus si la relation est bonne pour elles ou non. Chez les femmes, l'impression de ne pas être à la hauteur sexuellement est souvent reliée à leur image de leur corps. Chez les hommes, elle découle de leurs doutes au sujet de leur performance. Hommes et femmes se soucient de leur capacité de séduire et se comparent avec les autres.

Laure, par exemple, même si elle insistait pour conserver son indépendance et qu'elle se fichait de ce que les hommes pensaient d'elle, ne se sentait plus désirable lorsqu'elle prenait un ou deux kilos au-dessus du poids qu'elle jugeait idéal. Elle avait du mal à éprouver de la passion quand elle se sentait « grosse » et non désirable. Ce trait favorisait son penchant à nouer des relations peu sérieuses et vaguement définies qui lui permettaient d'éviter son partenaire quand elle ne se sentait pas attirante.

Si Pierre, le biologiste, tombait follement amoureux de femmes plus jeunes qui l'admiraient, c'est en partie, découvrit-il, parce qu'il doutait de sa capacité de satisfaire et d'entretenir l'intérêt sexuel d'une femme mûre. Il préférait rester avec une femme avec laquelle il avait peu d'affinités au lieu de rompre et de devoir exposer sa sexualité avec une nouvelle partenaire. Pour lui, chaque nouvelle relation recelait un potentiel de rejet et d'échec, et plus la nouvelle femme possédait de qualités qu'il appréciait hautement, plus le rejet pourrait être dévastateur. Mieux valait une relation insatisfaisante avec une femme immature qui l'idolâtrait, car comme il disait : « J'ai moins à perdre. »

Il est important que vous examiniez si vos angoisses reliées au sexe ne seraient pas en partie responsables de votre incapacité de nouer une relation amoureuse saine. Avez-vous le sentiment, peut-être inconscient, que vos désirs sexuels sont sales, honteux ou dégoûtants ? Est-ce plus facile pour vous d'être excité sexuellement quand vous êtes tellement dominé par votre dépendance que vous mettez de côté vos inhibitions ? Pensez-vous que le fait de combiner vos sentiments sexuels avec une relation amoureuse saine est une victoire défendue que vous n'osez pas vous permettre ? Avez-vous des doutes à propos de votre attirance ou de vos aptitudes sexuelles, qui vous poussent à vous accrocher à une relation établie, aussi malheureuse soit-elle, plutôt que de courir le risque qu'un nouveau partenaire ne vous trouve pas à la hauteur ?

Comme ces angoisses peuvent être très destructrices, vous devez à tout prix comprendre les notions déformées sur lesquelles ces angoisses reposent et vous déconditionner par rapport à celles-ci. Vous devez chercher à assumer votre sexualité comme une source de plaisir et d'intimité à laquelle vous avez droit, et à sentir que vous avez le droit de goûter la satisfaction profonde que peut apporter une relation amoureuse saine. Si vous aimez donner et recevoir du plaisir sexuel, il y a de fortes chances pour que vous soyez un partenaire sexuel compétent et attirant pour la personne qui apprécie ce que vous êtes.

10. RENONCER AU SENTIMENT D'EUPHORIE ENGENDRÉ PAR UNE RELATION MALSAINE

Durant la période qui suivit immédiatement sa rupture avec Marc, Carole tenta en vain de s'intéresser à des hommes qui n'étaient pas évasifs et qui ne se conduisaient pas comme des goujats. Elle découvrit que l'exaltation, la douleur et l'angoisse quasi intolérable qui l'avaient tourmentée dans sa relation codépendante lui manquaient. Elle avait l'impression que ses sentiments étaient nivelés et son paysage, aride. Elle avait découvert une importante vérité sur elle-même : elle avait utilisé l'intensité de sa relation codépendante pour se prémunir contre le découragement, l'impression de fadeur et l'absence de signification qui menaçaient de l'engloutir. Quand elle cessa de poursuivre des hommes comme Marc et qu'elle ressentit l'espèce de grisaille qui s'étendait comme un brouillard au fond de son esprit, elle découvrit que les hommes qui s'intéressaient vraiment à elle et qui ne lui menaient pas la vie dure ne créaient pas assez de turbulences dans sa vie pour dissiper le brouillard. Aussi, l'une des principales raisons pour lesquelles elle avait tant de mal à s'éprendre d'un homme qui était libre et aimant tenait au fait qu'elle n'avait pas encore appris d'autres façons non dépendantes d'affronter ses sentiments sous-jacents de dépression et qu'elle ignorait encore qu'une relation amoureuse saine peut apporter de merveilleux moments d'euphorie.

Bertrand eut des révélations similaires sur lui-même quand il comprit que sa relation avec Pauline différait de chacune des innombrables relations qu'il avait eues précédemment. Il était de plus en plus amoureux d'elle et se prenait souvent à rêvasser à l'avenir qu'ils pourraient avoir ensemble. À ce point-ci, il prit conscience non seulement de l'angoisse que suscitait en lui la perspective de « l'emporter sur » son père (assis au bout de la table), mais aussi de sa répugnance évidente à cesser de poursuivre d'autres femmes. Ceci l'étonna un peu. Il était conscient d'avoir eu de nombreuses liaisons amoureuses et d'aimer séduire et conquérir. Mais sa longue liste de partenaires lui apparaissait surtout comme la conséquence du fait qu'il n'avait pas encore trouvé la bonne. Maintenant, quand il envisageait d'épouser Pauline un jour, il savait qu'il voudrait s'engager à lui être fidèle. Aussi, cela le troublait-il d'éprouver de l'appréhension à la pensée de ne plus jamais conquérir d'autres femmes. Lorsque Bertrand scruta ses sentiments de plus près, il comprit qu'il s'était servi du tumulte de ses relations pour se distraire des accès de noir pessimisme qui l'avait accompagné toute sa vie. Enfant, il avait affronté la mélancolie qui planait sur sa famille et sur lui-même en cultivant toujours un intérêt qui le distrayait de son désespoir. Il se passionnait pour un passe-temps particulier : collectionner des cartes de base-ball, construire des modèles d'avion réduits, apprendre la clarinette et jouer au basket-ball. Chaque activité dominait sa vie pendant un certain temps avant qu'il la délaisse pour une nouvelle. Il se masturba de manière compulsive dès l'âge de quatre ans et devint sexuellement actif à quatorze ans. Il y avait toujours quelque chose, une activité ou une personne, qui le divertissait et qui améliorait son humeur. Quand l'activité ou la personne perdait son pouvoir antidépresseur, il passait à une autre. Ce schéma caractérisait sa vie sexuelle et amoureuse. Il était terrifié à l'idée que, s'il s'engageait avec Pauline, il tomberait tôt ou tard dans la trappe de l'ennui et de la fadeur.

Maintes personnes sont accrochées au sentiment d'euphorie créé par l'intensité d'une relation mouvementée ou par l'excitation des conquêtes amoureuses. Il est aussi difficile pour elles de renoncer à ce sentiment que pour un drogué de supporter l'état de manque. L'excitation et la distraction peuvent revêtir autant de formes que l'éventail de drogues qui figure au menu du revendeur : la quête de l'inaccessible, les déceptions répétées qui alternent avec la félicité occasionnelle ou même la violence physique ou émotive. Ou bien l'excitation et la distraction peuvent découler de la poursuite d'interminables conquêtes, de l'intrigue qui fait battre le cœur, parce que l'on craint de se faire prendre, et des mensonges et tromperies inhérents au fait de vivre dangereusement. Les modèles sont innombrables.

Vous devez absolument reconnaître que, *si ces besoins sont prépondérants en vous, vous ne pourrez pas former de relation amoureuse vraiment satisfaisante, aussi fort que vous en ayez le désir. Mais pour modifier ceci, vous devrez d'abord comprendre ce que vous faites et pourquoi.* Vous devez recadrer la question pour vous-même. Au lieu de vous efforcer d'amener une personne en particulier à vous aimer ou de prouver encore une fois votre capacité de séduire et de conquérir, vous devez voir ces manœuvres pour ce qu'elles sont : des palliatifs à court terme à l'affaiblissement à long terme de votre estime de soi ainsi que des palliatifs aux vieilles peurs, aux conflits, aux obsessions et aux tendances dépressives qui vous habitent depuis longtemps. Comme nous le verrons aux chapitres neuf et dix, il existe de meilleures façons d'adoucir, de réduire et de transcender la souffrance et l'impression de fadeur.

LES NIVEAUX DE MOTIVATION

Il est clair, à ce stade-ci, qu'il existe rarement un seul motif, caché ou non, qui pousse les gens à éviter une relation amoureuse saine ou à la détruire. Si c'était le cas, il serait relativement simple de le trouver, de le comprendre et de réduire ses effets dévastateurs. Mais nous sommes, pour le meilleur ou pour le pire, plus complexes que cela. Comme nous l'avons vu dans le cas de Carole, de Bertrand, de Laure et d'autres, de nombreuses causes internes peuvent nous pousser à nous autodétruire en amour. Les psychanalystes diraient que notre comportement est « multidéterminé ». Souvent, par conséquent, quand nous croyons avoir trouvé le coupable et adouci son influence, nous sommes déçus de voir que cela ne nous aide que partiellement à trancher un lien de dépendance insatisfaisant et à établir une relation amoureuse saine. Nous restons coincés et nous devons continuer de chercher la compréhension de soi qui nous libérera.

Certains des motifs qui nous poussent à ne pas échanger nos relations malsaines pour des relations saines sont plus faciles à comprendre que d'autres. Telles les nombreuses couches de roche sédimentaire qui se sont formées au cours d'innombrables époques des temps géologiques, nos motifs se situent à différents niveaux de notre conscience et ont pris naissance dans différents domaines de notre vie. Examinons ces niveaux en commençant par ceux qui sont le plus près de notre conscience et en allant vers les plus profonds, les plus anciens et les plus primitifs. Nous étudierons comment ces niveaux fonctionnent chez Carole.

NIVEAU 1

Il s'agit de la couche la plus superficielle, celle des raisonnements, des rationalisations et des ruses que nous employons envers nous-mêmes pour tolérer quelque chose de malsain et éviter quelque chose de sain. Carole disait :

- « Ce n'est pas que Marc ne m'aime pas, il a juste peur de s'engager. »

- « Les gars qui sont gentils avec moi et qui me témoignent un intérêt évident me frappent comme étant fadasses, ennuyeux et peu virils. »

NIVEAU 2

Ceci est le niveau des tâches en suspens qui se rattachent à l'obtention de l'amour parental. Il est alimenté par le désir de remédier à de vieilles blessures, privations et lacunes. Si Carole mettait ces motifs en mots, elle pourrait dire :

- « J'ai besoin d'amener ma mère froide et peu affectueuse à se montrer plus chaleureuse et plus aimante envers moi, et Marc remplace ma mère. Je dois réussir. »
- « J'ai besoin de transformer mon père, qui est lunatique, sévère et inconstant dans son amour, en un être amusant qui m'adore, et Marc remplace mon père. Je dois réussir. »
- « Les hommes qui sont affectueux, aimants, qui m'adorent, qui n'ont pas de sautes d'humeur et qui ne sont pas difficiles à satisfaire ne m'excitent pas parce qu'ils ne représentent pas le défi frustrant qui est l'objectif de toute ma vie. »

NIVEAU 3

C'est celui des désirs et des peurs qui découlent du triangle œdipien de l'enfance. Carole pourrait exprimer ses sentiments contradictoires de la façon suivante :

- « Si j'avais une relation saine et heureuse avec un homme qui m'aime ouvertement et avec constance, ce serait comme si le fantasme de mon enfance dans lequel j'ai mon père pour moi toute seule se réalisait, et maman serait très fâchée. Nous deviendrions des ennemies mortelles. Elle pourrait me tuer ou je pourrais la tuer. Ou elle pourrait me tourner le dos pour toujours. Cela me fait trop peur. »
- « Il est plus sûr de choisir des hommes comme Marc avec qui cela n'a pas beaucoup de chances de se produire. Je dois éviter les hommes aimants et libres qui pourraient me mettre en danger. »

NIVEAU 4

C'est celui des premières années de l'enfance qui précèdent l'apparition du conflit œdipien, alors que notre univers est surtout constitué de nos parents et du chaud sentiment de sécurité que nous ressentons à être leur petite fille ou leur petit garçon. La fillette en Carole dirait :

- « J'ai besoin d'être liée à papa et à maman pour toujours. Si je grandis et si j'ai une relation mature et satisfaisante avec un homme réel et aimant, je ne serai plus leur petite fille et ils ne prendront plus soin de moi. Je serai une adulte et je serai séparée d'eux. »

Si vous m'aimiez, vous me prendriez dans vos bras ! !

NIVEAU 5

Ce niveau ressemble au niveau précédent, mais constitue une couche plus profonde de sentiments remontant à la prime enfance et peut-être même à notre séjour intra-utérin oublié. Ce sont les sentiments de confort et de sécurité qu'entraînent les attachements chaleureux et protecteurs de cette période. Le bébé en Carole dirait :

- « Je ne veux pas quitter le confort des bras protecteurs et le ventre chaud de ce qui m'est si familier pour m'aventurer dans un monde inconnu qui semble dangereux et terrifiant. Je ne veux rien changer et je veux demeurer fusionnée avec ma mère. »
- « Avec des hommes comme Marc, je peux effectuer de brèves sorties dans le monde des adultes, mais je peux compter sur eux pour me rejeter dans mon univers d'enfant où je suis en sécurité. »
- « Les hommes qui m'offrent une relation adulte m'effraient et je dois les éviter, leur résister et les rejeter. »

NIVEAU 5a

Au niveau de la prime enfance et des expériences intra-utérines possibles se trouvent aussi les sentiments qui découlent des expériences primales vécues quand nos besoins d'un attachement aimant, nos besoins d'affirmation et de nourriture affective ont été comblés de façon médiocre ou inconstante. Ces lacunes ont déposé en nous un reste de sentiment de vide, de monotonie ou de dépression que nous tentons de dissiper par la tension et le tumulte inhérents aux liaisons amoureuses mouvementées. Carole exprimait des sentiments appartenant à ce niveau quand elle disait :

- « Quand je souffrais le martyre à cause de Marc, au moins je me sentais vivante, je me disais : " Je souffre, donc je suis. " »
- « Quand ma relation avec un homme est exempte de souffrances et de conflits, je suis submergée par une impression d'ennui et de fadeur. »

L'existence de tant de niveaux de motivation susceptibles de bloquer votre attirance pour une personne qui vous convient peut vous donner l'impression que tout cela est trop compliqué et exige beaucoup trop d'introspection. Mais ne désespérez pas. Vous n'avez pas besoin de mettre à jour toutes les couches de motivation pour vous transformer. Certaines peuvent exercer une influence beaucoup plus importante que d'autres sur votre comportement et, à certains moments, même la révélation la plus partielle peut suffire à affaiblir le magnétisme destructeur de ces objectifs cachés.

Lorsque Carole reconnut clairement pour la première fois que ses rapports avec Marc et les hommes de sa trempe étaient motivés par un désir désespéré d'amener son père à l'aimer, elle se sentit « condamnée » à reproduire interminablement ce scénario. « Il est trop profondément ancré en moi. » Je répondis : « Peut-être étiez-vous condamnée avant de voir le lien qui existe entre le rejet de votre père et votre attirance pour des hommes impossibles, mais maintenant, vous pouvez décider de modifier ce scénario. » Après quelque temps, toutefois, force me fut d'admettre que même si cette découverte l'avait aidée à rompre avec Marc, elle ne semblait pas amener Carole à former des relations nouvelles plus satisfaisantes. Je me demandais si ce n'était qu'une question de temps avant qu'elle mette sa découverte à profit — car on met souvent un certain temps avant de pouvoir utiliser une révélation sur soi — ou si ses progrès étaient entravés par des influences qui demeuraient obscures. Puis Carole prit conscience qu'elle était influencée par l'interdiction de son enfance de voler le cœur de son père à sa mère sévère et en apparence redoutable. En ne se permettant pas d'avoir une relation amoureuse gratifiante aujourd'hui, elle évitait encore les dangers de cette compétition. Grâce à cette révélation, une importante pièce manquante sembla tomber en place. Carole put dire : « Je veux quelque chose de vraiment bien avec un homme et je compte cesser d'exclure des gars tout à fait corrects parce que je suis programmée pour finir avec quelqu'un qui ne vaut pas mieux que ce que ma mère avait. » Cette décision intérieure, fondée non pas sur l'aveuglement, mais sur la connaissance de soi et la résolution de mettre à profit cette connaissance, fut une étape cruciale dans une série d'étapes qui amena finalement Carole à former une relation amoureuse avec David.

Il s'agit, autant que possible, de vous prendre sur le fait pour éviter de continuer inconsciemment à vous désarçonner vous-même. La simple conscience de facteurs inconnus à l'œuvre vous permet de cesser de concentrer votre attention sur la recherche frénétique de la « bonne » personne pour la tourner vers la compréhension de vous-même et la transformation intérieure. Même s'il est important de chercher activement une personne qui vous convienne, cette tâche peut se révéler futile si vous ne cherchez pas simultanément à comprendre et à minimiser votre tendance à saper vos propres efforts. Le simple fait de vous efforcer de découvrir vos motifs cachés et de vous libérer de leur influence peut, en soi, vous rendre plus libre, plus courageux et plus aimant.

CHAPITRE 9

Aimer la bonne personne

S upposons que vous avez cessé d'être attiré par les personnes qui ne vous conviennent pas, que vous avez cherché à améliorer votre capacité d'aimer, que vous avez clarifié vos objectifs et votre chemin de vie, et que vous avez commencé à réfléchir au type de compagnon de voyage que vous désirez. À ce point-ci, cependant, vous vous heurtez à un écueil qui semble stopper toute progression. Le genre de personne qui, d'après vos conclusions, ferait un compagnon idéal pour vous, ne vous excite pas du tout ! En fait, pour certains, l'idée même de trouver un bon « compagnon de vie » peut ressembler à une entreprise fade et peu romantique, comme de parcourir des offres d'emplois sans intérêt juste parce qu'ils comportent des avantages sociaux intéressants. Le caractère « pratique » de la chose lui enlève toute passion.

Il n'est pas nécessaire que les choses se passent ainsi. En fait, rien ne tue la passion et l'amour plus sûrement que d'essayer de faire sa vie avec une personne tout à fait étrangère à ses besoins et à son itinéraire. Et quelles qu'aient été vos expériences antérieures, vous pouvez certainement vous enflammer pour une personne qui est aussi un bon partenaire amoureux. Cela arrive fréquemment, mais si cela vous a échappé jusqu'ici, malgré les changements que vous avez opérés, vous pourriez essayer l'approche suivante. Elle consiste à *identifier clairement les traits qui vous paraissent irrésistibles chez le type de personne qui ne vous convient pas et à rechercher ces traits sous une forme non destructrice et inoffensive chez une personne qui pourrait vous convenir.* Voyons comment cela fonctionne.

ÊTRE MÉCHANT, CE N'EST PAS COMME ÊTRE FORT

Quand Carole atteignit un point où l'attitude méprisante des Marc de ce monde lui inspirait de la répulsion, elle traversa une période pendant laquelle elle se força à sortir avec leurs contraires, des hommes qui la laissaient s'en tirer à trop bon compte ou qui permettaient qu'elle se conduise mal avec eux. À son grand étonnement, elle découvrit en elle-même une arrogance et une cruauté insoupçonnées. Elle annulait ses rendez-vous galants au dernier moment. Elle repérait le point sensible de ses partenaires et les taquinait à ce sujet. Elle feignait de s'intéresser à eux, puis les congédiait brusquement. « Je dois admettre, me dit Carole, que c'est parfois amusant. J'ai l'impression d'avoir du pouvoir et je comprends ce que Marc a dû ressentir. Mais je me déteste d'agir comme ça. Je n'aime pas ce moi-là, et il ne m'apportera certainement rien de bon. Je ne sais plus où j'en suis ! »

Comme nous tentions de comprendre ce qui se passait, nous vîmes la rage que Carole avait réprimée toute sa vie pour avoir été à la merci d'une mère froide et d'un père à l'inconstance cruelle. En grandissant, Carole s'était placée dans la même position subalterne avec les hommes, ce qui avait alimenté sa rage. Elle laissait en partie Marc et les autres exprimer sa colère à sa place en s'identifiant à eux, même si, en réalité, c'était elle, la victime. Aujourd'hui, quand elle sortait avec des hommes qui acceptaient qu'elle se conduise mal, sa colère et sa cruauté s'exposaient au grand jour. Au début, ce jeu l'effrayait et la fascinait, mais elle eut tôt fait de s'en lasser et comprit que les hommes qu'elle pouvait traiter de cette façon ne l'attireraient jamais. À ce stade-là, elle se découragea parce que, dans son esprit, le monde était plus ou moins divisé en deux : « les chics et les salauds », sans intermédiaire. Elle ne tolérait plus qu'on lui fasse des vacheries et n'éprouvait aucun respect pour les hommes qui acceptaient les siennes. Existait-il une autre catégorie ? Je lui assurai que la façon dont elle divisait les gens, qui résultait de l'usage que l'on faisait du pouvoir dans sa famille, était erronée et qu'il existait d'autres catégories.

Lorsque Carole rencontra David à une soirée, elle le trouva séduisant, facile à vivre et enjoué. Il nota son numéro de téléphone et dit : « Je ne vous appellerai peut-être pas avant quelque temps, car je serai terriblement occupé pendant les deux prochaines semaines, mais je n'y manquerai pas. » Cette attitude la laissa perplexe, car elle ressemblait drôlement au caractère évasif qui l'accrochait toujours auparavant. Au fil des jours, elle oscilla entre les moments où elle pensait à lui d'une manière obsessive comme autrefois (« Pourquoi n'appelle-t-il pas ? ») et ceux où sa ressemblance possible avec Marc la rebutait. Mais alors David téléphona, et ils prirent rendez-vous pour la semaine suivante. Ils passèrent une soirée amusante et agréable, et commencèrent à se voir plus souvent.

Il devint clair pour Carole que David ne serait pas vache avec elle ni ne la laisserait être vache avec lui. Toutefois, il possédait des qualités, qui, pour aussi saines et positives qu'elles soient, touchaient la corde sensible de l'insécurité que son père avait installée en elle et qui donnaient à leurs rapports une petite touche stimulante qui n'était pas dangereuse pour autant. Par exemple, même si David ne se montrait jamais fuyant et qu'il ne rejetait pas ses besoins et sentiments, il avait une vie bien remplie et d'excellents amis qu'il aimait, qu'il prenait au sérieux et qu'il accompagnait parfois dans des excursions de camping et d'alpinisme. L'incapacité de Carole d'avoir tous les pouvoirs sur ces aspects de la vie de David réveillait quelque peu son ancienne insécurité qu'elle ressentait comme de l'excitation. Et si David n'était pas porté à critiquer ou à juger comme son père, Marc et les autres, il n'approuvait pas inconditionnellement tout ce que faisait Carole. Il avait des critères précis et pouvait piquer une vraie colère quand elle manquait d'égards envers lui ou qu'elle n'achevait pas une chose qu'elle avait accepté de faire. Elle jugeait important de ne pas le décevoir ni le fâcher, parce qu'elle l'aimait et non parce qu'elle craignait d'être punie ou rejetée.

Qu'est-ce qui avait changé chez Carole ? Avait-elle atteint un point où son besoin obsessif de s'accrocher à un homme fuyant en le poursuivant d'une manière humiliante ne ferait plus jamais partie de ce qui l'attirait chez un homme ? Son besoin de s'engager dans des relations aussi dégradantes, ce déclencheur satanique de sa passion, était-il à jamais exorcisé ? Dans une large mesure, la réponse est oui. L'amour croissant et l'acceptation mutuelle qu'elle trouvait dans sa relation avec David atténuaient ce besoin et, par conséquent, sa colère latente. La partie d'elle-même qu'un soupçon d'insécurité pouvait encore émoustiller était comblée, comme nous l'avons vu, par le fait que David n'était pas totalement disponible et par son refus coléreux de tolérer qu'elle se conduise mal envers lui.

En outre, Carole découvrit une autre façon sûre sur le plan émotif de stimuler quelques-unes de ses vieilles passions. Elle constata qu'à mesure que leurs rapports sexuels devenaient plus libres et moins inhibés, ils pouvaient réaliser au lit des fantasmes bénins de domination et de soumission, qui étaient très excitants sans être destructeurs, car ils relevaient claire-ment du domaine du jeu, étaient limités par leur amour réci-proque et ne débordaient pas dans leurs rapports quotidiens. Bien des gens prisonniers d'un scénario autodestructeur ou nocif élaboré dans le passé — qu'ils y tiennent un rôle de domination, de soumission, d'effacement de soi, de combati-vité ou tout autre rôle — peuvent trouver des façons mutuel-lement agréables et inoffensives de résoudre ces scénarios à travers leur vie sexuelle ou d'autres formes de jeu. Cette solu-tion vaut beaucoup mieux que d'intégrer de vieux schémas destructeurs au tissu même de la relation et elle peut, pour bien des couples, donner à leur relation une intensité propre à renforcer leur lien affectif.

NE CONFONDEZ PAS CARACTÈRE BOUDEUR ET SEX-APPEAL

Après que Bertrand eut rompu sa relation frustrante avec Diane, il se demanda avec perplexité pourquoi il était si souvent attiré par des femmes égocentriques et mesquines. Que leur trouvait-il ?

Il regarda les centaines de photos de modèles qu'il avait prises dans son studio et nota que les femmes qu'il trouvait les plus séduisantes, outre leur beauté globale, présentaient certains traits communs. Toutes avaient des pommettes saillantes et un regard expressif. Mais ce qui frappa Bertrand encore plus, c'est qu'elles arboraient toutes une expression similaire : boudeuse, renfrognée et inamicale. En fait, Bertrand s'était forgé, au sein des agences de publicité, une sorte de réputation de maître de la mine provocatrice, cette mine morne, déprimée ou irritée qui semblait dire « N'insistez pas ! » ou « Chiche ! »

Il était fatalement attiré par les femmes qui ressemblaient aux parents qui l'avaient privé d'affection dans son enfance. Ceci était implicite dans le rejet qu'exprimaient la physionomie et la personnalité de ses modèles, et pourtant, ni cette révélation sur les causes de son attirance ni son désir de ne pas reproduire le passé ne purent l'amener à inverser cette tendance. Les femmes qui possédaient l'air radieux et le tempérament de meneuses de claque ne l'excitaient pas, voilà tout. Comment trouver une femme qui le séduirait et qui serait en même temps une bonne compagne ? N'y avait-il aucun trait inoffensif parmi ceux qui l'avaient toujours attiré ?

Il était clair que Bertrand n'avait pas besoin de mettre de côté son attirance pour les femmes dotées de pommettes saillantes et d'un regard expressif. Ces qualités ne lui causaient aucun tort. Peut-être — du moins, il l'espérait — existait-il des femmes qui possédaient, dans une mesure suffisante, les caractéristiques faciales qui l'attiraient sans pour autant être lunatiques ni méchantes. Il conclut également qu'il ferait mieux de rechercher des femmes qui, si elles n'avaient pas peur de l'intimité et pouvaient être affectueuses, ne semblaient ni trop faciles ni trop disponibles.

Bertrand avait trouvé cette femme en Pauline, un ancien modèle qui dirigeait aujourd'hui un studio de mannequins. Pauline pouvait se montrer sévère, mais elle était aussi douce, aimante et très mature. Elle avait parfois des sautes d'humeur, mais elles étaient passagères et faciles à dissiper. En outre, elle possédait les fameuses pommettes saillantes qui le charmaient tant. Au contraire de ses relations précédentes qui étaient de constantes batailles, la leur était le plus souvent exempte de

scènes houleuses, de claquements de porte et de réconciliations larmoyantes. En fait, la plupart du temps, il était bien avec Pauline. Et, un peu comme Carole avec David, il pouvait concrétiser, dans les fantasmes sexuels qu'il partageait avec elle et des sarcasmes plus amusants que blessants, une partie de son vieux besoin des drames qui découlaient des combats, des conflits et de la jalousie. Bertrand ne craignait jamais, comme avec Diane, que ses mésententes avec Pauline ne poussent celle-ci à lui faire une scène ou à le quitter. Il trouvait donc en elle les qualités qui éveillaient ses sentiments et sa passion, sans la souffrance qui, jusqu'à maintenant, les avait toujours accompagnées.

ÉPICER LE TOFU

Quand Laure passa de l'attitude « Laissez tomber vos foutaises à propos de la découverte de mon chemin de vie » à une période d'exploration de soi, puis à l'affirmation de son besoin « d'un compagnon dont l'itinéraire s'accorde avec le mien », elle venait d'opérer un changement décisif dans son orientation à l'égard des relations. Mais elle était encore loin d'avoir des relations avec ce nouveau genre d'amoureux. En fait, c'est à ce moment qu'elle fit la déclaration que j'ai citée au chapitre premier : « Le genre de charmeur égocentrique qui m'excitait autrefois me donne enfin la nausée, et j'en suis fort aise. J'ai assez perdu mon temps et versé de larmes. Mais je trouve les hommes qui pourraient m'offrir une relation vraiment satisfaisante et durable à peu près aussi excitants que du tofu. »

Je demandai à Laure d'essayer de mettre le doigt sur les traits qui la séduisaient tant chez Louis et chez les hommes avec lesquels elle avait eu des relations intenses, mais limitées. Elle répondit : « C'étaient tous des hommes dominateurs dans une certaine mesure. La plupart du temps, ils donnaient l'impression de n'avoir pas vraiment besoin de moi ou de quiconque. Je ne pouvais m'empêcher de penser que si je disparaissais de la surface de la terre, ils le remarqueraient à peine. »

— Et cela vous paraissait tellement séduisant de ne pas compter ? Pourquoi ? demandai-je.

En se penchant sur cette question, Laure comprit que sa réponse englobait plusieurs dimensions. « D'abord, cela m'était familier. Mon père me dominait et dominait le reste de la famille comme si nous étions ses possessions, surtout pendant ses accès de fureur alcoolique, qui étaient réguliers et terrifiants. Je ne me rappelle aucune conversation dans laquelle mon père ne me donnait pas d'ordre ou ne me houspillait pas pour avoir fait une gaffe. Je ne me souviens pas d'avoir jamais montré mes sentiments ou de lui avoir demandé son avis. Il se fichait éperdument de ce que moi, mon frère ou ma mère ressentions. Ma mère était tout à fait inefficace, et les rares fois où je suis allée la trouver parce que j'étais bouleversée, elle s'est montrée impuissante. C'est pourquoi je me suis lancée à fond dans le travail scolaire et suis devenue surperformante. J'étais première de ma classe au secondaire et, pendant toute la durée de mes études, j'ai gagné mon argent en travaillant après l'école. Je n'allais certainement pas dépendre de quelqu'un. En vieillissant, j'ai appris de mieux en mieux à m'occuper de moi-même et à prendre ma situation en main. »

En explorant cette période de son passé, Laure comprit qu'elle choisissait des hommes comme Louis non seulement parce qu'ils lui étaient familiers et qu'ils lui permettaient de poursuivre son ancienne tâche, qui consistait à tenter de mériter l'amour d'un père difficile à satisfaire, mais aussi parce que ces hommes, qui refusaient de s'engager et qui gardaient leurs distances, la sécurisaient. « Dans quel sens ? » lui demandai-je. Nous découvrîmes que Laure avait choisi des hommes avec lesquels, parce qu'ils avaient des frontières bien défendues et une capacité limitée d'aimer, elle n'était jamais tentée de laisser émerger un besoin d'intimité refoulé depuis longtemps. Elle n'avait jamais choisi un homme avec lequel elle avait l'impression de pouvoir sans crainte montrer ses peurs, ses inquiétudes, ses désirs profonds, son besoin d'exprimer ses sentiments et d'être rassurée. Pas plus qu'elle ne pouvait exprimer la colère qu'engendrait leur incapacité d'être là pour la rassurer. Le type de relation qu'elle avait avec les hommes comme Louis l'incitait à rester assise sur tous ces sentiments dont elle avait conclu il y a longtemps qu'ils étaient honteux et malvenus. Avec Louis et les autres, elle avait compris d'emblée qu'elle avait nettement intérêt à ne pas dévoiler ses attentes et ses besoins. C'était cela, la sécurité. Une sécurité glaciale.

Laure vit aussi que ses actions et ses choix perpétuaient les privations qu'elle avait subies dans l'enfance. Elle fit alors ce que Carole, Bertrand et bien d'autres font quand ils découvrent qu'ils sont attirés par des caractéristiques nocives pour eux : elle passa à l'autre extrême et se mit à sortir avec des hommes qui, sous bien des rapports, étaient tout le contraire de Louis. C'étaient de bons gars, mais ils étaient plutôt inquiets, manquaient d'assurance en société et semblaient plus que désireux de nouer une relation d'intimité. Elle eut beau faire des efforts, elle n'arrivait pas à s'enflammer pour eux. En fait, elle suffoquait. Non qu'ils fussent peu attirants en eux-mêmes ; d'autres femmes pourraient éprouver de l'attirance et se sentir à l'aise avec ces hommes plus sensibles et assoiffés de relation. Mais pour Laure, ils étaient aussi ennuyeux que du tofu. Elle craignait que l'alliage de leur besoin d'affection et de celui qui couvait en elle-même n'entraîne une dépendance affective poisseuse. Elle craignait aussi que son propre dynamisme et sa tendance à prendre les choses en main n'écrasent certains de ces hommes. En les voyant sous ce jour-là, elle pouvait difficilement brûler de passion à leur égard.

Durant cette période où elle ne pouvait pas revenir à des hommes comme Louis et où elle éprouvait de la répulsion pour les autres hommes plus disponibles sur le plan affectif, Laure était profondément découragée et craignait de ne jamais trouver une relation amoureuse. Petit à petit, elle comprit qu'elle était passée d'un extrême à l'autre, en s'efforçant de s'intéresser à des hommes qui, manifestement, ne l'excitaient pas. Elle remarqua alors qu'il y avait des hommes indépendants qui ne craignaient pas de montrer un besoin excessif d'attention ou leur vulnérabilité, qui pouvaient établir des limites claires sans s'emmurer, prendre soin d'eux-mêmes tout en étant aimants et demeurer séparés sans se sauver ni disparaître. Elle comprit qu'il existait des hommes qui pouvaient être ouverts, aimants et capables d'intimité sans noyer la relation dans la dépendance mutuelle. Elle ne voulait ni un Louis, ni son contraire, mais un homme suffisamment sûr de lui pour permettre une intimité soutenue sans avoir peur ni des forces très réelles ni du besoin d'affection naissant de Laure. Peu à peu, ce type d'homme lui parut non seulement « aussi bon pour elle que du tofu », mais également très intéressant et très « relevé ». Forte d'un optimisme renouvelé, Laure redirigea son regard vers les hommes qui étaient excitants et intéressants, malgré leur disponibilité réelle et affective. Et, comme c'est souvent le cas quand on se permet de voir ce sur quoi on fermait les yeux auparavant, ces hommes apparurent en plus grand nombre dans sa vie. L'un d'eux était Robert.

Les sociétés respectives de Laure et de Robert leur confièrent la tâche d'élaborer un projet de coentreprise. Tous deux se plaisaient manifestement ensemble et s'amusaient beaucoup, même si leur travail était souvent difficile et exigeant. Laure aimait la capacité de Robert de travailler avec créativité et dévouement sans se prendre lui-même ni prendre leur projet trop au sérieux. Elle aimait l'écouter parler de ses nombreux intérêts et le fait qu'il paraissait sensible aux révélations qu'elle lui faisait sur elle-même. Quand leur projet tira à sa fin, Robert l'invita à déjeuner. « Merci d'avoir rendu ces dernières semaines aussi gaies, lui dit-il. Mais je ne vous ai pas invitée à déjeuner uniquement pour vous remercier et vous dire au revoir. Je voulais surtout vous dire bonjour. J'éprouve une grande attirance pour vous, vous le savez sans doute, mais je ne voulais pas me lancer sur cette voie avant la fin du projet. J'ai l'impression d'avoir fourni des efforts particuliers pour que nous le terminions au plus vite et pouvoir vous inviter à déjeuner ! » Il arborait un large sourire. « Chaque soir en quittant le bureau, je me disais à quel point j'ai du plaisir en votre compagnie et comme vous êtes particulière. J'ai l'impression que nous ferions une belle paire, tous les deux. J'aime bien penser que vous êtes du même avis. Ou suis-je en train de prendre mes désirs pour la réalité ? »

Laure demeura stupéfaite devant tant de franchise. Répétait-il un numéro ? Le cas échéant, elle savait très bien comment jouer ce jeu. Mais en le regardant, elle ne pouvait douter de sa sincérité. Elle s'aperçut qu'elle souriait aussi franchement que lui. Elle se rendit compte également que cet étrange échange émotionnel lui procurait une excitation familière. « Une belle paire ? Ma foi, je pense que ça va être amusant de le découvrir. »

L'ANTIDOTE À SON ALLERGIE

Daniel est le professeur de sciences de vingt-neuf ans qui disait au chapitre premier : « Désormais, je suis allergique au genre de femme qui m'attirait autrefois et qui faisait de ma vie un enfer, et je n'éprouve plus d'attirance pour personne. J'ai l'impression d'être dans un vide. » Il avait eu deux relations sérieuses avec des femmes enjouées, séduisantes et dynamiques. « J'adore ces qualités, qui chassent le petit côté fade et monotone de la vie et qui la rendent beaucoup plus rigolote. J'étais très attirée par chacune d'elle et j'ai failli m'effondrer quand j'ai découvert que toutes deux m'avaient été infidèles, alors que nous nous étions mis d'accord pour être monogames. »

Daniel passa, lui aussi, à l'autre extrême, en sortant avec des femmes soumises et sérieuses. Il tenta de s'enflammer pour elles, mais sans succès. Il devait opérer deux changements à ce stade-ci. Tout d'abord, il devait chercher à rendre sa vie et ses humeurs moins « fades et monotones » afin de ne pas avoir besoin d'une femme inconstante et « excitée » pour y mettre de l'éclat et de la couleur.

Ensuite, il devait comprendre que, même s'il avait un faible pour les femmes énergiques, enjouées et sensuelles, il n'avait pas besoin de renoncer à ces qualités pour avoir une relation amoureuse. Bien des femmes énergiques et aimant le sexe sont tout à fait capables de s'engager dans une relation monogame. Daniel devait apprendre à faire la distinction entre une femme qui aime flirter par plaisir et une femme immorale et aguicheuse, entre une femme enjouée et une femme irresponsable, entre une femme sans souci et une femme insouciante. Il se demanda alors non pas pourquoi il avait choisi des femmes gaies, mais pourquoi il avait choisi des femmes qui le blessaient. Cela lui permit de rechercher les traits qui l'avaient toujours séduit, mais sous une forme inoffensive et positive.

INSENSIBILITÉ N'ÉGALE PAS SOLIDITÉ

La solitude que ressentait Corine dans son mariage avec Jacques l'avait amenée à se séparer de lui. Or, elle découvrit qu'il lui manquait souvent, ce qui l'étonna, car elle sentait qu'il y avait eu très peu de contact émotif entre eux. Petit à petit, elle se rendit compte que c'était, dans une large mesure, son attitude réservée, taciturne et renfermée qui l'avait séduite d'emblée. Elle avait quelque chose de solide comme le roc. Or, comme Corine avait été élevée dans une famille où les choses étaient souvent chaotiques et où les membres s'immisçaient souvent dans la vie privée les uns des autres, et qu'elle-même avait souvent l'impression de manquer d'assurance et de solidité, l'apparente « force tranquille » de Jacques avait exercé un puissant attrait sur elle. Toutefois, au fil des ans, à mesure que sa frustration croissait, elle finit par voir cette solidité moins comme une force que comme la défense désespérée d'un homme terrifié par ses sentiments et par l'intimité. Au cours d'une amère querelle qui les divisa après leur séparation, elle lui dit : « Je croyais que tu étais fort, mais tu es juste insensible. »

Pendant quelque temps, Corine essaya de se sentir attirée par des hommes qui étaient tout le contraire de Jacques : des hommes émotifs qui partageaient avec empressement toutes les nuances de leurs sentiments et qui voulaient tout savoir des siens. Elle les trouvait intéressants, mais ils l'embarrassaient et la laissaient de glace. Elle voyait bien que la « force tranquille » était encore un trait qui l'excitait chez un homme. Aussi, au lieu de rechercher des hommes contraires à Jacques, s'efforça-t-elle de faire la distinction entre les hommes qui semblaient forts parce qu'ils se défendaient rigoureusement contre leurs émotions et ceux qui étaient suffisamment sûrs

d'eux et bien dans leur peau pour être sensibles à ses sentiments et révéler les leurs.

Durant cette période de découverte et d'évolution, Jacques
traversait aussi des changements radicaux. Sa façade insensible n'était pas faite de granit. Il fut dévasté lorsque Corine le
quitta. De la souffrance, de la rage et un amour intense pour
Corine quittèrent un réservoir souterrain pour venir s'écraser à
la surface avec une telle force qu'il fut incapable de fonctionner pendant quelque temps. Cet homme, qui s'était moqué de
la psychothérapie et qui méprisait les gens qui « creusaient
trop », s'inscrivit en thérapie individuelle et en thérapie de
groupe. Il devait faire face à des sentiments depuis longtemps
refoulés, et il expérimentait le supplice et la joie d'être en contact avec lui-même et d'exprimer ce qu'il était à d'autres personnes. Il découvrit qu'il avait sans doute choisi Corine parce
que, comme elle avait besoin d'un homme froid et détaché de
ses sentiments, elle ne risquait pas de menacer ses défenses.
Maintenant, lui aussi ressentait le besoin de quelque chose de
différent. Dans ses contacts avec Corine, il put lui exprimer son
amour et lui expliquer les changements qu'il traversait. Il
l'affronta sur le fait qu'elle s'était faite la complice de son
« insensibilité » parce qu'elle avait besoin d'un roc sur lequel
s'appuyer. Il lui dit que désormais, il voulait, lui aussi, une relation plus riche et plus profonde. Elle découvrit qu'elle était
de nouveau attirée par lui et plus disposée à accorder une nouvelle chance à leur mariage.

RÉCEPTIVITÉ N'ÉGALE PAS BESOIN EXCESSIF D'ATTENTION

Quand Pierre, le biologiste, avait rompu avec Hélène, sa
dernière partenaire amoureuse, elle s'était accrochée à lui en
pleurant et il l'avait repoussée en criant : « Tu veux m'étouffer.
Fais-toi une vie à toi ! » Pierre reconnut bientôt qu'Hélène et
les femmes qui l'attiraient étaient plutôt immatures et dépendantes. Il se rendit compte que cette dépendance constituait un
fardeau intolérable pour lui qui avait besoin de temps pour se

plonger dans ses recherches. Il voyait aussi qu'il était attiré par ces femmes parce que ses doutes au sujet de son charme et de sa compétence lui faisaient craindre qu'une femme plus indépendante ne s'intéresse pas à lui ou finisse par le quitter. Ces découvertes l'amenèrent à tenir les propos suivants, cités au chapitre six : « Je ne suis pas certain de pouvoir changer facilement le genre de femme qui m'attire. Mais au moins, je suis décidé à ne pas tomber sans cesse amoureux du même type de femme dépendante que je décevrai et qui me décevra. »

Pierre se mit à sortir avec des femmes qui étaient à peu près du même âge que lui et qui, souvent, étaient des scientifiques comme lui ou qui avaient une autre carrière bien établie. Mais ces femmes semblaient tellement bien informées, expérimentées et indépendantes qu'il ne pouvait pas comprendre ce qu'elles pouvaient bien rechercher en lui. En thérapie, il comprit qu'il sous-estimait son charme auprès des femmes en raison de sa piètre estime de lui-même. Dès qu'il se permit de voir l'effet qu'il produisait sur bien des femmes, il fut plus à l'aise avec celles qui n'étaient pas des têtes sans cervelle. Ces relations demeuraient toutefois un peu ternes à ses yeux. Le stimulant supplémentaire qu'il trouvait auprès des femmes qui l'admiraient pour son savoir et qui aimaient apprendre de lui lui manquait. Il se demandait s'il lui faudrait renoncer à cet aspect émoustillant en s'éprenant d'une femme plus indépendante.

Lorsqu'il rencontra Lyne, qui avait fondé, dix ans plus tôt, une petite entreprise de publicité qui était devenue une agence de prestige, c'était la première fois qu'il s'intéressait à une femme qui comblait ses deux besoins à la fois. C'était une femme forte, indépendante et qui avait réussi, et cela le séduisait. Comme son agence et ses autres activités occupaient beaucoup de son temps, Pierre pouvait tout à loisir s'absorber dans son propre travail. En même temps, Lyne admirait ses travaux et adorait l'accompagner au concert et au musée, et voir à quel point il était cultivé et passionné. Elle lui dit, sans battre des cils, mais avec une affection et une appréciation sincères : « Quand je t'accompagne au musée, j'ai l'impression d'avoir mon propre guide. » Pierre me dit : « Je n'ai jamais cru que je pourrais avoir le beurre et l'argent du beurre. Mais je suppose qu'en comblant mes deux besoins au lieu d'étouffer le fait que j'aime vraiment jouer au professeur avec la femme de mon cœur, j'ai découvert que ces besoins n'étaient pas incompatibles. Lyne est une femme vraiment adulte, et cela me plaît. Pourtant, dans certains domaines, elle m'admire d'une manière qu'elle et moi apprécions vraiment. »

DIFFICILE, MAIS PAS IMPOSSIBLE À SATISFAIRE

Quand Henri eut enfin mis un terme à sa relation avec Régine et qu'il fut déterminé à ne plus avoir de relation avec des femmes qui se conduisaient mal envers lui, il se pencha sur ce dont il avait besoin à cette étape-ci de son voyage et parvint à la conclusion suivante : « Je veux que les années qui me restent soient tout à fait différentes des années précédentes : harmonieuses, remplies de plaisir et d'amour, et faciles. Je ne dis pas que je veux glisser passivement dans la vieillesse — je veux beaucoup de plaisir et d'aventures — mais je ne veux plus me battre pour amener une femme à être gentille avec moi. » Henri découvrit qu'il y avait bien des femmes qui étaient prêtes à être gentilles avec lui, parce qu'il était beau et intéressant, et qu'elles étaient charmantes. Il appréciait leurs attentions et leurs marques d'affection, mais il n'éprouvait pas vraiment d'amour ni d'attirance sexuelle pour elles.

Parfois, il se surprenait à s'ennuyer de Régine, malgré la façon avilissante dont elle l'avait traitée, ou peut-être à cause de cela. « Peut-être qu'on ne peut pas apprendre à un vieux singe à faire des grimaces, me dit-il. Je ne renouerai pas avec Régine ni avec personne comme elle, parce que je perdrais mon respect de moi et que cela me tuerait sans doute. La femme avec qui je sors à l'heure actuelle est aussi douce et sensible qu'une femme peut l'être, mais il n'y a pas de flamme, et cela me manque. Je devrai peut-être me contenter de la camaraderie sans la flamme, mais je ne suis pas certain d'être prêt pour cela. »

Puis Henri rencontra Élaine, qui avait entrepris des poursuites judiciaires contre sa chaîne de nettoyage à sec pour lui avoir gâché deux robes. Lorsqu'il se présenta à la cour des petites créances, Henri prit conscience de deux choses : primo, la demande d'Hélène était justifiée, secundo, il était très attiré par elle. Il chargea son avocat de régler l'affaire et invita Élaine à dîner. « J'aime la manière fringante dont vous avez défendu vos idées », lui dit-il au restaurant, tout en se demandant s'il n'était pas encore une fois attiré par le même genre de femme agressive et difficile à satisfaire qui l'avait tourmenté toute sa vie. Mais il sentait qu'elle était différente. « Elle peut être dure et défendre ses idées, et elle peut aussi se montrer très exigeante. Mais je ne crois pas qu'elle soit méchante », m'assura-t-il. Je l'invitai fortement à surveiller tout signe de méchanceté, mais ni lui ni moi n'en avons trouvé en elle. À l'occasion, elle pouvait être difficile et insister pour n'en faire qu'à sa tête, mais elle était franche et ne rabaissait pas Henri. Elle pouvait aussi se montrer très chaleureuse, affectueuse et protectrice à l'égard d'Henri.

Henri riait en me disant : « Je suppose que je ne serai jamais attiré par les femmes jolies et adorables, mais j'ai fait une importante découverte. Être difficile, ce n'est pas être impossible et être exigeant, ce n'est pas être méprisant. J'ai fait suffisamment de progrès pour pouvoir être séduit par une femme qui est difficile et exigeante sans être forcément impossible et méprisante ! »

NARCISSISME N'ÉGALE PAS CONFIANCE EN SOI

Dans presque tous les exemples cités ici, les personnes codépendantes présentent un trait commun : elles sont anormalement égocentriques et narcissiques. Différents drogués de l'amour peuvent être attirés par divers genres de narcissique (narcissique méchant, narcissique non disponible, et ainsi de suite). Mais il y a quelque chose dans le narcissisme qui est attirant en soi, du moins au début, pour beaucoup, et pas seulement pour les drogués de l'amour. Il y a longtemps, Sigmund Freud, dans un essai sur le narcissisme, avançait l'hypothèse selon laquelle l'attrait qu'exercent sur nous les êtres égocentriques tient au fait que nous prenons leur façon de se comporter de manière à être vus sous leur meilleur jour comme une manifestation de confiance en soi enviable. Dans la mesure où nous trouvons que nous manquons de confiance en nous-mêmes, nous pouvons trouver admirable leur sentiment de mériter ce qu'il y a de mieux et avoir envie d'entrer en contact avec ce sentiment.

Un commentaire de Laure illustre ceci. Je lui avais fait remarquer que l'objectif qu'elle semblait partager avec Louis était relié à la satisfaction des moindres besoins de celui-ci. Elle répondit : « Louis et les autres hommes qui m'ont obsédée faisaient toujours passer leur bien-être avant celui des autres. Ils n'avaient pas besoin de se mettre en frais pour mériter mon approbation, comme je le faisais pour obtenir la leur. Ils n'avaient pas besoin de veiller à mon bonheur, comme je veillais toujours au leur. J'admire cela, même si c'est à mes dépens. J'aimerais bien être comme eux. » Puis elle ajouta : « Après tout, c'est un signe de force, n'est-ce pas ? Cela ne reflète-t-il pas un ego sain ? »

Voici ce que je répondrais à Laure et à tant d'autres qui nourrissent cette conception erronée : « Non, ça ne l'est pas, du moins pour les narcissiques comme Louis, Marc, Diane, Régine ou d'innombrables autres. Ce que vous prenez pour de la force n'est que de la faiblesse. » Je dis cela parce qu'en jetant un regard pénétrant sur les narcissiques, on se rend compte que leur égocentrisme et leurs exigences découlent de sentiments cachés de honte, d'insuffisance et d'absence de valeur personnelle. Les psychothérapeutes marchent souvent sur des œufs avec leurs clients narcissiques, qui sont excessivement sensibles à tout commentaire perçu comme une critique ou une allusion à un défaut. Le simple fait d'insinuer qu'ils ont peut-être tort dans un conflit peut les blesser ou les rendre furieux. Les personnes qui ont vraiment confiance en elles ne sont pas aussi sensibles. Elles peuvent accepter la critique et reconnaître leurs imperfections. Et elles sont capables d'établir une relation aimante et réciproque.

Donc, si vous découvrez que vous êtes attiré par des personnes narcissiques, n'allez pas croire que leur comportement reflète une affirmation de soi saine et enviable. Cette modification de perspective vous préparera à deux changements que vous auriez peut-être intérêt à opérer. Le premier consiste à chercher à améliorer votre estime de soi au lieu de la dériver de votre attachement à quelqu'un. Une position aussi inférieure ne peut que diminuer et même détruire votre amour-propre. Le second consiste à chercher des partenaires qui s'estiment suffisamment pour n'avoir pas besoin de s'élever à vos dépens.

L'ART DU POSSIBLE

On appelle parfois la politique « l'art du possible ». De maintes façons, cette expression pourrait s'appliquer également au processus qui consiste à nouer une relation amoureuse. Certains drogués de l'amour, il est vrai, arrivent à s'affranchir de leur dépendance d'une manière si totale qu'ils tombent amoureux de personnes qui ne présentent aucune trace visible de la qualité toxique qui les attirait tant autrefois. Mais, comme nous l'avons vu, de nombreux autres peuvent être heureux avec des personnes qui possèdent un soupçon de l'ancien venin qui les attirait comme un aimant, mais sous une forme si édulcorée et si diluée que son potentiel destructeur est réduit à zéro. Si vous avez été dépendant de relations malsaines et que vous n'êtes décidément pas attiré par les personnes diamétralement opposées à vos anciens partenaires amoureux, essayez d'identifier les traits qui vous attirent et qui vous sont nocifs et réfléchissez à ce que pourrait être une forme moins maligne de ces traits. Par exemple :

- Si vous étiez attiré, mais blessé aussi, par des gens qui « vivent dangereusement »,
    cherchez quelqu'un qui
fait du parachutisme en chute libre au lieu de plonger dans la promiscuité sexuelle ou qui effectue des manœuvres ambitieuses dans sa carrière au lieu de parier l'argent du loyer au *black-jack*.

- Si vous étiez attiré par des gens qui avaient tellement peur de l'intimité qu'ils avaient besoin de plus d'espace qu'un astronaute,

    cherchez quelqu'un qui

    est engagé à fond dans ses activités et ses intérêts, mais qui ne craint pas l'intimité. Vous voulez une personne qui manque un peu de disponibilité pour vous exciter, mais qui ne vous donne pas pour autant le sentiment d'être abandonné.

- Si les gens qui vous intimident et vous effraient vous excitent aussi,

    cherchez quelqu'un qui

    peut piquer une vraie colère si vous lui fournissez une raison valable de le faire, mais qui ne deviendra ni sadique, ni méchant, ni violent.

- Si vous êtes attiré par les rapports de domination et de soumission,

    cherchez quelqu'un qui

    peut prendre part à ces jeux de pouvoir avec modération dans la vie de tous les jours ou combler ce besoin à travers la « simulation » dans des jeux sexuels ou non sexuels.

- Si les personnes dont le souci de l'apparence reflète une obsession narcissique vous attirent :

    cherchez quelqu'un qui

    possède un goût excellent et qui aime bien se vêtir sans en faire une religion personnelle.

- Si vous êtes séduit par les gens dont l'assurance en apparence imperturbable est en réalité un formidable égocentrisme qui vous laisse peu de place ainsi qu'à vos besoins,

    cherchez quelqu'un qui

    est doué d'un solide sentiment de sa valeur personnelle à partir duquel il peut entrer en contact avec vous.

- Si vous êtes attiré par des gens peu aimants et mesquins (peut-être pour compléter votre tâche, qui consiste à amener un parent peu aimant à vous témoigner plus d'affection),
cherchez quelqu'un qui
est réservé, taciturne et qui a du mal à exprimer verbalement son amour, mais qui est clairement capable d'en ressentir et d'être là pour vous rassurer.

- Si les gens qui ont une aile cassée (par exemple, les personnes alcooliques, toxicomanes ou droguées, dépendantes d'un comportement, dépressives, dont la vie professionnelle est ratée ou qui présentent toute autre faiblesse majeure) excitent votre compassion et votre passion, mais que vos efforts se résument à une opération de secours débilitante et interminable,
cherchez quelqu'un qui
possède certaines de ces caractéristiques qui vous attirent et la capacité de reconnaître ouvertement ses faiblesses, ainsi que la capacité d'affronter la vie d'une manière adéquate sans s'acharner à finir perdant.

- Si vous avez été plusieurs fois séduit, puis plaqué par une personne puérile, impulsive et toujours à la recherche d'une satisfaction immédiate,
cherchez quelqu'un qui
peut être enjoué, qui aime s'amuser et qui est spontané, mais qui se comporte aussi comme un adulte responsable.

- Si vous êtes attiré par des types arrogants et exigeants qui doivent toujours arriver à leurs fins,
cherchez quelqu'un qui
est fort et décidé, tout en étant souple, juste et capable de respecter vos besoins et opinions.

- Si vous avez souvent été entraîné dans des relations avec des gens qui vous marchent sur les pieds et que vous avez

besoin d'une personne en apparence forte et énergique,
cherchez quelqu'un qui
n'a pas besoin de vous marcher sur les pieds, mais qui ne vous laissera certainement pas marcher sur les siens.

- Si vous êtes attiré par des gens compulsifs et tellement décidés à garder leur vie en parfait ordre qu'il n'y a aucune place pour la flexibilité, la spontanéité ou vous-même,

cherchez quelqu'un qui
peut vivre d'une manière compétente et efficace sans être rigide au point de rétrécir sa vie et la vôtre.

Vous pouvez devenir un artiste du possible. Votre objectif est de trouver quelqu'un qui vous attire vraiment *et* avec qui vous pouvez avoir une relation agréable ; il ne s'agit pas seulement de trouver quelqu'un qui soit bon pour vous comme un aliment santé sans saveur ou un exercice assommant. La petite touche d'excitation et de séduction que vous recherchez peut exiger un soupçon de quelque chose qui ressemble au vieux truc destructeur, mais sous une forme inoffensive et même bénéfique. Ce soupçon ne garantit pas que vous éprouverez sur-le-champ une puissante attirance sexuelle. Il ne sera sans doute pas facile de passer à quelqu'un qui n'était pas « votre genre ». Évidemment, plus la personne présentera des similarités *bienfaisantes* avec les anciens objets *malfaisants* de votre passion sexuelle, mieux cela vaudra. Peut-être devrez-vous faire un effort délibéré pour vous concentrer sur les qualités les plus attirantes de votre nouveau partenaire. Après quelques sorties avec Pauline, Bertrand me confia : « Je dois apprendre à éprouver de la passion pour elle, même si elle est gentille et qu'elle ne me mène pas la vie dure. Certes, elle est séduisante, mais pour être véritablement excité par elle, je dois faire un zoom sur ses magnifiques pommettes et sur la mine boudeuse qu'elle arbore parfois. Ces traits exercent encore un attrait aphrodisiaque sur moi. » Mais comme ses sentiments pour Pauline s'approfondissaient, il put dire : « Ce n'est pas seulement ces détails qui m'excitent chez elle. C'est elle ! L'excitation et le charme se sont étendus à tout ce qu'elle est. Maintenant, je suis impatient d'être avec elle, de la toucher. Elle est tellement sexy. »

C'est ainsi qu'une passion déclenchée à l'origine par un ou deux attributs finit par l'être par la personne tout entière. Les sentiments croissants d'amour et d'affection prennent un caractère stimulant et érotique. Cela ne veut pas dire que vous pouvez fabriquer de la passion sexuelle avec rien. Mais si vous aimez une personne et qu'elle vous convient, concentrez-vous sur les qualités qui vous attirent et donnez à votre passion le temps de s'enflammer.

CHAPITRE 10

Se préparer à une vraie relation amoureuse

Un jour, pendant l'intervalle entre Marc et David, Carole me dit : « Je suis une femme très aimante et je me sens tellement prête à vivre une bonne relation amoureuse. »

— Vous avez certainement fait un grand pas dans cette direction en quittant Marc, répondis-je. Mais vous pourriez profiter de cette période pour voir si vous aussi possédez certaines lacunes dans votre capacité de former une relation amoureuse saine.

Carole était furieuse et blessée. « Voulez-vous insinuer que je n'ai pas ce qu'il faut pour établir une relation amoureuse ? J'étais vraiment amoureuse de Marc. Et même lui reconnaîtrait que j'étais généreuse et attentionnée. Rien ne cloche dans ma capacité de nouer une relation amoureuse, c'est Marc qui avait des lacunes. »

Dans des circonstances similaires, Henri aussi prit une attitude défensive et me dit : « J'étais très aimant avec Régine. Si elle avait été le moindrement prévenante et affectueuse à mon égard comme je l'étais envers elle, nous pourrions être au septième ciel. Le problème, c'est que j'étais trop aimant. »

Je comprends très bien l'irritation de Carole et d'Henri. Tous deux, manifestement, disaient la vérité. Ils avaient été profondément amoureux et avaient consacré beaucoup de temps et d'énergie à essayer de sauver leur relation. Mais comme nous l'avons vu encore et encore, le sentiment amoureux, s'il est essentiel à la formation d'une relation amoureuse, n'est cependant pas suffisant. Même le fait de consacrer beaucoup de temps et d'énergie à la relation n'est pas toujours suffisant. Beaucoup d'autres ingrédients sont nécessaires. Et si votre relation amoureuse est insatisfaisante, il se peut que l'intensité même de vos sentiments amoureux (ainsi que votre tendance à opérer de mauvais choix) ait dissimulé certaines lacunes dans votre capacité globale de nouer une relation amoureuse.

Quels facteurs entrent dans la capacité d'établir une relation amoureuse ? Nous en étudierons huit, tous cruciaux :

1. La capacité d'éprouver des sentiments d'amour romantique.

2. L'aptitude à voir son partenaire tel qu'il est vraiment.

3. L'aptitude à accepter son partenaire tel qu'il est vraiment.

4. L'aptitude à parler et à agir de façon aimante.

5. La capacité de se laisser aimer.

6. L'aptitude à créer équilibre et réciprocité.

7. Le courage de courir des risques au nom de l'amour.

8. Un effort soutenu pour accroître son individualité et pour élargir son univers.

Nous examinerons chaque facteur individuellement : la nature de ce facteur, comment il peut s'être affaibli en vous et ce que vous pouvez faire pour le fortifier et le développer. Pour tirer le meilleur parti possible de cette exploration, je vous déconseille de vous concentrer sur les défauts de votre partenaire, ce que vous avez souvent dû faire jusqu'ici. En effet, le moment est venu de jeter un regard stoïque sur vos propres forces et faiblesses en tant que partenaire amoureux. Cette tâche ne sera ni facile ni agréable. Dans *Demian*, Herman Hesse dit : « Je me rends compte aujourd'hui qu'il n'y a rien de plus désagréable au monde que d'emprunter le chemin qui mène à soi-même. » Même s'il n'est pas toujours rose de s'autoévaluer honnêtement, rappelez-vous que le chemin qui conduit à soi-même est aussi la meilleure voie vers une relation amoureuse vraiment satisfaisante.

1. LA CAPACITÉ D'ÉPROUVER DES SENTIMENTS D'AMOUR ROMANTIQUE

Quelle est cette chose que l'on appelle amour romantique ? Il est clair que l'intensité émotive, l'*excitation* et la *passion* sont essentielles à l'expérience de l'amour romantique. Mais, comme nous l'avons vu, ces sentiments, aussi tumultueux, extatiques et enthousiastes soient-ils, ne suffisent pas à créer une *relation* amoureuse romantique vraiment satisfaisante. Celle-ci exige en effet de nombreux brins additionnels d'affection, d'affinités et d'engagement. Mais une relation doit contenir un degré satisfaisant de passion et d'intensité émotive pour que nous la vivions comme un amour romantique. Je suis d'accord avec la description que fait Nathaniel Branden de l'amour romantique : « un attachement

spirituel-affectif-sexuel passionné entre deux personnes, qui reflète une grande considération pour la valeur de chaque partenaire en tant que personne. » Branden poursuit en disant :

> Je ne considère pas une relation comme romantique si les partenaires n'ont pas l'impression d'éprouver un attachement passionné ou intense… s'ils n'ont pas le sentiment d'être en quelque sorte des « âmes sœurs » ; s'ils ne sont pas profondément engagés sur le plan affectif… et s'ils n'éprouvent pas une admiration mutuelle.

Si votre capacité d'éprouver des sentiments d'amour romantique vous a exposé à des expériences douloureuses, vous pourriez bien en avoir conclu que les infirmes de l'amour comme Marc sont les plus heureux de la terre. Un jeune homme avec qui j'ai travaillé me disait : « La chanson se trompe : ce sont ceux qui n'ont *pas* besoin des autres qui sont les plus chanceux du monde. »

Mais en dépit du fait que l'amour romantique peut faire ressortir les aspects les plus irrationnels et puérils de nous-mêmes ainsi que nos insuffisances, malgré le fait qu'il peut nous rendre plus sujets aux blessures émotives, à la déception et à la perte d'autonomie, l'amour romantique est essentiel à la formation

d'une relation amoureuse et peut la cimenter, grâce aux épreuves et aux conflits que cette relation devra affronter. Il peut rendre l'ordinaire exceptionnel, ajouter de la beauté à ce qui est banal, tant à nos propres yeux qu'à ceux de l'être aimé. Et la beauté que nous trouvons alors dans l'autre possède sa propre réalité.

L'amour romantique peut faire ressortir non seulement le pire, mais aussi le meilleur de nous-mêmes. Il peut exalter notre expérience sexuelle en lui donnant un caractère unique, en y ajoutant une touche de joie, d'intimité et d'intemporalité, et en causant même une fusion temporaire qui entraîne souvent une extraordinaire régénération. Il peut nous amener au-delà

de nous-mêmes, dans le souci et l'affection que nous portons à notre bien-aimé. Il peut nous propulser hors de notre égocentrisme ou, à tout le moins, nous inciter à considérer notre bien-aimé comme une partie de nous-mêmes. Voici comment Ethel Person décrit ce phénomène :

> L'amour romantique, dans l'expérience subjective de la personne, est une émotion d'une intensité extraordinaire. L'expérience de l'amour peut arrêter le temps, nous donnant ainsi l'occasion unique de vivre dans le présent… L'amour peut nous donner un sentiment de justesse, de paix et de richesse intérieures, ou constituer une façon… d'agrandir et de transformer le soi. C'est pourquoi il est un mode de transcendance.

Notre capacité d'éprouver des sentiments d'amour romantique peut être contaminée par notre soif d'attachement car, en s'associant à cette soif, ces sentiments revêtent un caractère urgent et désespéré. Par conséquent, au lieu d'« élargir et de transformer le soi », ils le déforment et le rétrécissent. *Cette différence, qui veut que la passion amoureuse nous rende plus vastes, tandis que la codépendance nous diminue inévitablement, est cruciale, même si toutes deux peuvent être ressenties comme un amour romantique.* Les personnes souffrant d'une dépendance — ce cocktail meurtrier d'amour romantique et de soif d'attachement — voient généralement les actions inspirées par cet amour comme étant très aimantes. Ceci explique pourquoi Carole et Henri se sont mis en colère quand j'ai insinué que leur capacité de former une relation amoureuse laissait à désirer. Pourtant, leurs actions, caractérisées par la soumission et une absence de respect de soi, étaient plus masochistes que vraiment aimantes. Leur capacité d'éprouver des sentiments d'amour romantique, tels que nous les avons définis, était affaiblie, mais ils n'en étaient pas conscients, car ils la confondaient avec celle d'avoir une relation amoureuse.

S'ils veulent améliorer leur capacité d'éprouver des sentiments d'amour romantique, la plupart d'entre vous devront dissocier cette capacité mature d'aimer de la soif d'attachement infantile, qui réduit l'amour à quelque chose d'étroit et de masochiste. Mais certains d'entre vous peuvent se heurter à divers problèmes causés par les faiblesses et fluctuations de leur capacité d'éprouver des sentiments d'amour romantique. Peut-être avez-vous tendance à exclure les relations prometteuses qui nécessitent de la persévérance et du travail. Ou peut-être que votre capacité réduite d'aimer fait en sorte que vous n'êtes plus lié à votre partenaire que par votre soif d'attachement, sans la passion exaltante et l'excitation transcendante que l'amour romantique donnerait à votre relation.

Les ennemis jumeaux de votre aptitude à faire appel à vos sentiments d'amour romantique pour former une relation amoureuse sont, dans ce cas, la déformation et la dilution de cet amour par la soif d'attachement ainsi que la capacité réduite de se sentir amoureux. Dans une grande partie du présent ouvrage, nous avons concentré notre attention sur la première, soit sur ce qu'on peut faire pour reconnaître et maîtriser sa soif d'attachement. Quant à la seconde, si vous pensez que votre aptitude à éprouver des sentiments d'amour romantique présente des lacunes, vous devez scruter attentivement votre histoire personnelle à partir de la prime enfance, pour voir ce qui aurait pu émousser vos sentiments. Voici quelques questions que vous auriez intérêt à explorer :

- Ai-je déjà éprouvé des sentiments d'amour romantique ? Quand j'étais enfant ou adolescent, ai-je déjà eu le béguin pour quelqu'un ? Que s'est-il passé alors ?
- Exprimait-on des sentiments d'amour romantique à la maison ?
- Y a-t-il eu, entre moi et l'un ou l'autre membre de ma famille des contacts sexuels déplacés qui m'ont appris à craindre la passion ? Ou ai-je été effrayé par mes propres fantasmes tabous et mes envies de sexe, de passion et d'amour ?
- A-t-on ridiculisé ou rabaissé mes sentiments amoureux ?
- Est-ce que j'essaie très fort de me débarrasser de mes sentiments d'amour romantique ou de les réprimer parce qu'ils m'apparaissent stupides, dangereux ou parce qu'ils me rendent vulnérables ?

- Est-ce que je crois, au fond, que l'amour romantique est toujours irrationnel, immature et névrotique ?
- Que se passerait-il, selon moi, si j'éprouvais des sentiments d'amour romantique pour quelqu'un ?

En général, deux facteurs principaux pourraient avoir émoussé votre capacité d'aimer : 1) l'absence de modèles pour ce genre de sentiment et de comportement pendant votre croissance ; 2) le fait qu'éprouver et exprimer des sentiments d'amour romantique a entraîné des conséquences traumatisantes ou honteuses qui vous ont effrayé et qui vous effraient encore. Cela ne signifie pas que l'on ne peut pas avoir de relation aimante et compatissante sans un profond sentiment d'amour romantique. Bien des gens sont satisfaits de ce genre de relation. Mais si vous voulez une expérience plus transcendante ou si vous croyez que son absence vous enlève la motivation nécessaire pour édifier une relation vraiment satisfaisante, alors cet examen de conscience vous sera utile. Faites-le dans le but d'identifier et d'atténuer vos peurs, de vous permettre de découvrir de nouvelles façons d'aimer, et d'accepter vos propres pensées et sentiments d'amour romantique.

2. L'APTITUDE À VOIR SON PARTENAIRE TEL QU'IL EST VRAIMENT

En général, les drogués de l'amour n'ont pas une perception juste de leurs partenaires. Si vous faites partie de ce groupe, il se peut que vous atténuiez ou même que vous bloquiez les traits négatifs de votre partenaire, comme Carole le faisait en voyant Marc comme un chic type qui avait juste peur de s'engager ou comme Henri, qui voyait Régine comme une femme fière plutôt qu'une femme agressive et peu aimante.

Vous faites peut-être même plus que vous aveugler sur les faiblesses de votre partenaire. Quand votre enfant intérieur en mal d'affection prend le dessus, il peut influencer votre perception afin de rendre votre partenaire conforme à vos besoins. Le film *La ruée vers l'or* comporte une scène hilarante et en même temps terrifiante : une formidable tempête de neige retient Charlie Chaplin et un autre homme dans une cabane en Alaska ; ils n'ont plus rien à manger. Alors qu'ils sont presque morts d'inanition, l'ami de Charlie perçoit soudain celui-ci comme un poulet géant qu'il pourchasse dans l'intention d'en faire un repas fort nécessaire. De même que la faim de son compagnon a transformé Charlie en une source de protéines vivante, votre soif d'attachement peut, dans votre esprit, métamorphoser votre partenaire en un être capable de satisfaire des besoins tellement puissants que vous ne le voyez plus tel qu'il est vraiment*.

Cette distorsion peut menacer une relation amoureuse de trois façons. Premièrement, elle peut vous causer de multiples déceptions reliées à des questions futiles. Par exemple, vous achetez des billets pour un concert en étant certain que votre partenaire voudra y assister ; mais si vous le connaissiez mieux, vous sauriez qu'il n'aime pas aller au concert. Ces déceptions peuvent avoir trait à des questions plus importantes : vous croyez que votre partenaire nourrit les mêmes croyances et désirs profonds ou souhaite le même genre de vie que vous, ou vous pensez connaître ses préférences sexuelles. La deuxième menace que pose la distorsion tient au fait que ces inévitables déceptions sont susceptibles de provoquer de fréquentes colères et un conflit permanent entre vous deux. La troisième, c'est que votre partenaire, ne se sentant pas perçu tel qu'il est, fera exactement comme Charlie Chaplin lorsqu'il voit qu'on le prend pour un poulet : il s'enfuira sans demander son reste. Il est frustrant et même exaspérant de ne pas être vu tel que l'on est. Même si nous nous mettons tous en frais de dissimuler une partie de notre vie intérieure et de nos comportements, nous voulons aussi être

---

* De nombreux siècles avant Charlie Chaplin, Platon rapportait ainsi les paroles de Socrate à Phèdre : « ... sache que l'amour que vous porte un amant ne part pas de bonnes intentions, mais qu'il s'apparente à une sorte de faim qui cherche à s'assouvir. Les loups raffolent des agneaux, voilà ce qu'on pourrait dire des amoureux qui aiment leur amoureux. » [Phèdre] Ce qui est clairement sous-entendu ici, ce n'est pas seulement la distorsion de l'être aimé en fonction du besoin de l'amoureux, mais également une tentative de le dévorer et de supprimer son identité distincte pour assouvir ce besoin. Une telle tentative est, certes, le contraire même du fait de voir, d'accepter et d'apprécier la personne aimée pour ce qu'elle est à part entière.

connus intimement par les personnes de qui nous sommes le plus proche. Si nous ou notre partenaire avons l'impression de ne pas être vraiment vus tels que nous sommes, cela peut entraîner un sentiment de privation si important que le tissu de la relation amoureuse risque de se désintégrer.

Comment pouvez-vous améliorer votre capacité de comprendre votre partenaire ? Commencez par le *prendre au sérieux* chaque fois qu'il se plaint de ne pas être vu ou d'être incompris. Souvenez-vous que, même si notre discussion tournait autour des distorsions qui « embellissent » la réalité, vos distorsions peuvent aussi en dépeindre un tableau sombre et irréaliste. Il existe trois mécanismes de distorsion dont vous devez prendre conscience :

- Votre soif d'attachement peut vous pousser à *attribuer* à votre partenaire toutes sortes de caractéristiques qui servent à combler vos besoins (par exemple, vous le voyez comme un être fort et plein d'assurance, et vous ne tenez pas compte de sa vulnérabilité et de ses sentiments d'insécurité) ou à présumer qu'il possède les mêmes qualités que vous (par exemple, vous le trouvez aussi généreux que vous, alors qu'il ne l'est pas).
- Vous pouvez *transférer* sur votre partenaire des aspects négatifs empruntés à des personnes et des expériences de votre passé (par exemple, vous interprétez à tort certaines actions comme étant peu aimantes ou méchantes parce qu'elles vous rappellent une personne de votre enfance).
- Vous pourriez *projeter* sur votre partenaire des aspects négatifs de vous-même que vous refusez d'assumer (par exemple, vous voyez sans raison votre partenaire comme un être dominateur et manipulateur au lieu de reconnaître ces tendances en vous-même).

En général, ces mécanismes d'attribution, de transfert et de projection s'exercent à votre insu. Mais dès l'instant où vous reconnaissez que vous regardez peut-être votre partenaire à travers une lentille déformante, vous pouvez vous efforcer d'affiner vos perceptions. La clé consiste à cesser de croire que vous connaissez les pensées et sentiments de votre partenaire et à les *vérifier* plutôt. Il me revient en mémoire un exemple pertinent mettant en cause Laure et Robert, l'homme avec qui elle avait amorcé une relation prometteuse. De toute évidence, Robert était très épris de Laure, mais la tendance de Laure à mener Robert à la baguette et à le dominer commençait à l'ennuyer. Aussi vinrent-ils me consulter ensemble. Au moment où ils prenaient place dans mon bureau, Laure dit à Robert : « Avant d'oublier, je t'informe que Laurent et Sandrine m'ont demandé si nous pouvions les aider à ouvrir leur résidence d'été. Ce sera beaucoup de travail, mais je leur ai dit que nous irions avec plaisir. » L'expression de Robert exprimait plus que de la consternation : on aurait dit que quelqu'un lui avait flanqué une couche sale sous le nez. Laure ne s'aperçut de rien et continua de parler du plaisir qu'ils auraient pendant le week-end. Je lui demandai quelle était, selon elle, l'opinion de Robert là-dessus.

— Oh ! il adore faire ce genre de chose, répondit-elle.

— Posez-lui la question, suggérai-je. Ce qu'elle fit.

— À vrai dire, répondit Robert, après la semaine que je viens de passer au boulot, la dernière chose qui me tente, c'est bien d'ôter des volets et de balayer la maison de quelqu'un d'autre.

Laure tombait des nues. Elle était tellement sûre que Robert voulait la même chose qu'elle voulait, qu'elle n'avait pas reconnu le dégoût manifeste qui s'était peint sur le visage de Robert. Elle avait estompé les frontières entre sa vie intérieure et la sienne. Au fil de notre exploration, il devint clair que la plupart de leurs conflits n'étaient pas reliés à la volonté dominatrice de Laure, mais au fait que sa tendance à attribuer ses propres désirs et préférences à Robert l'aveuglait sur les véritables sentiments de celui-ci. En conséquence, il avait l'impression qu'elle ne tenait pas compte de lui et qu'elle lui marchait sur les pieds. Et comme il voulait éviter tout affrontement, il refoulait souvent ses sentiments et laissait la colère monter en lui. Nous nous efforçâmes d'amener Robert à s'exprimer plus facilement et Laure à vérifier auprès de lui ce qu'il ressentait. Elle vit de plus en plus nettement comment elle déformait ses perceptions et les raisons qui la poussaient à le faire, et perçut Robert d'une manière de plus en plus réelle.

Pour améliorer votre capacité d'entretenir une bonne relation amoureuse, prenez conscience que vos souhaits, attentes et expériences passées peuvent déformer la vision que vous avez de votre partenaire. Faites un effort pour être sensible tant aux mots qu'à la musique que diffuse votre partenaire. Ne supposez pas que, parce que vous l'aimez, vous connaissez d'instinct ses sentiments et préférences. Encouragez-le à les exprimer. Et s'il subsiste un doute dans votre esprit quant aux messages que vous recevez, clarifiez-les avec lui.

3. L'APTITUDE À ACCEPTER SON PARTENAIRE TEL QU'IL EST VRAIMENT

Il est parfois rebutant de voir son partenaire tel qu'il est vraiment et cela peut signifier la fin de la relation. On le comprend aisément si ce que l'on voit est peu attirant, déplaisant ou troublant. Mais souvent, nous percevons un mélange de qualités, de croyances, d'objectifs, de valeurs, de préférences et de façons de penser, dont certains nous paraissent sympathiques et d'autres, ennuyeux sans être forcément intolérables. Il ne fait aucun doute que votre partenaire serait différent si vous aviez dessiné le plan original ou si, même aujourd'hui, vous pouviez trafiquer sa programmation. Mais votre partenaire est ce qu'il est. Si, après avoir perçu clairement votre partenaire, vous voulez toujours une relation amoureuse, vous devez vous efforcer de l'accepter tel qu'il est dans sa totalité et avec amour.

Il y a bien des années, j'assistais à un banquet donné en l'honneur du soixante-dixième anniversaire de l'éminent psychologue Carl Rogers. Bien que je n'aie pas en ma possession le texte du discours que prononça celui-ci après le banquet, l'essentiel du discours est demeuré gravé dans ma mémoire. Rogers déclara que, en ce qui concernait sa croissance personnelle, sa tâche primordiale et continue consistait à augmenter sa capacité d'accepter les personnes de sa vie telles qu'elles étaient et que, plus il y parvenait, plus sa vie devenait intéressante et passionnante. Puis il employa une analogie que je n'ai jamais oubliée. Il nous fit remarquer que tout le monde aimait les couchers de soleil et il s'interrogea sur la cause de ce phénomène. Il décida qu'elle tenait au fait non seulement que les couchers de soleil étaient colorés, mais qu'ils se développaient indépendamment de notre influence et de notre volonté. Si nous pouvions avoir une influence sur les couchers de soleil en tournant une manette qui ajouterait un peu de magenta ici, un peu d'indigo là, nous finirions par nous en lasser. Car ils seraient limités par nos propres limites et ils perdraient leur pouvoir de nous émerveiller. Il en va de même, croyait Rogers, avec les personnes qui nous entourent. Nous devons augmenter notre capacité d'accepter et d'apprécier leur évolution sans vouloir la diriger.

Pour aussi frappante qu'elle soit, cette analogie renferme une recommandation difficile à appliquer. Comme il est ardu pour nous de ne pas influencer, manipuler et même forcer l'autre à être ce que nous voudrions qu'il soit ! Et il faut se garder de ne pas l'interpréter de travers. Elle fait écho à l'idée avancée par des écrivains comme Ken Keyes, selon laquelle il faut, pour avoir une relation amoureuse, apprendre à cultiver l'*amour inconditionnel*. Or ce concept, à l'instar de bien d'autres concepts excellents, peut être utilisé à mauvais escient. À un certain moment, Carole, qui venait de terminer la lecture du livre de Keyes intitulé *The Power of Unconditional Love* (Le pouvoir de l'amour inconditionnel), me dit : « Vous voyez, il n'y a rien qui cloche dans le fait que j'aime Marc. Peut-être qu'au fond, j'aurais dû l'aimer d'un amour plus inconditionnel même s'il se conduisait mal envers moi et même s'il voyait d'autres femmes. Il est comme ça, c'est tout. » Voilà un malentendu courant au sujet de l'amour inconditionnel. Je lui fis remarquer que Keyes explique clairement que, tout en aimant une personne, il peut « rejeter en entier et même s'opposer activement à ce que cette personne dit et fait ». S'il ne fait aucun doute qu'il est bon de cultiver l'amour inconditionnel, cela ne veut pas dire que nous pouvons avoir une relation amoureuse avec n'importe qui, peu importe son attitude et sa conduite à notre égard. Keyes écrit :

Si une personne aimante utilisait *uniquement* l'amour comme critère pour choisir un partenaire, ce serait comme acheter une voiture parce qu'elle possède un volant. Comme toutes les voitures sont munies d'un volant, il nous faut d'autres critères pour faire notre choix.

Aussi intéressantes que soient les notions d'« acceptation aimante » et d'« amour inconditionnel », il faut éviter de les utiliser pour se justifier de poursuivre une relation avec une personne violente ou mesquine. Cette erreur d'interprétation, que commet Carole, transforme ces notions constructives en rationalisations destructrices qui vous permettent d'être encore plus masochiste. Par ailleurs, Carole fit par la suite un meilleur usage de ces concepts tout en acceptant David d'une façon aimante. Même si elle l'adorait, elle était très consciente de ne pas aimer ni accepter tout ce qu'il faisait. « Je déteste cela quand il traverse des périodes d'insécurité professionnelle. Il devient alors grincheux et soucieux. Mais dans l'ensemble, j'accepte ces humeurs qui font partie de lui parce qu'elles ne sont pas trop fréquentes et que j'arrive à les supporter sans trop m'en faire. Parfois, je me tiens loin de lui, parfois, je le dorlote et parfois, je lui dis que j'en ai ras-le-bol de son humeur maussade. Il nous arrive de nous disputer à ce sujet. Mais je n'ai jamais l'impression d'accepter une chose qui me fait du tort, comme j'acceptais l'attitude caustique de Marc. Pas plus que je ne me contente d'une relation sans passion comme je l'ai fait quand j'essayais de m'amouracher d'hommes uniquement parce qu'ils étaient le contraire de Marc. J'accepte David tel qu'il est parce que je l'aime, que la plupart du temps je me sens merveilleusement bien avec lui et que les détails qui me déplaisent chez lui m'importent peu. »

Même si vous risquez d'exercer votre amour inconditionnel d'une manière destructrice, il n'en reste pas moins que cultiver cette capacité est un élément crucial de la préparation à une relation amoureuse et qu'elle entraîne plusieurs effets positifs :

- L'augmentation de votre capacité d'aimer signifie qu'il y a un plus grand nombre de personnes avec lesquelles vous pouvez être aimant. Elle crée un plus grand « réservoir » de partenaires avec qui vous pourriez développer l'intimité et la compatibilité essentielles à une bonne relation amoureuse.

- Quand vos sentiments amoureux ne dépendront plus du fait que les autres agissent en fonction de vos besoins, la colère, les conflits et les déceptions qui peuvent handicaper ou tuer une relation diminueront. Votre partenaire et vous serez plus libres d'être vous-mêmes.

- Votre capacité croissante d'aimer vous rend plus sympathique. En étant aimant, vous encouragez les autres à manifester leur amour. (Et si l'autre personne réagit plutôt par la peur ou en tentant de vous manipuler ou de vous exploiter, vous saurez qu'elle n'est pas un bon candidat pour une relation amoureuse.)

- La capacité d'aimer est une aptitude générale et fondamentale qui peut être dirigée non seulement vers les autres, mais aussi vers l'intérieur sous forme d'une saine estime de soi. Cela vous permet d'aimer une autre personne profondément sans renoncer à votre droit de penser à vos propres intérêts dans la relation. En conséquence, vous serez mieux apte à veiller à ce que l'on vous traite avec respect et considération.

- Devenir plus aimant est agréable. Cela vous donne une meilleure image de vous-même et du monde. Même l'amour codépendant que vous éprouviez autrefois renfermait des éléments d'amour et d'engagement sur lesquels vous pouvez construire. Il peut ainsi constituer une étape significative dans l'évolution de votre capacité d'aimer.

Nous approfondissons notre capacité d'aimer chaque fois que nous nous permettons de voir notre partenaire clairement et de l'accepter tel qu'il est en dehors de nos besoins et exigences.

Nous pouvons décider si notre relation amoureuse comporte suffisamment d'ingrédients sains pour nous inciter à tout faire pour qu'elle réussisse.

4. L'APTITUDE À PARLER ET À AGIR DE FAÇON AIMANTE

Il ne suffit pas de *se sentir* aimant à l'égard d'une autre personne. Pour qu'une relation amoureuse s'enracine et grandisse, l'amour doit s'exprimer sous une forme que l'autre peut recevoir. Comme le dit la chanson de *My Fair Lady*, « Si vous m'aimez, montrez-le-moi. » Trop souvent, il existe entre l'amour et son expression un barrage qui peut laisser l'objet de cet amour assoiffé, même s'il côtoie de très près un réservoir invisible d'affection.

Si vous avez déjà été en relation avec une personne qui n'exprimait pas son amour d'une manière significative pour vous, vous savez à quel point cela est frustrant. Peut-être comptez-vous parmi les nombreuses personnes qui ont eu la même réaction que Corine quand elle demandait à Jacques s'il l'aimait et qu'il répondait : « Je suis là, non ? » Si celui qui prononce ces mots ressent vraiment de l'amour, cette réponse insignifiante ne communique pas clairement ce sentiment. L'entendeur reste à se demander si le problème réside dans une absence de communication adéquate ou dans l'absence de sentiment. Mais, au lieu de vous contenter de blâmer votre partenaire, vous devriez examiner si vous aussi avez négligé de communiquer votre amour sous une forme qu'il pouvait recevoir. Nous avons tous notre propre langage verbal et non verbal, nos propres façons de donner et de recevoir de l'amour. Si les partenaires ont un langage amoureux similaire, cela crée une aisance, un courant et un sentiment de profonde gratification dans le couple. Mais si chacun parle un langage différent, les partenaires peuvent se sentir confus et privés d'amour. Pendant que vous tentez de cultiver votre capacité d'établir une relation amoureuse saine, il est important que vous vous sensibilisiez à la sorte de communication amoureuse qui est importante pour votre partenaire et que vous deveniez plus réceptif aux façons dont lui-même exprime son amour.

Jacques, par exemple, aimait profondément Corine, mais il devait comprendre qu'en n'exprimant pas son amour d'une manière que Corine pouvait recevoir, il la blessait et nuisait à sa relation. Il dut apprendre à exprimer cet amour avec plus de clarté et de sensibilité. En même temps, Corine dut se familiariser avec les diverses façons dont Jacques lui manifestait son amour. Elle dut reconnaître qu'il lui témoignait son affection quand il venait la chercher au travail après une rude journée, quand il réservait une table loin des courants d'air au restaurant pour qu'elle ne soit pas incommodée, quand il veillait à ce que sa voiture soit bien entretenue et, se montrant un peu plus romantique, quand il lui offrait des présents inattendus (même s'il lui arrivait d'oublier son anniversaire). Corine dut apprendre également à montrer à Jacques que ces gestes aimants suscitaient en elle des sentiments positifs à son égard.

Ensuite, Jacques dut comprendre que, s'il aimait entendre les paroles appréciatives de Corine, celle-ci voulait aussi entendre les siennes.

Vous devez communiquer votre amour non seulement en paroles mais aussi en actes. Après tout, les mots signifient peu de chose s'ils servent à remplacer les actions aimantes ou à adoucir les gestes peu aimants. Comme dans le cas des mots, vous devez vous sensibiliser aux gestes qui donnent à votre partenaire l'impression d'être aimé. Ils peuvent différer de ceux qui font que vous vous sentez aimé ou de ceux dont votre dernier partenaire ou vos parents avaient besoin pour se sentir aimés.

Je pourrais dresser une longue liste des plaintes de ceux de mes clients qui trouvaient le comportement de leur partenaire peu aimant, mais je préfère citer les personnes qui se sentaient aimées à travers les actions de leur partenaire :

« Mon ex-partenaire prévoyait de nombreuses activités sociales tous les week-ends, même si je lui disais que j'avais besoin de passer des moments en tête-à-tête avec elle. C'est merveilleux d'être avec quelqu'un qui comprend mon besoin et qui veille à ce que nous ayons des moments de tranquillité ensemble. »

« Quand il savait que j'avais eu une dure journée au boulot, il disait : " Je vais te faire ta soupe préférée ce soir ", et il tenait parole. »

« Il sait que parfois, j'ai besoin d'être tenue et caressée longtemps avant de me détendre pour faire l'amour, et, dans ces moments-là, il progresse lentement et avec sensibilité. »

« Elle me donne un coup de main dans l'appartement sans que j'aie à le lui demander comme j'ai parfois dû le faire avec d'autres partenaires dans le passé. »

« Elle sait que je déteste faire la queue pour voir un film et elle est toute disposée à attendre, pour le voir, qu'un film soit sorti depuis quelque temps et que les files d'attente soient moins longues. » Ou le contraire : « Elle savait que je mourais d'envie de voir ce film et elle m'a suggéré qu'on aille le voir même si elle déteste les longues files d'attente. »

« Elle sait qu'il y a certains gestes qui m'excitent vraiment et elle s'en souvient sans que j'aie à les lui rappeler chaque fois. Elle me rend fou de désir. »

« Il sait que je serai probablement tendue après avoir passé la journée avec ma mère. Quand j'ai passé du temps avec elle, il me prend dans ses bras ou me laisse tranquille, selon mon besoin. Cela me donne le sentiment d'être comprise et aimée. »

« Elle sait que je suis soupe au lait, mais elle laisse l'orage passer au lieu de le changer en Troisième Guerre mondiale. J'ai le sentiment qu'elle me comprend et qu'elle m'aime. » Ou le contraire : « Il sait que ses colères noires me secouent et il fait de gros efforts pour se retenir. »

« Il sait que je m'inquiète quand il doit travailler très tard et il me prévient toujours. » Ou le contraire :

« Elle sait que je déteste me sentir obligé de faire mon rapport ou être surveillé, aussi n'exige-t-elle pas que je la prévienne. J'apprécie cela. »

Si vos partenaires précédents se plaignaient de ne pas se sentir compris ni aimés, prenez ces affirmations suffisamment au sérieux pour effectuer un examen de conscience honnête. Et si vous vous sentez incapable d'exprimer votre amour dans le langage verbal et non verbal que votre partenaire comprend, demandez-vous d'où vous vient cette incapacité.

Plusieurs facteurs peuvent vous empêcher d'exprimer efficacement votre amour. Le plus simple est de *ne pas savoir comment*, peut-être parce que vous avez été élevé dans une famille où l'expression de l'amour et la sensibilité empathique à l'égard des sentiments et besoins des autres présentaient de graves lacunes. Dans ce cas, vous devrez effectivement cultiver une nouvelle aptitude, apprendre un nouveau langage. Un deuxième facteur tient au fait que *vous ne vous rendez peut-être pas compte que le langage amoureux de votre partenaire est différent du vôtre.* Vous présumez peut-être à tort que tout le monde parle le même langage que vous et, par conséquent, vous n'êtes pas sensible aux besoins uniques de votre partenaire ni n'entendez ses témoignages d'affection. Un troisième facteur est relié au fait que *vous craignez peut-être que le fait d'exprimer votre amour par des paroles et des actions directes et faciles à comprendre ne vous rende vulnérable.* L'expression de l'amour entraîne une certaine nudité et vulnérabilité. Vous pourriez être particulièrement vulnérable si vous avez connu l'embarras ou le rejet, ou si vous avez été exploité après avoir exprimé des sentiments d'amour dans votre enfance. Mais le fait de *ne pas* communiquer votre amour d'une manière ouverte et pertinente constitue une menace bien plus grande pour vous et pour votre relation. Enfin, *vous épousez peut-être la croyance défensive et inadéquate qu'il n'est pas nécessaire d'exprimer votre amour*, comme l'illustre la question de Jacques (« Je suis là, non ? ») ou la réponse souvent entendue : « Si tu ne le sais pas, je ne te le dirai pas. » Or, cela est nécessaire, et plus l'expression de l'amour est directe et sensible, mieux cela vaut. Donc, si vous avez quelque raison de croire que cette aptitude est affaiblie en vous, exercez-vous à vous harmoniser avec empathie avec ceux que vous aimez et à leur exprimer votre amour de façon verbale et non verbale : avec vos amis et votre famille, de même qu'avec votre partenaire amoureux.

5. LA CAPACITÉ DE SE LAISSER AIMER

De même qu'il est important d'apprendre à exprimer son amour dans le langage de l'autre, il faut aussi apprendre à reconnaître et à recevoir l'amour exprimé dans ce langage. Corine et Jacques purent raviver leur amour et leur passion non seulement parce que Jacques, secoué comme il l'était par le départ de Corine, s'efforça courageusement d'entrer en contact avec ses sentiments et de les exprimer, mais aussi parce que Corine accepta de reconnaître l'amour que reflétaient la constance et la fiabilité de Jacques et de se sentir nourrie par cet amour. Elle me dit : « J'ai vu peu à peu que sa manière tranquille de « voir à tout » et son caractère fiable n'étaient pas seulement dus à sa nature « émotivement constipée » ou « compulsive » comme je l'avais toujours cru, mais constituaient des manifestations de son amour. C'était sa façon à lui de prendre soin de moi et de me contenir quand je pleurais de façon hystérique. Je me suis mise à ressentir l'amour qui imprégnait ces qualités et j'ai compris la part importante qu'elles ont jouée dans mon attirance initiale. Je ne suis pas sûre que j'aurais pu tomber de nouveau amoureuse de lui s'il n'avait pas fait des efforts pour devenir plus coulant, plus ouvert et plus expressif, mais je sais qu'il était tout aussi important que je devienne réceptive et sensible à ses manières caractéristiques de témoigner son amour. »

Parfois, le problème réside non seulement dans le fait que l'on soit sourd au langage amoureux de l'autre ou qu'on ne le comprenne pas, mais dans une difficulté à se laisser aimer. Il y a deux grandes raisons pour lesquelles certaines personnes ne se laissent pas facilement aimer : *elles ont peur de l'amour* ou *elles ont l'impression de ne pas le mériter.* Parmi les peurs plus précises de l'amour, un grand nombre s'apparentent à celles dont nous avons parlé au chapitre huit, lorsque nous avons mentionné les motifs cachés qui poussent certaines personnes à éviter les relations amoureuses. Ainsi, si vous craignez l'intimité, la perte de votre individualité, l'abandon, le rejet ou une victoire interdite, vous pourriez avoir érigé des barrières contre l'amour de votre partenaire. Si vous souffrez d'insécurité, vous vous privez de ce cadeau. Le sentiment de ne pas mériter l'amour peut être relié à un manque d'estime de soi ou au fait que l'on vous a déjà fait honte pour avoir voulu être aimé. Mais quelle qu'en soit la raison, ne pas recevoir de tout cœur l'amour de votre partenaire est destructeur pour votre relation. À un certain moment, Laure, alors qu'elle se défendait encore avec rigidité contre son désir d'être aimée, entendit l'homme qui était en train de mettre un terme à la relation qu'il avait avec elle lui dire : « Chaque fois que je montre que je t'aime par une parole, un présent ou un geste, je me sens vide après. Ce n'est pas juste que tu ne me rendes pas mon amour, mais celui-ci rebondit sur toi ou disparaît à l'intérieur de toi sans laisser de trace. » Elle mit beaucoup de temps à saisir de quoi il parlait.

Si vous avez de la difficulté à vous laisser aimer, vous pourriez vous poser plusieurs questions :

- Ai-je peur de laisser entrer l'amour en moi ? De reconnaître que j'en reçois ? Pourquoi ? À quel danger ai-je l'impression de m'exposer ?

- Quelles expériences ai-je vécues dans mon enfance pour considérer l'amour comme dangereux ? N'a-t-on pas tenu compte de mon besoin d'amour ? A-t-on puni mes efforts pour être aimé ? M'a-t-on laissé entendre que j'en demandais trop ? Que je dépassais les bornes ? Mes besoins d'amour étaient-ils si grands que mes parents étaient incapables de les combler ?

- Mes expériences ultérieures avec l'amour romantique ont-elles été tellement décevantes ou traumatisantes que j'ai fermé mes récepteurs et que je suis devenu insensible à l'amour d'une autre personne ?

- Ces expériences de l'enfance et de l'âge adulte m'ont-elles rendu circonspect et cynique devant la possibilité d'être sincèrement aimé ?

- Ai-je honte de montrer à mon partenaire que je voudrais son amour ? Ai-je honte de reconnaître ce besoin en moi-même ? Me donne-t-il l'impression de trop demander ? D'être trop dépendant ? Trop exigeant ? Trop vulnérable ? Ai-je l'impression que c'est une faiblesse qui me couvrira de ridicule ? Ai-je peur d'être exploité ? Rejeté ? Cruellement déçu ?
- Ai-je l'impression de ne pas être digne d'être aimé ? Pour quelles raisons ? Ai-je le sentiment de ne pas être assez bon, assez attirant ou d'avoir assez de valeur pour que quelqu'un m'aime et veuille que je me sente aimé ?

Il est important, en outre, que vous preniez conscience des façons particulières dont vous vous fermez à l'amour. Pour cela, il vous faudra répondre à une autre série de questions :

- Est-ce que j'essaie de garder la relation à un niveau léger et superficiel ? Est-ce que je me sers de l'humour (ou est-ce que j'utilise mal l'humour) pour tourner en blague les moments romantiques ou amoureux ?
- Est-ce que je néglige d'extérioriser mon besoin d'aimer ? Ai-je l'attitude suivante : « Si mon partenaire m'aimait vraiment, il saurait ce que je veux et si je dois le lui dire, ça ne vaut rien de toute façon » ? (Cette attitude puérile vous vient de l'enfance ; soit que vos parents étaient tellement *sensibles* à vos besoins informulés que vous vous attendez encore à ce que les autres devinent vos désirs, soit qu'ils y étaient tellement *insensibles* que vous recréez constamment la frustration et la déception ressenties alors. Mais un partenaire amoureux n'est pas une maman ni un papa, et vous n'êtes pas un enfant qui ne sait pas encore parler. En tant qu'adulte, vous devez faire connaître vos désirs à votre partenaire si vous voulez être traité de manière à vous sentir aimé.)
- Ai-je tellement peur de me laisser aimer que je réagis avec froideur, colère ou indifférence aux manifestations d'amour ? (Essayez d'imaginer l'effet de cette attitude

sur votre partenaire et demandez-vous si c'est vraiment ce résultat que vous cherchez.)

- Est-ce que je dévalue l'amour de mon partenaire en me disant que s'il m'aime, son amour ne peut pas valoir grand-chose ?

Essayez de comprendre comment vous inhibez l'amour de votre partenaire au détriment de votre relation et les raisons pour lesquelles vous vous jouez ce sale tour. Pour contrecarrer cette tendance, essayez l'exercice suivant. *Supposez que vous (et votre enfant intérieur) voulez être aimé et que vous méritez de l'être.* Par écrit :

- Énoncez les qualités pour lesquelles vous voudriez être reconnu et apprécié.
- Expliquez de quelles façons vous aimeriez que l'on vous témoigne cet amour.
- Énoncez les manifestations d'amour qui vous rendraient heureux, sûr de vous et qui vous donneraient le sentiment d'être apprécié.
- Remarquez toute peur, honte ou inquiétude en vous et décrivez ces sentiments par écrit. Évitez de les refouler ou de les rejeter. Tout en les décrivant, tentez d'en saisir les origines afin de les désamorcer.
- Puis allez de l'avant en déclarant et en assumant par écrit votre désir d'être aimé. Expliquez avec une plus grande précision encore comment vous voulez que l'on vous manifeste cet amour.
- Enfin, indiquez les façons dont vous montrerez à votre partenaire que vous recevez son amour.

Pourquoi est-ce si important de travailler sur votre capacité de vous laisser aimer ? Rappelez-vous que s'il est vrai que personne ne peut tout vous donner au point de guérir ou de compenser toutes vos vieilles blessures et privations, il est également vrai que le fait de *se laisser aimer dans le contexte d'une relation amoureuse adulte possède un très grand pouvoir de guérison.* Si vous espérez de l'amour qu'il guérisse tout, vous serez inévitablement déçu.

Mais si vous craignez tellement d'être déçu que vous opposez une barrière à l'amour, vous vous coupez de la guérison qu'une relation amoureuse pourrait vous apporter. Il peut être utile de voir votre ouverture à l'amour d'une autre personne comme un cadeau que vous faites à votre enfant intérieur ; vous prenez soin de cet enfant au lieu de le priver encore davantage, et cela peut guérir au moins quelques vieilles blessures et ecchymoses.

En outre, gardez à l'esprit que, s'il est en partie vrai qu'il vaut mieux donner que recevoir, recevoir avec une attitude ouverte et reconnaissante est une forme généreuse de don.

6. L'APTITUDE À CRÉER ÉQUILIBRE ET RÉCIPROCITÉ

Une chanson de Nat King Cole intitulée *Nature Boy* (Petit garçon de la nature) et devenue célèbre il y a des années, se termine par ces paroles : « La plus grande chose que j'ai apprise, c'est juste d'aimer et d'être aimé en retour. » Ces paroles laissent entendre que, pour que les partenaires ressentent un bonheur et une satisfaction réciproques dans leur relation, chacun doit y insuffler de l'amour dans une *proportion* raisonnable. Je ne parle pas d'une symétrie parfaite. Il est rare que l'échange ou l'intensité et la qualité des sentiments amoureux soient parfaitement égaux. Même dans la meilleure relation, un partenaire peut aimer plus, différemment, avec une intensité ou un mode d'expression différent de l'autre. Et à divers moments, un partenaire peut être plus profondément engagé dans la relation que l'autre.

Équilibre ne veut pas dire un prêté pour un rendu. Ce n'est pas une question de « je fais ceci, donc tu dois faire cela ». Ce n'est pas une conséquence des années d'école où vous et votre frère ou ami comptiez les frites chez McDonald pour vous assurer que chacun en avait le même nombre. Il s'agit de favoriser un échange, un but commun, un degré substantiel d'équité et de réciprocité, et votre croissance mutuelle comme couple et comme individus. Cela vous oblige à naviguer entre les extrêmes qui consistent à mesurer de façon fastidieuse qui en fait le plus et à permettre passivement que vos contributions à la relation soient dangereusement déséquilibrées.

L'équilibre de la relation peut être perturbé si le partenaire qui a *moins* besoin de l'autre a tendance à y mettre un peu moins du sien, à donner moins et même à exploiter son partenaire, ou si le partenaire qui a *davantage* besoin de l'autre a tendance à se plier à cette inégalité et à cette exploitation, et peut-être même à l'inviter. Il peut être perturbé aussi quand un partenaire joue toujours le rôle du parent qui donne et l'autre, celui de l'enfant dépendant, ou quand un partenaire se pose toujours en parent dominateur et l'autre, en enfant obéissant. Vous devez absolument prendre conscience de toutes les façons dont vous pourriez contribuer à créer un déséquilibre. Avez-vous tendance à dominer, à cacher vos sentiments ou à être dépendant ? Réprimez-vous vos besoins ? Tirez-vous parti du fait que votre partenaire craint vos accès de colère ou a peur de vous perdre ? Ou la peur que votre partenaire soit furieux contre vous ou vous quitte vous pousse-t-elle à accepter des injustices importantes ? Et, comme toujours, d'où provient cette difficulté à trouver un équilibre dans votre relation ?

Il existe un autre point que vous devez comprendre en ce qui touche l'équilibre et la réciprocité. S'il est vrai que nulle relation n'entraîne une répartition tout à fait égale d'amour et d'attentions, vous devez vous poser la question suivante : quel degré de déséquilibre puis-je sincèrement accepter ? Quand Corine décida de renouer avec Jacques, elle déclara : « Jacques n'exprimera jamais autant que moi son amour ou ses autres sentiments, et ce sera moi, comme d'habitude, qui entourerai notre couple de petites attentions nourrissantes. Mais avant notre séparation et sa thérapie, il refoulait tellement ses émotions que c'était intolérable. Maintenant, il est assez communicatif pour que, même s'il subsiste un déséquilibre pour ce qui est d'insuffler des sentiments dans notre relation, je me sente très bien — surtout depuis que je me suis rendu compte que j'ai vraiment besoin de sa constance. Ainsi tout va bien, et je suis de plus en plus contente de notre relation. »

Si vos relations amoureuses passées étaient déséquilibrées et qu'elles ont abouti à un échec pour cette raison, décidez maintenant de garder à l'œil cette question d'équilibre et de réciprocité dans votre prochaine relation. La clé consiste à prêter attention aux sentiments que provoquent en vous les inévitables déséquilibres pour ne pas vous laisser contrarier par la moindre iniquité ni vous convaincre que vous les acceptez tout en fermant les yeux sur votre souffrance ou votre ressentiment. Si, dès le début de la relation, vous prenez conscience d'une inégalité gênante, vous serez en mesure d'évaluer si elle est réelle et, selon les résultats obtenus, d'adoucir votre réaction exagérée ou de redresser le déséquilibre.

Vous pouvez tenter de corriger les faiblesses susceptibles de vous conduire à des déséquilibres destructeurs en scrutant attentivement vos relations amoureuses passées et présentes, y compris vos relations avec vos amis, votre famille et vos collègues de travail. Dans quelle mesure reposent-elles sur la mutualité et la réciprocité ? Comment se manifeste l'absence de ces qualités ? Quels modèles y discernez-vous ? Se préparer à une relation amoureuse saine, c'est se préparer à une relation fondée en grande partie sur l'équilibre et la réciprocité ; c'est là que se trouve la satisfaction.

7. LE COURAGE DE COURIR DES RISQUES AU NOM DE L'AMOUR

Que vous fassiez de la descente en ski ou du saut à l'élastique, que vous spéculiez à la Bourse, que vous lanciez une nouvelle entreprise, que vous fassiez des paris aux courses, que vous identifiiez, au cours d'une séance d'identification du suspect, l'individu qui vous a agressé, toutes ces activités présentent des risques différents et reconnaissables, et entraînent diverses conséquences. Pour nouer une relation amoureuse, il faut aussi courir d'énormes risques. Même s'ils sont moins reconnus, cette entreprise étant presque universelle, former une relation exige, comme toute autre aventure, sa propre forme de courage. Quels sont ces risques et comment pouvons-nous apprendre à mieux y faire face ?

À partir du moment où vous rencontrez une personne qui vous attire et qui vous intéresse, vous courez le risque qu'elle ne vous rende pas la pareille. Ce rejet peut entraîner une déception plutôt mineure s'il se produit tôt ou une souffrance et une dépression profondes si vous êtes amoureux depuis longtemps. Certaines personnes ont tellement peur du rejet que, pour elle, faire du parachutisme en chute libre, c'est de la tarte en comparaison. À cause de cette peur, elles évitent carrément les relations amoureuses. Elles trouvent toujours des excuses pour ne pas aller vers les autres, pour ne pas s'engager ou pour écarter les personnes qu'elles pourraient aimer. D'autres évitent d'aller vers les personnes qu'elles veulent vraiment, elles vont uniquement vers celles qui viennent vers elles ou qui leur ouvrent la porte tellement grande qu'elles se sentent suffisamment en sécurité pour oser faire quelques pas prudents. Parfois, cela donne d'excellents résultats. À d'autres moments, ces personnes se rendent compte avec tristesse qu'elles sont liées à quelqu'un qu'elles n'auraient pas choisi si la peur ne les avait pas limitées.

Fait paradoxal, la peur du rejet pousse parfois ces personnes à choisir quelqu'un qui les rejettera à coup sûr. Henri avait toujours été attiré par des femmes portées à le critiquer et à le rejeter comme Régine, et il connaissait très bien la tristesse et le désespoir qu'entraînait ce genre de relation. Mais avec Élaine, une femme affectueuse et compréhensive, il éprouvait des sentiments qu'il n'avait jamais éprouvés avant dans ses relations amoureuses, en l'occurrence de la terreur et de la panique. Il était très perplexe et il s'interrogeait sur leur signification. Puis, une nuit, il s'éveilla dans un état d'angoisse et il eut une révélation. « Avec ma femme, et avec Régine et toutes les Régine de ma vie, je ne craignais jamais le rejet parce que je ne me sentais jamais accepté de prime abord ! En ce qui a trait à Élaine, j'ai l'impression qu'elle m'aime vraiment et quand je me détends et que je goûte cet amour — et je le goûte vraiment — je suis brusquement terrifié à l'idée qu'elle pourrait me rejeter. Ce rejet serait dévastateur. »

Pendant que nous bavardions ensemble, Henri approfondit encore davantage cette découverte. « Je croyais que la seule raison pour laquelle je choisissais des femmes comme Régine tenait au fait que j'étais obsédé par l'idée d'amener ma mère, qui était amère et qui me rejetait, à m'aimer. Cela est certainement le cas. Mais maintenant, je vois bien que, quand ma mère, autrefois aimante et affectueuse, s'est changée en sorcière furieuse après le départ de mon père, ce rejet m'a paru tellement atroce que j'ai vécu dans la terreur d'en essuyer un nouveau. C'est pourquoi je choisissais toujours des femmes peu aimantes qui ne risquaient pas de me rejeter. Quelle sottise ! Quel gâchis ! Cette peur a gouverné toute ma vie et c'est seulement maintenant, dans la soixantaine, que je m'en rends compte. »

La peur d'être rejeté quand on aime n'est ni anormale ni pathologique en soi. Comme le dit Ethel Person : « Le spectre qui ombrage l'amour est le sentiment qu'il aura une fin. » Mais l'histoire d'Henri met en lumière un point important : *Quand la peur du rejet provoque des attaques de panique ou d'anxiété si intolérables qu'elles poussent la personne à éviter une relation amoureuse ou à la saboter, cela indique toujours qu'elle a subi un rejet traumatisant antérieurement, habituellement dans l'enfance, et c'est la peur de subir un nouveau traumatisme qui entraîne la panique.* Si la peur du rejet hante votre vie amoureuse, recherchez des expériences anciennes de rejet afin de limiter son intrusion injustifiée dans votre vie actuelle. Henri utilisa sa découverte pour affronter sa peur. Dès qu'il fut conscient que c'était son petit garçon intérieur qui était effrayé, il put l'apaiser tout en reconnaissant qu'il n'était plus un petit garçon et qu'il pourrait désormais survivre à un rejet. Résultat, il ne fuit ni ne sapa sa relation avec Élaine.

S'il est vrai, en général, qu'« il vaut mieux avoir aimé et perdu cet amour que de ne jamais avoir aimé », si vous avez des raisons de croire qu'un rejet pourrait vous blesser ou vous déprimer au point de vous empêcher sérieusement de fonctionner ou même de faire miroiter le suicide à vos yeux, vous devez à tout prix vous insensibiliser au rejet avant de courir un risque

aussi grand. Peut-être aurez-vous besoin d'une aide professionnelle. Mais même sans cette aide, vous pouvez essayer de ne
pas apporter dans le présent les peurs engendrées par des rejets
passés. Pour cela, vous devrez, de prime abord, reconnaître que
vous laissez des événements passés vous désigner comme une
personne susceptible d'être rejetée. Si le rejet qui vous a traumatisé à l'origine remonte à votre enfance, vous devez voir ce rejet
comme une déclaration sur la personne qui vous a rejeté, sur ses
limites, sur sa situation et sur son état d'esprit, plutôt que
comme une indication du fait que vous méritez le rejet. Si le
rejet qui vous a traumatisé s'est produit dans le cadre d'une relation amoureuse ultérieure, posez-vous les questions ci-dessous :

- Étais-je « affaibli » par des rejets subis dans l'enfance de
  sorte que j'ai réagi de façon trop intensive au rejet
  amoureux ?
- Me suis-je comporté de manière à susciter ce rejet ou
  était-ce une de ces choses qui peuvent arriver à n'importe qui ?
- Si j'ai vraiment agi de manière à provoquer ce rejet, soit
  en choisissant la mauvaise personne soit en adoptant un
  comportement négatif ou autodestructeur, quels changements puis-je opérer pour réduire la possibilité d'en
  essuyer d'autres ?

Dans son livre intitulé *Risking*, David Viscott écrit : « Les
gens craignent d'être rejetés parce qu'ils ne sont pas dignes
d'amour, ils craignent d'être vus comme des gens impuissants et
d'être embarrassés parce qu'ils n'ont pas de valeur. Ils évitent
de courir des risques qui pourraient les démasquer.
Malheureusement, à moins de risquer le rejet, une personne ne
trouvera jamais un partenaire amoureux en qui elle peut avoir
confiance. » Donc, si vous voulez une relation amoureuse, vous
devrez courir les mêmes risques que tout le monde, mais non
celui, supplémentaire et terrifiant, d'être accablé et détruit par
le rejet. C'est pourquoi vous devez chercher, de la façon men-
tionnée ici, à vous fortifier afin que, si le prochain risque que
vous prenez en amour se solde par un échec, cela soit pénible,

mais non catastrophique pour vous. Voyez plutôt votre survie aux rejets antérieurs, même si vous en conservez quelques cicatrices, comme un signe de solidité plutôt que de faiblesse.

COURIR LE RISQUE D'ÊTRE HUMILIÉ

Le rejet peut être pénible en soi, mais il produit sur certaines personnes une réaction particulièrement douloureuse qui prend la forme d'un sentiment d'*humiliation*. Si le rejet est blessant, l'humiliation provoque de la *honte*. La honte d'être vu comme un être tristement immature, insuffisant ou dénué d'importantes qualités désirables. La crainte d'être humiliées peut être si forte chez certaines personnes qu'elle les empêche d'aller vers les autres ou qu'elle les rend tellement prudentes qu'elles se lient peu ou craignent l'intimité, ou ne se lient qu'avec des gens tellement dépendants ou si peu attirants que le risque se trouve minimisé.

Pierre, le biologiste qui s'éprenait sans cesse de femmes dépendantes, découvrit qu'il agissait ainsi non seulement parce qu'il aimait jouer au gourou, mais par peur d'être rejeté par des femmes plus compétentes et de s'exposer ainsi à une humiliation intolérable. Cette prise de conscience survint lors d'une séance au cours de laquelle Pierre signala qu'il était sorti avec un groupe d'amis et que l'un d'eux avait raconté une blague qui l'avait indisposé. La blague mettait en vedette un garçonnet et une fillette qui se trouvent à la garderie. Le petit garçon tente d'impressionner la fillette en énumérant tout ce qu'il est capable de faire : lancer un ballon, conduire un tricycle, et ainsi de suite. La fillette ponctue chaque affirmation par les mots : « Moi aussi, je peux le faire. » Enfin, au comble du désespoir, le petit garçon baisse son pantalon et dit fièrement : « J'en ai un comme ça. » La fillette baisse aussi sa culotte et dit : « Eh bien moi, j'en ai un comme ça et avec un comme ça, je peux en avoir autant que je veux des comme le tien. »

Pierre ajoute : « Tout le monde rit de bon cœur, surtout les femmes, mais mon rire était forcé. J'étais contrarié, et pour une raison quelconque, j'ai été submergé par la honte. » Comme nous cherchions la cause de ce sentiment d'humiliation, Pierre évoqua sa première histoire d'amour sérieuse. C'était avec Valérie, une jeune fille belle et intelligente, qui était dans la même classe que lui au secondaire. « Nous avions l'habitude d'étudier ensemble, puis nous avons commencé à nous caresser, et nous sommes tombés amoureux avec une intensité qui est sans doute la marque d'un premier amour. Mais nous n'avons jamais fait l'amour parce que je m'étais mis dans la tête de respecter sa virginité. C'est alors qu'elle a demandé que nous cessions de nous voir pendant quelque temps, et j'ai été blessé et dérouté. Par la suite, j'ai appris de mon meilleur ami, qui sortait avec la meilleure amie de Valérie, que Valérie " allait régulièrement jusqu'au bout " avec le gros type musclé qui était dans notre classe. Cela m'a fait comme un coup à l'estomac et j'ai même vomi. Je me sentais tellement humilié, tellement petit et insuffisant. »

Pierre raconte qu'il traversa ensuite une période de repli sur soi. Il rougissait de honte chaque fois qu'il rencontrait Valérie ou son copain dans les corridors. « Avant, j'avais l'impression d'être au moins égal à Valérie et soudain, elle était toute-puissante et je n'étais rien. C'est comme si elle avait acquis la force et le pouvoir de son copain. À mes yeux, ils formaient un couple idéal. Je les imaginais en train de se moquer de moi, de parler de moi comme d'un être faible et inférieur. Je les imaginais en train de faire l'amour comme des dingues et de rire de façon hystérique de ma volonté de respecter sa virginité. Même aujourd'hui, après tant d'années, j'en éprouve encore de l'embarras quand j'y repense. »

En explorant ce sentiment d'humiliation, Pierre et moi découvrîmes qu'il datait de loin, comme c'est souvent le cas. « Je suppose que j'étais le gentil garçon de ma mère, c'est ainsi qu'elle me traitait et que je me comportais. Mon père me ridiculisait à cause de cela. Il m'appelait le " petit garçon à sa maman ", il riait de moi parce que j'étudiais trop et en général, il m'humiliait. J'ai toujours souffert d'un complexe d'infériorité en sa présence. »

Même si les hommes expriment plus fréquemment cette crainte d'être humiliés, les femmes aussi l'expérimentent souvent. Laure me dit un jour : « Je sortais avec des hommes dominateurs et inaccessibles parce que j'appréhendais d'être humiliée en devenant dépendante d'un homme qui me quitterait. Je tentais d'empêcher cela en choisissant des hommes dont je savais qu'ils ne s'engageraient pas ; j'avais alors l'impression que je dominais la situation et que je ne serais donc pas humiliée s'ils partaient. Mais même à cela, je détestais sentir que je pourrais vouloir plus — plus de temps, plus d'intimité, plus de sexe, plus de conversations, plus d'étreintes — alors que le gars n'avait qu'à refermer sa braguette et à rentrer chez lui. Et j'imaginais toujours qu'il me quittait parce qu'il préférait les blondes grandes et minces à la courte brunette que je suis. » La terreur de l'humiliation qui tourmentait Laure remontait aussi à son enfance, à l'absence de chaleur ou de témoignages d'affection qui caractérisait sa famille et aux constantes taquineries de son père qui l'appelait « bout de chou ».

Les descriptions de Laure et de Pierre montrent clairement que leur honte est ancrée dans un vieux sentiment d'insuffisance sexuelle et dans leur impression de n'être pas désirables. Cela n'a rien d'étonnant car, quand on court le risque de s'engager dans une relation amoureuse, on a habituellement l'impression de mettre son sex-appeal sur la sellette. Voici comment le psychothérapeute italien Giovanni Salonia exprime ce phénomène :

> Je désire l'autre, bien sûr, mais avant tout je veux que l'autre me désire. C'est à cette condition seulement, c'est seulement si l'autre me désire, que j'ai l'impression que ma valeur est reconnue et confirmée. Somme toute, c'est la seule chose que désire l'amoureux, son attente la plus importante. « C'est seulement si elle me désire, si je suis l'objet de son désir sexuel, que je me sens vivant et apprécié. » « Tu peux dire que tu m'aimes, que tu te sens proche de moi, que tu me comprends, mais… je veux, j'ai besoin que tu me désires. »

Notre terreur de l'humiliation provient donc de ce profond besoin d'être désiré par la personne que nous aimons, allié aux expériences de l'enfance au cours desquelles notre compétence et notre charme ont été mis en doute ou dénigrés. Si la peur de l'humiliation fait obstacle à votre liberté d'aimer, vous devez tenter de l'atténuer en la voyant comme un vestige de sentiments de l'enfance. Dans le meilleur des cas, l'enfance est remplie d'expériences humiliantes et honteuses. Ils sont innombrables les affreux moments où nous avons perdu la maîtrise de nos fonctions corporelles, laissé tomber des objets, renversé des liquides, dit ce qu'il ne fallait pas, été pris sur le fait, ridiculisés, et où nous étions trop petits et inefficaces pour réagir avec compétence et nous sentir importants dans un monde très grand et très complexe.

Que pouvez-vous faire pour être moins tyrannisé par l'humiliation et par la peur d'être humilié ?

- Vous devez prendre conscience que des émotions du passé déforment et ravagent vos sentiments actuels à l'égard de vous-même, et faussent la signification que vous prêtez aux réactions des autres à votre égard.
- Vous devez reconnaître que l'enfant que vous avez déjà été a vécu des incidents quotidiens dans lesquels il n'était pas en mesure de faire face efficacement à de nombreux aspects de son univers et que ses efforts maladroits suscitaient parfois la dérision plutôt que le soutien.
- Vous devez voir le petit enfant que vous avez déjà été d'un œil compatissant et aimant, tout en reconnaissant que vous n'êtes plus ce petit être-là.
- Vous devez reconnaître qu'il n'est ni inévitable ni logique que vous vous sentiez humilié juste parce que vous n'êtes pas le genre de quelqu'un.
- Vous devez reconnaître que, si vous choisissez des gens qui vous rejettent d'une manière dégradante, c'est vous qui faites ces choix. Ces rejets reflètent non pas votre compétence ou votre attrait, mais plutôt votre besoin autodestructeur de vous placer dans cette position. Vous devez examiner ce besoin sous toutes ses coutures et décider de ne plus vous lier avec des personnes qui veulent vous déprécier ou vous dégrader.

Il vaut beaucoup mieux prendre les mesures ci-dessus pour devenir moins sensible à l'humiliation que de choisir l'autre solution, qui consiste à éviter ou à limiter tout engagement amoureux ou à choisir des personnes que vous n'aimez pas ou que vous ne trouvez même pas intéressantes, juste parce qu'elles sont peu susceptibles de vous humilier.

COURIR LE RISQUE DE SE TROMPER

Lorsque l'on choisit un partenaire amoureux, si l'on choisit A, on ne peut avoir B, ni C. Ni D, d'ailleurs. Ni les autres lettres de l'alphabet que vous n'avez pas même rencontrées encore. Votre peur d'être prisonnier d'un choix erroné peut miner ou même paralyser vos tentatives d'établir une relation amoureuse.

Tout le monde n'a pas la même facilité à courir le risque de commettre des erreurs. Certaines personnes prennent des décisions susceptibles de transformer leur vie d'une façon impulsive et même à l'aveuglette, tandis que d'autres sont paralysées par la peur de découvrir, trop tard, qu'elles se sont trompées.

La peur de commettre une erreur peut dissimuler d'autres peurs, par exemple, celle de l'intimité, de l'engagement, de la dépendance ou du rejet. Mais souvent, elle reflète une croyance en l'existence d'une décision parfaite, d'un partenaire parfait. Je me rappelle que Bertrand me disait un jour : « Je passe à deux doigts de m'engager à certains moments, de m'emballer très fort, mais je suis alors submergé par l'atroce sentiment que le lendemain, je rencontrerai une femme absolument divine et qu'il sera trop tard. »

Certaines personnes éprouvent cette anxiété à propos de presque tout. C'est comme s'il existait un emploi parfait, un appartement parfait, un choix de dessert parfait, et elles hésitent et ruminent toutes les possibilités. D'autres, qui manifestent un - esprit de décision dans la plupart des secteurs de leur vie, hésitent de façon obsessive lorsqu'il s'agit de risquer de s'engager à fond dans une relation amoureuse. Les deux attitudes sont autodestructrices.

Vous avez peut-être du mal à surmonter votre indécision dans une situation donnée. Vous pouvez facilement justifier votre hésitation en vous disant que mieux vaut faire preuve de prudence et de jugement, surtout si vous en avez manqué dans le passé. Mais si vous sentez que vous hésitez outre mesure, demandez-vous si votre hésitation ne serait pas, encore une fois, obsessive. Posez-vous les questions suivantes : « Est-ce que j'utilise ma crainte de faire une erreur pour masquer d'autres peurs reliées au fait d'avoir une relation amoureuse ? Si oui, quelles sont ces peurs ? Suis-je esclave du mythe de l'existence d'un partenaire parfait pour moi ? Si oui, suis-je prêt à contester cette croyance ? Puis-je, au lieu de cela, me convaincre que cette personne m'impressionne et m'intéresse énormément ? Que je l'aime beaucoup et qu'elle m'aime ? Qu'elle est surtout une personne formidable avec laquelle je me sens bien ? Puis-je accepter que cela soit suffisant au lieu de m'arrêter sur la possibilité qu'il y a peut-être une personne par-faite (ou beaucoup, beaucoup mieux) quelque part ? Et si je décide de m'engager à fond dans une relation amoureuse avec cette personne et que je découvre ensuite que c'était une erreur, faut-il que je voie cela comme une catastrophe ? »

Voilà les questions que vous devez vous poser dans une entreprise qui ne comporte ni certitude, ni garantie, ni perfec-tion. Vous devez reconnaître que si vous faites un mauvais choix, vous n'avez pas besoin d'en rester prisonnier pour le reste de votre vie. Vous pouvez toujours en sortir si vous pen-sez que cela vaut mieux pour vous. Reconnaître que vous vous êtes trompé, apprendre de votre erreur et prendre les mesures nécessaires pour modifier votre situation est un acte de courage et de sagesse, pas de faiblesse.

COURIR LE RISQUE D'ÊTRE HONNÊTE ET OUVERT

L'une des plus grandes récompenses que peut nous apporter une relation amoureuse est la possibilité de se montrer parti-culièrement honnête et ouvert avec un autre être humain. Cette possibilité est, pour la plupart des gens, à la fois invi-tante et menaçante. Pour certains, toutefois, la menace est trop grande : ils ne peuvent se permettre cette sorte de fran-chise et d'ouverture. Pourtant, sans honnêteté ni ouverture, une relation amoureuse risque de ne jamais s'enraciner, et de ne jamais acquérir l'endurance ou le caractère satisfaisant qu'elle pourrait avoir.

Au début du chapitre huit, je mentionne que bien des gens ne sont pas très transparents, en général parce qu'ils ont subi des expériences négatives dans l'enfance à cet égard. Si vous êtes conscient de votre tendance à dissimuler ce que vous êtes et que cela vous prive du partage et de l'authenticité qui sont de vrais cadeaux dans la vie, vous devez vous efforcer de surmonter votre peur d'être honnête et ouvert. Voici les trois points sur lesquels bien des gens ont le plus de difficulté à se montrer honnêtes : reconnaître leurs défauts ; reconnaître leurs blessures et leurs points sensibles ; et exprimer des sentiments négatifs et leur insatisfaction par rapport à leur relation.

Beaucoup d'entre nous avons l'impression que toute reconnaissance de notre part de ce que nous voyons comme nos *défauts* — dans nos aptitudes, nos connaissances, nos habitudes, nos croyances, nos fantasmes, nos prouesses sexuelles, nos intérêts sexuels, notre histoire personnelle ou quoi que ce soit — provoquera à coup sûr le dégoût et le mépris. Et lorsque la personne qui, à notre avis, aura une aussi piètre opinion de ce que nous révélons, est quelqu'un dont nous recherchons l'admiration et l'amour, il est compréhensible que nous réagissions en dissimulant de façon passive ou active ces « imperfections ». Bien sûr, rien ne garantit que l'autre ne réagira pas négativement devant la révélation d'un de nos travers. Je ne dis pas que de telles révélations enrichiront toujours votre relation. Mais en général, plus il y a d'ouverture, plus la relation devient profonde et forte. Toutefois, il faut être sensible pour savoir ce que votre relation peut prendre à tel ou tel moment et être capable de choisir le bon moment. Vous devez naviguer entre les extrêmes suivants : garder la relation à un niveau superficiel et ainsi la nourrir au minimum, et la surcharger de révélations lourdes et indigestes qu'elle n'est pas encore assez forte pour assimiler. Trop souvent, cependant, les gens pèchent par excès de dissimulation, parce qu'ils sont tourmentés par la croyance qu'ils doivent être des modèles de perfection — forts, stoïques, énergiques et toujours séduisants. Cette croyance persiste même si, à un niveau plus rationnel, ils comprennent fort bien que personne n'est parfait, que leur partenaire ne leur demande pas de l'être et que toute attente dans ce sens est inadéquate et immature.

Il est important de reconnaître les exigences que vous vous imposez et leur fondement irréaliste. Que se produira-t-il, selon vous, si vous reconnaissez vos défauts ? Qui, dans votre passé, aurait été contrarié et déçu par ces défauts ? Qui le serait aujourd'hui ? Votre évaluation est-elle réaliste ? Quel prix vous coûte cette dissimulation ?

La peur de risquer d'exposer vos *points sensibles* ressemble aux peurs reliées à la reconnaissance de ses défauts, mais elle englobe surtout la peur d'être blessé. En révélant votre vulnérabilité par rapport à vos besoins, votre tempérament ou des incidents pénibles de votre passé, vous pourriez fournir à l'autre des munitions pour vous blesser ou profiter de vous. On comprend, dans ce cas, que vous choisissiez prudemment la façon et le moment de faire ces révélations. Gardez à l'esprit que si quelqu'un utilise délibérément ces confidences contre vous, cela constitue davantage une indication négative sur son caractère que sur votre vulnérabilité. Si la réaction d'une personne vous fait souffrir, que cela vous serve de mécanisme de sélection imprévu, mais excellent. Je suis d'accord avec David Viscott quand il affirme que « le risque de reconnaître que l'on est blessé devient le risque de vérifier le degré de confiance qui règne dans une relation, de découvrir ce que deux personnes ressentent l'une à l'égard de l'autre. »

Certaines personnes trouvent particulièrement ardu d'avouer qu'elles ont été blessées par les propos ou par le comportement de leur partenaire. On peut parfois résoudre cette blessure intérieurement si l'on se rend compte, par exemple, que l'on réagit à outrance ou que l'on déforme la réalité. Mais si ce n'est pas le cas et qu'on ne reconnaît pas ouvertement cette blessure, elle risque de se changer en colère. Si vous avez trop souvent ravalé vos blessures et caché votre vulnérabilité, exercez-vous à risquer de faire ces révélations dans beaucoup d'autres relations et pas seulement avec votre partenaire amoureux. Encore une fois, il ne s'agit pas de jeter votre prudence ou vos secrets les plus intimes à tous les vents ; vous devez faire preuve de jugement et tenir compte de la personne, de l'information et du moment. Si vous êtes plus détendu à l'idée de révéler vos pensées et vos sentiments, vous éprouverez moins de honte, vous vous sentirez moins seul et plus connecté.

Il est compréhensible que nous ayons peur d'exprimer des *sentiments négatifs* à l'égard de notre partenaire et de la relation. Il est spécialement intimidant d'avouer son insatisfaction, ce sentiment déjà difficile à formuler dans n'importe quelle relation. Le lien peut sembler fragile, peut-être plus fragile même qu'il l'est, et la peur de chagriner ou de fâcher votre partenaire et de troubler votre amour peut vous donner l'impression qu'exprimer votre insatisfaction est aussi dangereux que de manipuler des explosifs. Comment communiquer ses sentiments avec honnêteté et ouverture dans ces circonstances ?

Il peut vous paraître surtout plus risqué d'exprimer votre colère. Celle-ci constitue presque toujours une réaction au sentiment d'être blessé, déçu, exploité, insulté, frustré, trahi ou maltraité. Toute relation amoureuse donne lieu à des incidents qui engendrent ce type de sentiments. Pour exprimer sa colère et ses sentiments à l'égard des incidents qui l'ont déclenchée, il faut de la confiance. La confiance que vous n'en ferez pas trop et votre partenaire non plus, et que celui-ci ne s'effondrera pas ni ne vous retirera son amour. Si la peur de ces réactions vous rend incapable d'exprimer votre colère, celle-ci peut constituer une menace tant pour vous-même que pour votre relation. La colère inexprimée est dangereuse, car elle peut se transformer en symptômes physiques, en dépression ou, si le barrage se rompt, en fureur incontrôlable. Et elle est dangereuse pour la relation parce qu'elle peut couver sous forme d'un ressentiment latent et toxique qui risque d'empoisonner votre amour.

Il n'existe pas de façon correcte et recommandée d'exprimer sa colère. Comme dans tous les autres domaines, vous n'avez pas besoin d'adhérer à un code rigide de véracité pas plus que vous ne devez viser à révéler chacune de vos pensées et chacun de vos sentiments sans penser aux conséquences. Vous devez prendre sur vous d'exprimer vos insatisfactions avec autant de tact, de considération et de maturité que possible. Si, sous prétexte que vous êtes honnête, vous prenez la liberté de culpabiliser, d'humilier ou de déchirer autrement la personnalité et les sentiments de votre partenaire amoureux, vous risquez, non pas d'approfondir votre amour, mais de creuser le gouffre entre vous.

Néanmoins, même si votre colère cache un profond désir d'attaquer et de blesser votre partenaire, il n'est pas nécessaire qu'elle porte un coup fatal à votre amour ou à la relation. Au lieu de cela, vous pouvez tous deux vous efforcer de la comprendre, d'assumer la part que vous y jouez, de vous raccommoder et de tirer parti de la crise pour fortifier votre relation. Ainsi, mieux vaut souvent exploser émotivement que de ne pas exprimer son insatisfaction. Donc, si vous jugez trop risqué d'exprimer votre colère, cherchez à comprendre pourquoi, à écouter ce qu'elle vous dit, à évaluer si elle constitue une réaction exagérée et à l'exprimer de manière à aider votre relation à grandir. Vous pouvez découvrir beaucoup l'un sur l'autre en observant la façon dont chacun exprime sa colère et réagit à celle de l'autre. En outre, la capacité d'affronter ensemble la colère est essentiel au succès de votre relation.

En parlant de ces divers types de risques, j'ai insinué qu'il fallait acquérir une forme particulière de courage, un courage non pas physique, mais émotif, essentiel pour naviguer dans les eaux imprévisibles et inexplorées d'une nouvelle relation amoureuse. Il est important d'accepter le fait qu'il existe des risques, qu'ils peuvent vous effrayer et que vous devez accepter tant les risques que la peur. Il y a de nombreuses années, dans un discours que je prononçais à titre de président de l'American Academy of Psychotherapists*, j'abordai le sujet du courage en psychothérapie et je citai un poème de James Stephens intitulé *In Waste Places**. Dans ce poème, un homme

---

* Académie américaine des psychothérapeutes. *(N.∂.T.)*

se trouve dans le désert où il est poursuivi sans relâche par un lion. Il finit par comprendre qui est ce lion :

Je suis le lion et sa tanière !

Je suis la peur qui m'effraie !

Je suis le désert du désespoir !

Et la nuit d'agonie

Nuit et jour, quoi qu'il advienne,

Je dois marcher dans le désert,

Jusqu'à ce que j'affronte ma peur et appelle

Le lion pour qu'il me lèche la main !**

Être courageux, ce n'est pas ne pas avoir peur ; c'est braver votre peur plutôt que de la laisser vous poursuivre. Cela signifie interpeller votre lion personnel, qui n'est pas le même que celui d'un autre. Si vous êtes terrifié à l'idée d'exposer votre vulnérabilité, il vous faudra du courage pour le faire, mais si, en revanche, vous êtes du genre à submerger votre partenaire de récits sur le thème « pauvre de moi », il vous faudra du courage pour cesser de jouer à la victime impuissante. Si vous avez peur de parler franchement quand on vous dérange, vous devrez avoir le courage d'exprimer votre insatisfaction, mais si vous êtes plutôt critique et querelleur, alors demeurer calme et tolérant peut représenter un acte de courage pour vous. Si vous réprimez votre colère par timidité, il vous faudra peut-être beaucoup de courage pour risquer de l'exprimer, mais si vous explosez facilement et laissez votre

---

* «Lieux de désolation ». (N.∂.T.)

** *I am the lion and his lair !*

I am the fear that frightens me !

I am the desert of despair !

And the night of agony

Night or day, what e'er befall,

I must walk the desert land

Until I dare my fear, and call

The lion out to lick my hand !

enfant intérieur piquer des colères, il vous en faudra tout autant pour retenir cette fureur et vous pencher plutôt sur ses causes. Vous devrez décider quel type de courage vous devez acquérir afin de risquer d'être honnête et ouvert. Car, si vous courez ce risque, ce qu'y gagnera votre relation en authenticité et en profondeur en vaudra largement la peine.

8. Un effort soutenu pour accroître son individualité et élargir son univers

Au début du présent chapitre, j'ai mentionné huit facteurs essentiels à l'édification d'une relation amoureuse. J'ai expliqué sept de ces facteurs et indiqué les changements propres à chacun d'eux. Le huitième est tellement primordial et complexe qu'il mérite un chapitre à lui seul, le chapitre onze.

CHAPITRE 11

Accroître son individualité
et élargir son univers

« L es petites personnes s'intéressent à de petites questions et les grandes personnes, à de grandes questions. » Je lus ces mots il y a bien des années de cela, dans un document présenté par Sidney Jourard, un des chefs de file du mouvement de la psychologie humaniste. Une relation amoureuse recèle un potentiel énorme de nous développer, de nous sortir de nous-mêmes et, en stimulant notre capacité d'aimer, de nous amener à aimer plus profondément et avec une portée plus large. Mais, fait paradoxal, quand nous vivons ou cherchons un amour romantique, nous avons tendance à perdre contact avec notre propre grandeur. Nous sommes parfois si préoccupés par les hauts et les bas de notre relation que notre univers rétrécit : relations secondaires, questions importantes, tâches quotidiennes essentielles, reconnaissance même du chagrin ou de la beauté plus vaste qui nous entoure peuvent échapper à notre attention. Même dans les relations amoureuses les plus gratifiantes, les questions telles que « M'aime-t-il ou m'aime-t-elle ? » ou « Est-ce que je l'aime ? » peuvent devenir primordiales dans les moments de conflit, de doute ou d'insécurité. Dans une relation malsaine ou codépendante, les questions les

plus banales peuvent devenir le point central de notre existence :
« Appellera-t-elle ? », « Pourquoi ne peut-il être à l'heure, alors
qu'il sait à quel point c'est important pour moi ? », « Me trouve-
t-elle désirable ? », « Est-ce que ma coiffure lui plaît ? »

L'exemple le plus dramatique dont je me souvienne quant à
la façon dont les questions banales supplantent parfois les plus
importantes, met en vedette une cliente qui était aussi une can-
cérologue éminente et respectée. Lors d'une conférence destinée
au corps médical, elle devait présenter un exposé sur ses travaux,
qui constituaient l'aboutissement de nombreuses années de travail et un grand pas en avant dans la lutte contre une forme de
cancer affligeant surtout les enfants. Or, elle était obsédée par la
pensée que Simon, l'homme qui était son partenaire amoureux
depuis deux ans, avait oublié son anniversaire. Toute la journée,
elle fut soucieuse et furieuse, et rumina sans arrêt les mêmes
questions : « Pourquoi ne m'a-t-il pas appelée ? M'aime-t-il
encore ? Est-il si égocentrique qu'il ne se rend pas compte à quel
point ce serait significatif pour moi ? Comment peut-il me faire
ça, tout en connaissant l'importance de mon exposé ? Aurait-il
trouvé quelqu'un d'autre ? » À travers l'épais brouillard de ces
pensées sombres et envahissantes, elle présenta ses travaux, qui
reçurent un accueil enthousiaste et des éloges chaleureux, mais
n'en tira qu'une satisfaction mitigée. De retour chez elle, elle
trouva des ballons de fête sur sa porte : Simon avait mis le
champagne à refroidir et l'attendait. Ils célébrèrent et son anniversaire et son triomphe dans un tourbillon de plaisirs. Plus tard,
elle put dire : « Une fois soulagée de mes inquiétudes et de ma
colère, je pus regarder en arrière et voir que tout cela était vraiment dingue. Mon travail compte tellement pour moi, j'avais
trouvé une pièce minuscule, mais primordiale, d'un casse-tête
qui pouvait sauver des milliers d'enfants, mais pendant un
moment, ma contrariété devant l'oubli apparent de Simon a totalement éclipsé ce fait. J'avais perdu toute perspective ! »

Ce n'est pas tant une perte de perspective qu'un changement intense d'éclairage. Dans son livre *Le pouce du Panda*,
Stephen J. Gould signale que la terre a l'âge incompréhensible
de 4,5 milliards d'années. Il dit que l'on compare habituellement

son histoire à une horloge de vingt-quatre heures sur laquelle la civilisation humaine occupe les quelques dernières secondes, et que nos vies personnelles ne comptent que pour une nanoseconde cosmique de cette période. Dans cette optique, il est facile d'avoir l'impression que rien de ce que nous pensons, ressentons ou faisons n'a d'importance. Pourtant, comme nous le savons pertinemment, le caractère éphémère et minuscule de nos vies exige que nous accordions de l'importance à ce que nous pensons, ressentons et faisons. Ce que nous considérons comme des questions et engagements importants nous définit, ne serait-ce que pour l'instant. Et, à certains moments, les questions les plus insignifiantes peuvent devenir les plus pertinentes. De même qu'une rage de dent peut nous faire oublier la tumeur de la personne à côté de nous, notre investissement émotif dans nos relations amoureuses peut changer radicalement notre perspective : quand nous aimons quelqu'un, c'est notre relation avec cette personne qui compte le plus au monde pour nous. En même temps, nous pouvons être raisonnablement conscients du fait que notre vie et que les événements mondiaux dépassent notre relation. Fait paradoxal, comme nous le verrons, ces perspectives diamétralement opposées sont toutes deux vraies. Mais si vous savez que votre point de vue devient trop limité et unilatéral quand vous avez une relation amoureuse, cherchez à élargir et à approfondir votre capacité d'être un vous plus grand dans un monde plus grand. Une fois ce travail accompli, vous cesserez de perdre votre perspective plus globale devant la magnificence ou les vicissitudes de l'amour.

Il existe plusieurs voies que vous pouvez emprunter pour accroître votre individualité et élargir votre univers :

1. La voie de la révélation psychologique.

2. La voie spirituelle : entrer en contact avec ce qui est éternel.

3. La voie de l'amour de soi essentiel.

4. La voie de l'engagement actif.

Explorons chacune de ces voies.

La voie de la révélation psychologique

Dans ce livre-ci, nous avons surtout exploré la voie de l'approfondissement de la connaissance de soi, et en particulier, des aspects que l'on a réprimés ou niés. Nous avons surtout tenté de comprendre que nos modèles de comportement autodestructeurs sont fondés sur des expériences et sentiments de l'enfance. L'influence non reconnue de notre passé sur nos sentiments actuels à l'égard de nous-mêmes et des autres rétrécit sournoisement nos perceptions, nos intérêts, les genres de personnes qui nous attirent et de relation que nous établissons. Il peut être extrêmement utile que vous exploriez, avec une vision aussi claire que possible, comment vous avez été programmé par les besoins, peurs, conflits intérieurs et rapports familiaux de votre enfance.

Dans le roman d'Anita Brookner intitulé *Latecomers*, l'un des personnages, un homme d'âge moyen prénommé Fibich, a une révélation sur lui-même et les personnes de sa vie :

> Ah, se dit-il, la vérité lui sautant soudain aux yeux, personne ne grandit. Chacun porte en lui, intacts, tous les moi qu'il a été et qui attendent d'être réactivés dans les moments de souffrance, de peur ou de danger. On peut tout retrouver, le moindre choc, la moindre blessure. Mais peut-être est-ce notre devoir d'abandonner la provision de souvenirs que nous portons à l'intérieur de nous, de les rejeter en faveur du présent, afin de pouvoir tourner notre attention vers l'extérieur, vers le monde dans lequel nous avons fait notre maison.

Ce discours souligne avec éloquence comme il peut être transformateur de saisir complètement à quel point notre passé continue de vivre en nous, puis de rejeter ses images invisibles et ses sentiments non invités (ou, du moins, de ne pas en tenir compte), afin de pouvoir « tourner notre attention vers l'extérieur, vers le monde dans lequel nous avons fait notre maison ». Nous affrontons alors un nouveau paradoxe : plus nous connaissons et plus nous comprenons notre vie *intérieure*, qui est le fruit du passé, plus nous sommes libres d'interagir de façon authentique, efficace et aimante sur la vie *extérieure* à laquelle nous devons faire face dans le présent.

L'une des principales caractéristiques de l'impact du passé sur notre présent, c'est qu'il nous prédispose à choisir des relations amoureuse particulières. Harville Hendrix, éminent thérapeute pour couples, dit de notre quête de partenaires amoureux : « J'ai découvert, après de nombreuses années de recherches théoriques et d'observation clinique, que nous cherchons quelqu'un qui possède les traits de caractère prédominants des personnes qui nous ont élevés. » Voilà une extension de l'observation que fit Freud en 1905, selon laquelle l'enfant au sein de la mère est « le prototype de toute relation amoureuse ». Freud poursuit en disant que « *la découverte d'un objet (d'amour) est, en fait, une redécouverte* ».

Manifestement, si les traits que vous cherchez à « redécouvrir » sont positifs, votre quête sera plus heureuse que si vous êtes à la recherche de traits négatifs. Mais si vos expériences amoureuses de la prime enfance et de l'enfance vous prédisposent à rechercher des relations avec des personnes présentant des lacunes graves ou même destructrices en tant que partenaires amoureux, les découvertes que vous ferez sur ce lien entre votre passé et votre présent vous fourniront de puissants outils pour contrecarrer et modifier cette programmation initiale. Vous pouvez prendre conscience de ce que vous voulez obtenir d'une relation aujourd'hui et le chercher à partir d'une base plus vraisemblable. Et même si vos expériences enfantines ont été très négatives, un de vos parents ou les deux possédaient peut-être des traits positifs que vous pourriez vouloir « redécouvrir » dans votre quête de nouvelles relations amoureuses.

Même si vous êtes programmé à redécouvrir des traits du passé, le fait d'être conscient de cette influence vous permettra d'y imprimer votre propre tournure. Voilà ce qu'entendait Ethel Person en écrivant : « L'amour est, d'une certaine façon, une redécouverte. Mais c'est aussi — et c'est là son triomphe ultime — la création d'une nouvelle expérience... L'amour peut être régressif, mais il est aussi progressif, et donne une orientation et un contenu à la maturation du soi. » Vous augmentez fortement vos chances de trouver un amour qui agisse comme un catalyseur de changement en comprenant comment vous avez développé vos attitudes actuelles face à l'amour.

Les découvertes que vous ferez sur votre programmation enfantine et son fonctionnement actuel en vous peuvent ne pas entraîner de changements immédiats. En fait, je pourrais sans doute compter sur les doigts d'une main ceux de mes clients qui, au cours de mes quatre décennies de psychothérapie, ont réussi à opérer un changement quasi instantané après avoir eu une révélation sur eux-mêmes. L'un d'eux était Rachel, une femme de trente ans, qui avait une relation malheureuse et soumise avec Serge. Après quelques séances de psychothérapie seulement, elle me dit : « Je vois maintenant que j'éprouve le même désespoir et que je fais les mêmes efforts désespérés pour mériter l'amour de Serge que je le faisais avec ma mère. Mais il n'est pas ma mère et je ne suis plus une fillette qui a besoin d'attention. Il va falloir que je change cela. » Lors de la *séance suivante*, soit une semaine plus tard seulement, elle avait fermement et clairement redéfini sa relation en fonction de ses découvertes ! (Même si ce changement engendra de puissants conflits à l'origine, le respect mutuel des partenaires s'enracina et la relation continuait de grandir la dernière fois que j'en ai entendu parler.)

Je fus étonné de la rapidité du changement survenu chez Rachel. C'est toujours le cas quand je rencontre une des rares personnes capables d'utiliser de façon aussi rapide et radicale une découverte sur elles-mêmes. Chez la plupart d'entre nous, l'aptitude à mettre à contribution, même nos révélations les plus intenses, se développe lentement, parfois très lentement même. Mais que votre rythme soit rapide ou lent, le processus qui consiste à faire des découvertes sur soi-même et à les appliquer comporte les mêmes éléments :

1. Consentir à voir et à sentir vos liens avec votre passé, y compris les expériences de la prime enfance et les plus récentes.

2. Voir comment votre passé limite et détermine vos actions et vos options.

3. Ouvrir les yeux sur de nouvelles possibilités de raisonner, de sentir et de créer votre vie.

4. Décider de ne plus vous comporter en accord avec votre vieille programmation restrictive et autodestructrice, et de courir le risque d'essayer les lignes de conduite nouvelles et plus satisfaisantes qui s'offrent à vous.

Vous pouvez emprunter de nombreux véhicules pour parcourir le chemin qui mène à une meilleure connaissance de soi, notamment : lire des livres comme celui-ci, suivre une psychothérapie ou une psychanalyse, adhérer à un groupe d'entraide, avoir des discussions franches avec des amis perspicaces en qui vous avez confiance et tenir un journal de vos pensées, sentiments et rêves. L'important, c'est que vous vous engagiez à comprendre comment votre tempérament inné et vos besoins fondamentaux interagissent avec l'environnement créé par votre famille, la société et les événements déterminants de votre vie pour faire de vous ce que vous êtes.

Cela exige que, au lieu de voir la malchance ou une personne en particulier comme la source de vos problèmes, vous vous voyiez vous-même comme l'auteur principal de votre autobiographie en évolution. Je ne vous suggère pas de vous en prendre à vous-même : cela serait tout aussi infructueux et ne ferait que détourner l'énergie et la perspective dont vous aurez besoin pour écrire des chapitres nouveaux et plus gratifiants. Ce que je suggère, c'est que vous vous atteliez à la tâche qui consiste à approfondir votre connaissance de vous-même en vous demandant à plusieurs reprises, non pas avec le zèle d'un procureur, mais avec la curiosité de l'explorateur et la sollicitude d'un ami, comment vous en êtes arrivé là où vous êtes et comment vous pouvez progresser. Grâce à cette exploration, vous pourrez décider de créer votre vie, au lieu de laisser aveuglément votre passé être le schéma directeur de votre présent et de votre futur.

LA VOIE SPIRITUELLE : ENTRER EN CONTACT AVEC CE QUI EST ÉTERNEL

La voie spirituelle est une autre voie intérieure qui permet d'accroître son individualité et d'élargir son univers. Elle revêt diverses significations pour différentes personnes et aucune pour certaines. Dans ce contexte-ci, je dirais que nous sommes engagés sur une voie spirituelle quand nous ressentons ou recherchons un contact avec ce qui est éternel.

L'amour romantique, même s'il se limite à une personne en particulier, peut nous rendre plus grands en nous faisant ressentir notre lien avec ce qui est plus permanent et même avec ce qui est éternel et infini. Il produit cet effet, d'abord en libérant en nous un sentiment d'amour illimité, puis en nous aidant à trouver chez notre bien-aimé et à travers lui une raison d'être et un sentiment d'émerveillement plus grands. Le fait qu'une relation amoureuse provoque cette expansion en vous ou vous restreigne aux détails minuscules de cette seule relation dépend grandement de sa nature. Mais cela dépend beaucoup aussi de la force du lien que vous, en tant qu'individu, ressentez déjà avec le caractère immense et immortel du monde qui vous entoure.

Il existe maintes façons d'entrer en contact avec ce qui est éternel. Certains le font en regardant un paysage à couper le souffle ou en contemplant la merveille des nombreux soleils et des espaces infinis de l'univers. D'autres retrouvent ce contact dans l'expérience esthétique exaltante que constitue la contemplation ou la création d'une peinture, d'une symphonie, d'un poème, dans le lien qui les unit aux autres créatures vivantes ou dans leur parenté avec l'humanité tout entière. Pour certains, ce lien prend la forme d'un attachement aux traditions ancestrales ou familiales. Pour beaucoup, il se manifeste dans la communion avec l'Être Suprême, soit à travers une doctrine religieuse officielle, des rituels et des prières, soit à travers leur vision d'un pouvoir personnel supérieur.

Ce qui donne un caractère *spirituel* à ces expériences, c'est l'expérience directe de *quelque chose de plus* : de plus que vous-même, que le moment présent, que vos préoccupations et attachements courants.

Ces approches de l'éternel nous mettent aussi en contact avec un soi profond, un soi intemporel, infini et distinct de notre psychodynamique, de notre histoire ou des affections et événements courants de notre vie.

Yogi Amrit Desai parle de l'importance d'être en contact avec ce soi profond quand on veut augmenter sa capacité d'aimer :

> Nous cherchons constamment l'expérience puissante de l'unité et de l'intégration. Ce dont nous ne sommes pas conscients, c'est que nous possédons à l'intérieur de nous le potentiel inné de manifester cette unité... Nous croyons devoir regarder à l'extérieur de nous. Mais chaque fois que nous recherchons à l'extérieur les nombreuses formes de l'amour — amour romantique, reconnaissance, approbation et récompenses — nous créons une dépendance. Cette dépendance engendre aussitôt de la peur, peur de perdre ou de ne pas trouver ce que nous désirons ardemment. Au lieu de faire de nous des êtres complets, cet amour renforce notre sentiment d'incomplétude en créant une division ou une déchirure interne. Le véritable amour est autosuffisant, satisfaisant en soi... et émane de l'intérieur de nous.

Voilà une perspective très orientale, et je ne suis pas d'accord avec Amrit Desai pour dire que tout attachement est négatif. Il m'apparaît clairement que l'amour romantique peut être un catalyseur puissant de l'intimité et de la croissance ainsi qu'une raison d'être. Mais son avertissement nous rappelle que si nous utilisons notre attachement romantique pour négliger ou pour outrepasser l'amour qui « émane de l'intérieur de nous », nous créons une dépendance qui, une fois encore, nous rétrécit au lieu de nous agrandir.

Donc, vous pourriez trouver très utile de vous tourner vers l'intérieur, non seulement pour apprendre à mieux vous connaître, mais encore pour être en contact avec l'unité qui sous-tend votre soi psychologique, tout en le transcendant. Dans cette entreprise, de nombreux individus — qu'ils adhèrent ou non à une religion officielle — trouvent que la méditation est une approche extrêmement efficace. Il existe une grande variété de méditations et elles sont trop nombreuses pour que l'on puisse les énumérer toutes ici. En commençant avec un ouvrage de base, comme *How to Meditate*, de Lawrence LeShan, vous trouverez non seulement des instructions, mais aussi un guide d'exploration ultérieure. À la question « Pourquoi méditer ? », posée en introduction, LeShan répond :

> Nous méditons pour trouver, redécouvrir, revenir à quelque chose en nous que nous avons déjà eu en petite quantité sans le savoir et que nous avons perdu sans en connaître la nature ni savoir quand ni où nous l'avons perdu. Nous pourrions l'appeler accès à une plus grande partie de notre potentiel humain, capacité d'être proches de nous-mêmes et de la réalité, accès à une plus grande capacité d'aimer, à plus d'entrain et d'enthousiasme, certitude de faire partie de l'univers et de ne jamais pouvoir en être isolés ou séparés, ou aptitude à mieux voir la réalité et à fonctionner plus efficacement dans cette réalité.

LeShan explique qu'il a demandé à un groupe de scientifiques qui méditent tous les jours d'expliquer pourquoi ils le faisaient. Aucune réponse ne satisfaisait vraiment tout le monde jusqu'à ce qu'un homme dise : « C'est comme rentrer chez soi. » De commenter LeShan : « Il y eut un silence et, un par un, tous hochèrent la tête en signe d'assentiment. »

Marlin Brenner, un psychanalyste qui explore, lui aussi, l'utilité de la méditation orientale et les révélations qu'elle entraîne, m'a dit :

> La méditation donne à une personne l'occasion de voir sa vie dans un contexte plus vaste. Même si elle a l'impression d'être prisonnière de forces qu'elle ne

peut pas maîtriser et qu'elle est mue par des désirs qui demeurent inassouvis, la méditation lui donne une vue d'ensemble de sa situation. Cela lui permet de comprendre qu'elle n'est pas prisonnière, mais libre, et que ses besoins ne sont pas aussi grands qu'elle le croit. De cette façon, la méditation peut provoquer un changement de perspective presque miraculeux en ce qui touche la place que nous occupons dans l'univers.

J'ai demandé à Marlin Brenner comment ce principe s'appliquait plus précisément aux relations amoureuses. « Dans les relations amoureuses, nous pouvons être prisonniers de la croyance que nous avons besoin de l'autre pour éviter une souffrance atroce. Une modification de ce point de vue à travers la méditation peut nous montrer que nous pouvons remplacer ce besoin par l'appréciation, la réciprocité, la satisfaction profonde, la générosité et la créativité. » Et qu'en est-il du désir sexuel ? lui demandai-je. « Le désir sexuel, à l'instar de l'amour, se transforme aussi quand notre vision des choses se modifie. Nous pouvons voir qu'il est possible de satisfaire notre désir sexuel à travers la réciprocité, le partage, le respect et une profonde compréhension de nous-mêmes et de l'autre, au lieu de ressentir l'objet de notre désir sexuel comme de la nourriture et de croire que l'absence de sexe équivaut à mourir d'inanition. »

La voie spirituelle, dans ce cas, vous ramène chez vous en transformant votre conscience de soi, tout en approfondissant et en élargissant votre lien et votre sentiment d'unité avec tout ce qui vous entoure. Cela a pour conséquence de réduire l'effet restrictif de votre soif d'attachement dans vos relations amoureuses et, par conséquent, d'accroître votre capacité d'aimer, y compris celle de vous aimer vous-même.

LA VOIE DE L'AMOUR DE SOI ESSENTIEL

L'expression « amour de soi » est souvent confondue à tort avec l'égoïsme ou le narcissisme. Définie ainsi, cette expression signifierait tout le contraire de l'amour altruiste. Un amour de soi sain, cependant, fait partie de notre capacité générale d'aimer, et peut libérer et renforcer notre capacité d'aimer les autres. Dans *L'art d'aimer*, Erich Fromm écrit :

> Si c'est une vertu d'aimer mon prochain en tant qu'être humain, ce doit en être une — et non un vice — de m'aimer moi-même, étant donné que je suis aussi un être humain… Le précepte biblique « aime ton prochain comme toi-même » signifie précisément que le respect de sa propre intégrité et singularité, l'amour et la compréhension de son propre soi, sont inséparables du respect, de l'amour et de la compréhension d'autrui. L'amour de mon propre moi est résolument lié à l'amour des autres.

Cette forme « d'amour de mon propre moi » est ce que j'appelle « l'amour de soi essentiel ». Le terme « essentiel » revêt ici une double connotation : premièrement, il se rapporte à un amour de soi qui a une importance critique pour notre bien-être, au même titre que les vitamines ou les minéraux essentiels. Cette signification est reliée au souci fondamental de notre survie et de notre bien-être personnels. Mais le terme « essentiel » reflète aussi l'appréciation de notre *essence* fondamentale, tant à titre d'individus uniques que de membres de la famille humaine.

Ceci accroît notre amour de soi au-delà d'un égocentrisme étroit. Sans cet amour de soi essentiel, notre capacité d'aimer les autres est fortement limitée. Tout ce qui nous reste, ce sont nos préoccupations narcissiques et celles qui sont reliées à notre survie. Nous n'apprécions les autres que dans la mesure où ils peuvent combler nos besoins. De ce point de vue, nous avons tendance à ressentir leurs besoins comme des exigences inadéquates ou même exagérées que nous sommes enclins à mépriser, haïr ou manipuler à nos propres fins. Sans l'amour de soi essentiel, nous pouvons facilement devenir codépendants, nous attacher aux autres pour résoudre notre sentiment de vide, notre haine de soi ou notre impression de manquer de valeur. L'héroïne codépendante du roman *The Company She Keeps*, de Mary McCarthy, fait une découverte qui la glace d'effroi :

> Elle voyait pour la première fois ses propres limitations, voyait que c'était quelque lacune de l'amour de soi qui la forçait à s'emparer aveuglément de l'amour des autres, dans l'espoir qu'elle s'aimerait à travers eux en empruntant leurs sentiments, comme la lune empruntait la lumière. Elle-même était une planète morte.

Si vous vous trouvez entre deux relations amoureuses en ce moment, le moment est bien choisi pour examiner vos lacunes en ce qui touche l'amour de soi. Vous devez d'abord reconnaître qu'il y a quelque chose de radicalement mauvais dans le fait de *ne pas* s'aimer soi-même. Certaines personnes, qui ont passé toute leur vie drapées dans leur estime de soi minable, acceptent si totalement leur manque de valeur et leur insuffisance comme des faits indiscutables, qu'elles ne se rendent pas compte du caractère malfaisant de cette attitude. Cette absence d'amour de soi essentiel est destructrice et surcharge la relation amoureuse de négativisme et de demandes tacites ou explicites de secours et de réconfort.

Vous devez aussi reconnaître que votre absence d'amour de soi essentiel prend presque certainement sa source dans la programmation déformée de votre passé. Les rebuffades excessives, les trop nombreuses fois où l'on vous a humilié, culpabilisé ou fait ressentir votre insuffisance, où vous n'avez pas reçu l'encouragement, la reconnaissance et le soutien dont vous aviez besoin, ont gravé ce programme dans vos neurones. En outre, vous avez été programmé à ne pas vous aimer par le fait que votre moi enfant — et tous les moi enfants ont tendance à faire cela — a exagéré vos faiblesses, vos échecs et vos embarras. Quand vous aurez vraiment compris que c'est votre enfant intérieur déprimé qui est responsable de votre sentiment de manquer de valeur, vous serez mieux à même de répondre à cet enfant intérieur avec la compassion, le soutien et l'amour dont un enfant a besoin. Quand Henri, par exemple, put sentir le lien entre sa haine de soi et l'attitude humiliante de sa mère, et quand il vit clairement son rejet comme un reflet de son état d'esprit plutôt qu'une indication de sa valeur à lui, il put remettre en question l'image de lui-même qu'il avait formée il y a longtemps. Ceci l'amena peu à peu à sentir que non seulement il méritait, mais encore il exigeait d'être mieux traité par ses partenaires amoureuses.

Votre programmation enfantine n'est peut-être pas la seule cause de votre absence d'amour essentiel de soi. Il se peut que vous nuisiez à cet amour aujourd'hui en adoptant des façons d'être et d'agir qui vous déplaisent et que vous désapprouvez profondément. En fin de compte, l'antidote consiste à essayer de modifier ces modèles. Le fait qu'une partie de votre estime de soi repose sur votre comportement dans les domaines qui comptent vraiment pour vous reflète votre degré de maturité. Mais, tout en affrontant vos problèmes et en travaillant à les résoudre, ne renoncez pas à votre amour inconditionnel pour la personne essentielle que vous êtes.

Carole avait parfois envie de disparaître en songeant à la façon dont elle s'était rabaissée devant Marc, dont les cruelles critiques l'incitaient à redoubler d'efforts pour lui plaire ou en songeant à la façon dont elle le quittait par respect pour elle-même pour le supplier aussitôt de revenir à n'importe quelles conditions ou presque. « Il m'arrive, confessa-t-elle, de revoir soudain en pensée des incidents qui me donnent envie de rentrer sous terre. Comme le soir où il est rentré très tard et où je lui ai fait l'amour même si je sentais encore l'odeur d'une autre femme sur lui. Quand je me rappelle cela, je me demande quelle sorte de faible créature je suis. »

À d'autres moments, Carole évoquait la période de souffrance et de colère qu'elle avait traversée après sa rupture avec Marc et pendant laquelle elle avait traité les hommes de la même façon que Marc l'avait traitée, elle. « C'était tellement méchant de ma part de claquer la porte au nez de ce gars tout à fait adorable juste parce qu'il m'avait apporté des fleurs, de poser des lapins aux hommes et de dénigrer leur performance sexuelle. Quand j'y repense, je me déteste. »

Carole accepta peu à peu la honte et la culpabilité qu'elle ressentait à l'égard de ses actions passées. « Je méprise vraiment ce genre de comportement, chez moi comme chez les autres. Tout ce que je peux faire maintenant, c'est de m'engager à ne plus jamais me traiter moi-même ni traiter les autres avec cette cruauté. » Elle reconnaissait franchement que ses actions ne répondaient pas à ses critères d'approbation de soi et s'engageait à ne plus violer ceux-ci à l'avenir. En même temps, elle pouvait dire : « Même si mon comportement est inexcusable, je peux y trouver des justifications dans mon histoire passée et dans la crise que je traversais à l'époque. Cela me permet de me pardonner. Au fond, je suis une bonne personne. » C'est ainsi que l'*amour de soi essentiel et inconditionnel* de Carole s'alliait à son *approbation de soi conditionnelle* pour lui donner un sens du soi complexe, équilibré, compatissant et généralement positif.

Il peut être utile pour vous aussi de reconnaître que vous *avez besoin de l'approbation de soi conditionnelle pour vous inciter à être la personne que vous voulez être et de l'amour de soi essentiel pour vous apprécier, même si un aspect de vous-même vous déplaît ou que les autres vous rejettent ou même vous méprisent.* Cultiver cet amour de soi essentiel et cette approbation de soi conditionnelle est non seulement agréable, mais cela augmente votre capacité de nouer une relation amoureuse vraiment satisfaisante et élargit la portée de votre attention aimante pour englober le monde dans lequel vous vivez.

LA VOIE DE L'ENGAGEMENT ACTIF

Bertrand, en se libérant de plus en plus de sa quête obsessive et restrictive de femmes peu aimantes comme Diane, étendit le champ de ses activités à la photographie artistique qui le passionnait tant autrefois. C'est ainsi qu'il se trouva, presque fortuitement, à photographier des familles de sans-abri qui vivaient dans son quartier. Bientôt, il prit à cœur d'exposer au grand jour les difficultés de ces gens. Outre qu'il prit des photos qui dépeignaient leur vie avec dignité et compassion, il devint leur porte-parole auprès des médias et des comités de législation. « Quand j'étais gosse et durant toute mon adolescence, je nourrissais de véritables convictions. Des expressions comme " le cours de la justice ", " égalité " et " fraternité " étaient aussi sacrées pour moi qu'une doctrine religieuse. En fait, c'est après avoir vu une exposition de photographies intitulée " La famille de l'homme " que j'ai commencé à m'intéresser pour de vrai à la photographie. Puis j'ai perdu ma "religion" au profit de ma compulsion à séduire des femmes comme Diane. En fait, j'ai perdu le sens de ce que j'étais dans l'obsession totale qui me poussait à vouloir amener des femmes comme elle à m'aimer. Aujourd'hui, j'ai l'impression d'avoir retrouvé ma religion. D'être revenu à moi-même. Et ma capacité d'aimer s'est tellement accrue que je me demande si c'est vraiment de l'amour que j'éprouvais pour Diane. »

Vous libérer de la codépendance amoureuse peut élargir le champ de vos intérêts et de vos engagements, ce qui, en retour, peut vous empêcher de tomber dans une autre relation codépendante. Cela peut aussi vous rendre plus disponible pour établir une relation amoureuse non dépendante et gratifiante. Lorsque le magazine de Carole présenta une série d'articles sur certaines anomalies du système des familles nourricières, elle s'intéressa de près aux tentatives pour aider les familles perturbées à rester unies. Ni elle ni moi n'imputons à une coïncidence le fait qu'elle engagea une relation vraiment satisfaisante avec David pendant qu'elle se dévouait à cette cause. Elle avait élargi ses horizons et ouvert son cœur comme jamais auparavant.

Se soucier des autres est une manière de s'exercer à adopter un comportement aimant et d'augmenter notre capacité d'aimer. C'est le pendant actif et tourné vers les autres de notre lien spirituel avec ce qui est éternel ou ce « quelque chose de plus ». Après tout, les *valeurs* sont aussi « quelque chose de plus » et notre engagement envers ces valeurs nous fait grandir. On se nourrit soi-même quand on se soucie des autres. Je me rappelle les paroles suivantes de Virginia Satir, spécialiste de la thérapie familiale et femme inspirée : « Pour les humains, se nourrir signifie être en contact, aimer et apprécier. Cela signifie que chaque être est capable de se tenir debout dans sa petite flaque d'eau et d'entrer en contact avec les autres. »

Il est essentiel que chacun de nous se tienne dans sa « petite flaque d'eau » pour acquérir l'autonomie et l'individualité dont il a besoin pour éviter les affections codépendantes qui risquent de paralyser sa capacité d'aimer. Mais nous ne connaîtrons jamais l'amour à moins de tendre la main hors de notre flaque pour toucher et embrasser le monde extérieur. Et c'est une chose que vous pouvez faire, même s'il n'y a pas de relation amoureuse particulière dans votre vie à l'heure actuelle.

CHAPITRE 12

Retrouver son chemin à travers les paradoxes de l'amour

La voie qui mène à une relation amoureuse est pavée de contradictions dont les deux extrêmes peuvent ressembler à des vérités. Le plus déroutant, c'est que ces deux extrêmes sont vrais ! Ce sont des paradoxes, des affirmations véridiques en soi, mais qui contredisent d'autres vérités. Le monde des proverbes est rempli de contradictions similaires telles que : « Il ne faut pas se lancer à l'aveuglette » et « Une minute d'hésitation peut coûter cher ». J'ai déjà signalé certains de ces paradoxes dans le cas de l'amour. Maintenant, nous examinerons de plus près une « douzaine décourageante » d'entre eux que vous devrez comprendre et affronter tout en gouvernant votre relation amoureuse.

D'UNE PART...	D'AUTRE PART...
1. Je veux être très aimant envers mon partenaire et les autres.	Je veux être très aimant envers moi-même.

D'UNE PART...	D'AUTRE PART...
2. Je veux être indépendant et ne compter que sur moi-même.	Je veux avoir un lien d'amour et de dépendance avec un partenaire amoureux.
3. Je veux augmenter ma capacité d'aimer de mes besoins et les satisfasse.	Je veux que mon partenaire s'occupe d'un grand nombre inconditionnellement.
4. Je veux, par-dessus tout, être aimé et désiré par la personne que j'aime.	Je veux m'intéresser à des questions plus importantes que celle de savoir si mon partenaire m'aime et me désire.
5. Je veux être heureux avec reuse moi-même.	Je veux une relation amou-vraiment satisfaisante parce que cela me rendrait heureux.
6. Je veux pouvoir être attentif à mon enfant intérieur et en prendre soin.	Je veux que la personne que j'aime écoute mon enfant intérieur, y soit attentive et en prenne soin.
7. Je veux améliorer sans cesse ma capacité de guérir mes blessures et de corriger mes dysfonctions.	Je veux apprécier le pouvoir de guérison d'une relation amoureuse saine et le pouvoir de favoriser ma croissance personnelle.
8. Je veux devenir plus aimant en approfondissant ma ve connaissance de moi-même.	Je veux devenir plus aimant en m'engageant de façon acti-et aimante dans le monde.
9. Je veux pouvoir vivre pleinement l'instant présent avec mon partenaire.	Je veux pouvoir planifier et actualiser un avenir agréable avec mon partenaire.
10. Je veux être capable d'aimer toutes sortes de gens.	Je veux me dévouer de tout mon être à la personne que j'aime.

D'UNE PART...	D'AUTRE PART...
11. Je crois qu'il faut travailler pour assurer le succès d'une relation amoureuse.	Je crois que, s'il faut travailler dur pour assurer le succès d'une relation amoureuse, c'est que quelque chose cloche.
12. Je veux, par-dessus tout, ressentir de la passion dans ma relation amoureuse.	Je veux, par-dessus tout, que l'amitié, le partage et la fiabilité occupent une grande place dans ma relation amoureuse.

Il serait beaucoup plus facile de vivre et d'aimer si un aspect seulement de ces contradictions était vrai. Notre profond désir de trouver La Réponse serait alors aisément comblé. Nous saurions quoi faire ou du moins quel but viser. Au lieu de cela, nous devons affronter le fait que la réponse réside dans la reconnaissance de la validité simultanée de vérités contradictoires. Cette reconnaissance, aussi frustrante soit-elle, vous permettra de voir que, lorsque vous cherchez une relation amoureuse, vous devez naviguer entre les deux rives de ces contradictions. Si vous approchez trop près de l'une ou de l'autre, vous risquez de vous écraser sur les rochers. C'est pourquoi vous devez vous laisser guider par votre jugement le plus intuitif et le plus aimant.

PREMIER PARADOXE
Je veux être très aimant :
   a) envers mon partenaire et envers les autres ;
   b) envers moi-même.

Comme nous l'avons vu, l'amour d'autrui et l'amour de soi (qu'on ne doit pas confondre avec le narcissisme) ne s'opposent pas l'un à l'autre mais se renforcent mutuellement. Dans son livre intitulé *What Love Asks of Us* (Ce que l'amour exige de nous), Nathaniel Branden écrit :

> Si j'éprouve un sentiment fondamental d'efficacité et de valeur personnelle et si, en conséquence, je me sens sympathique en tant qu'être humain, je possède

donc une base, ou un précédent, pour apprécier ou aimer les autres. Je ne suis pas coincé dans des sentiments d'insuffisance. J'ai un surplus de vitalité à l'intérieur de moi, une « richesse » émotive que je peux canaliser dans l'amour.

Le contraire est aussi vrai. Je peux inverser l'affirmation de Branden et dire que, quand j'apprécie et aime une autre personne, je me sens bon et généreux, ce qui m'incite encore davantage à m'apprécier et à m'aimer moi-même. Bertrand découvrit ceci dans le contexte de son engagement amoureux avec Pauline. Il dit : « Je vois bien maintenant que mon amour pour Diane était si déformé par mon insécurité et mes efforts incessants pour l'amener à m'aimer que cela a détruit mon estime de moi-même. Aimer Pauline me rend si généreux et aimant que je ne peux m'empêcher de m'estimer. Je sais qu'il fallait que j'apprenne à m'aimer moi-même avant de pouvoir aimer une femme comme Pauline, mais j'aime encore plus la personne que je suis avec elle. »

La capacité d'aimer est une aptitude humaine que nous avons le pouvoir de cultiver et de fortifier. Elle peut être dirigée vers l'intérieur (vers soi-même), ou vers l'extérieur (vers les autres). Plus vous êtes capable de la diriger dans les deux directions, plus vous pourrez avoir une relation amoureuse satisfaisante. Personne n'a mieux décrit le besoin de l'amour de soi et de l'amour d'autrui que Hillel, rabbin et philosophe ayant vécu au premier siècle, qui enseignait : « Si je ne suis pas de mon côté, qui le sera ; mais si je suis uniquement de mon côté, alors, que suis-je ? »

DEUXIÈME PARADOXE

Je veux :
   a) être indépendant et ne compter que sur moi-même ;
   b) avoir un lien d'amour et de dépendance avec un partenaire amoureux.

Si vous voulez être totalement indépendant, vous écartez toute chance de nouer un lien aimant ; par contre, si vous établissez un lien de totale dépendance, vous ne laissez aucune place à l'indépendance. (Une femme disait de la relation dans laquelle son mari et elle s'étouffaient mutuellement : « C'est affreux. Nous sommes comme deux spaghettis pâteux qui essaient de s'appuyer l'un sur l'autre. ») Mais c'est seulement sous ces formes extrêmes qu'une position exclut l'autre. Elles peuvent aller main dans la main quand on reconnaît l'importance de créer un équilibre constant entre les forces d'attraction de ces deux besoins humains.

Althea Horner me signala un jour que son livre sur la façon de trouver l'indépendance et l'intimité s'intitulait *Being and Loving* (Être et aimer), et non *Being or Loving* (Être ou aimer). Elle écrivait : « (*aimer*) suggère l'idée d'un attachement affectif à un autre être humain, fondé non seulement sur les besoins de dépendance de la personne, mais encore sur sa capacité de chérir l'autre comme la vraie personne qu'elle est... *Être* se rapporte au sentiment clair et continu du " Je suis, j'existe, je continue ". C'est la capacité de se voir comme un être humain distinct, réel et complet. » Ces deux états peuvent se compléter, car un « être humain distinct, réel et complet » peut avoir la sécurité et le courage d'aller vers un autre individu distinct et d'établir un lien puissant avec lui, tout en voyant son propre caractère distinct et réel confirmé par la réaction aimante de l'autre. Bien des gens m'ont affirmé qu'après avoir acquis un profond sentiment d'indépendance et d'autonomie, ils pouvaient plus facilement établir une relation amoureuse, et que, quand ils avaient une relation amoureuse heureuse et positive, leur sentiment de pouvoir et d'indépendance s'en trouvait renforcé.

Laure s'était efforcée toute sa vie de n'avoir besoin de personne. Lorsqu'elle prit conscience qu'au fond, elle désirait pouvoir dépendre de son partenaire amoureux, elle dut affronter sa conviction que, si elle cédait à ce désir, elle deviendrait impuissante et aurait sans cesse besoin d'attention et d'affection. Elle se débattit avec la question de savoir si elle pouvait compter sur un homme pour être auprès d'elle et la rassurer tout en préservant son indépendance. Cette lutte s'intensifia quand elle tomba amoureuse de Robert. Elle avoua : « Je n'arrive pas à croire que je laisse Robert prendre soin de moi de bien des façons tout en ayant confiance qu'il ne disparaîtra pas. Et même si je dépends de lui, je suis toujours maîtresse de mes décisions et de ma vie. »

Une description que je fis un jour des critères d'une relation saine entre un parent et un enfant adulte pourrait aussi bien s'appliquer à une relation amoureuse : « C'est notre affection qui nous lie, et non des conditions. Dans une relation aimante, nous nous tenons à une distance suffisante l'un de l'autre pour que chacun puisse voir l'autre clairement dans l'espace pur et net qui se trouve entre nous et autour de nous, tout en étant assez proches pour se toucher du bout des doigts ou du regard, assez proches pour se soutenir de la main au besoin, assez proches pour qu'un seul pas nous réunisse quand nos sentiments nous poussent l'un vers l'autre. Une distance aimante. Voilà ce qu'une relation… peut être. »

TROISIÈME PARADOXE

Je veux :

a) augmenter ma capacité d'aimer inconditionnellement ;
b) que mon partenaire amoureux s'occupe d'un grand nombre de mes besoins et les satisfasse.

Pourquoi voulez-vous augmenter votre capacité d'aimer d'une manière inconditionnelle ? Judy Kuriansky donne la réponse qui suit :

> Le fait que l'amour inconditionnel est un état auquel il vaut la peine d'aspirer est très clair pour les personnes qui en font l'expérience… C'est un état transcendant dans lequel vous donnez et recevez de l'amour sans penser à la perte ou au gain. C'est véritablement l'état amoureux le plus élevé, dans lequel le pouvoir de l'amour de nourrir et de guérir atteint un sommet. Il vous permet de vous élever au-dessus d'une grande partie de la « guerre » que vous croyez peut-être inévitable entre les sexes. C'est l'état dans lequel vous

acceptez votre partenaire et dans lequel vous vous sentez accepté par lui… dans lequel vous aimez sans vous soucier de savoir si l'autre vous répond ou comment il le fait.

L'amour inconditionnel est un amour puissant, fondamental et même spirituel.

Comme nous l'avons vu plus tôt, aimer sans condition, ce n'est pas accepter n'importe quel traitement ou comportement de la part de son partenaire. Vous pouvez aimer quelqu'un profondément sans vous sentir obligé d'aimer tout ce qu'il fait, dit ou pense et certainement sans penser que vous devez négliger vos propres besoins au profit des siens. Vous entrez dans une relation amoureuse non seulement parce que vous aimez quelqu'un, mais aussi parce que vous espérez satisfaire de nombreux besoins fondamentaux : besoin d'intimité émotive, de plaisir sexuel, de soutien pratique et affectif, d'affection, de camaraderie et ainsi de suite. Même si votre amour est profond et inconditionnel, vous ne serez sans doute pas satisfait si votre relation amoureuse n'assouvit pas dans une proportion substantielle ces besoins fondamentaux et légitimes.

Carole se heurta à ce dilemme avec Maurice, l'un des hommes qu'elle fréquenta entre Marc et David. Au contraire de Marc, Maurice était attentionné, et il était clair qu'il aimait bien Carole et qu'il appréciait sa compagnie. Il possédait une autre qualité qui le rendait très attirant aux yeux de Carole : il était adroit avec les voitures, les appareils électroniques et les réparations domestiques. Outre qu'elle présentait des avantages évidents, cette dextérité était particulièrement attirante pour Carole, car c'était là le trait qu'elle admirait le plus chez son père. Elle avait l'habitude de dire : « Mon père me mène peut-être la vie dure, mais il peut réparer n'importe quoi. » Plus tard, elle affirma : « J'ai du plaisir avec Maurice et je suis vraiment en train de tomber amoureuse de lui. » Elle était ravie d'éprouver de l'amour pour un homme qui était bon avec elle, mais elle éprouvait une insatisfaction majeure : Maurice s'intéressait modérément au sexe. « Si je ne prenais pas l'initiative, nous passerions des semaines sans faire l'amour. Et quand nous le faisons, je ne sens pas beaucoup de passion chez lui. » Parce que Carole éprouvait de l'amour pour Maurice et essayait d'imposer moins de conditions à son amour, elle continua de le fréquenter. Elle dit à Maurice qu'elle aimerait faire plus souvent l'amour avec lui et il tenta d'y être sensible, mais rien ne changea vraiment. Finalement, Carole mit un terme à leur relation.

— Je me sens seule, me confia-t-elle, pas seulement parce que je perds un chic type, mais parce que je n'étais pas assez grande pour l'aimer s'il ne me donnait pas ce que je voulais sexuellement.

— Vous l'aimiez, c'est vrai, mais le sexe est si important pour vous que vous ne pouviez pas poursuivre une *relation amoureuse* dans laquelle il n'occupait pas une place plus importante.

— Une autre femme pourrait être très satisfaite sur le plan sexuel avec Maurice.

— Bien sûr, mais elle pourrait lui trouver un autre défaut tout à fait inacceptable que vous accepteriez sans aucun problème.

Carole rencontra David peu après avoir rompu avec Maurice. Elle le trouvait passionné et était satisfaite sur le plan sexuel. Mais il ne comblait pas du tout son désir d'avoir un homme aussi habile de ses mains que son père. « J'ai demandé à David de fixer un crochet sur la porte de la chambre à coucher. Je me suis retrouvée avec un trou dans la porte et David, avec un doigt écrasé. J'ai décidé que je ne pouvais pas tout avoir. Au moins, il est formidable pour l'essentiel. »

En général, si vous aimez quelqu'un, cet amour devrait être fondamental et profond, et fondé sur une acceptation inconditionnelle suffisante pour que vous puissiez vivre avec vos besoins inassouvis. À moins que ces besoins soient essentiels pour vous, rappelez-vous qu'aimer, c'est aussi, pour une grande part, s'efforcer d'accepter quelques frustrations et déceptions.

Rappelez-vous également qu'aimer sans condition et satisfaire ses besoins fondamentaux au sein d'une relation vont souvent de pair, car l'amour inconditionnel, sauf s'il est dirigé vers une source impossible, suscite généralement une réponse aimante.

QUATRIÈME PARADOXE

Je veux :

a) plus que tout être aimé et désiré par la personne que j'aime ;

b) m'intéresser à des questions plus importantes que celle de savoir si mon partenaire m'aime et me désire.

À mon avis, il n'est pas possible d'avoir une relation amoureuse sans que la question qui concerne le fait de savoir si votre partenaire vous aime et vous désire se pose avec force (sans être forcément brûlante). Si vous êtes démesurément jaloux, inquiet ou possessif, cette question pourrait très bien occuper trop de temps et de place au détriment des questions telles que : « Obtiendrai-je l'avancement pour lequel j'ai tant travaillé ? Les résultats de la biopsie de mon amie seront-ils négatifs ? Sommes-nous condamnés à rôtir à cause de l'amincissement de la couche d'ozone ? Suis-je une bonne personne ? Existe-t-il une Puissance supérieure ? » Si vous doutez d'être aimé et désiré au point de vous affoler, vous pourriez bien vous ficher de ces questions, en supposant que vous leur accordiez un instant de réflexion. Si, par contre, l'affection de votre partenaire est évidente et constante, vous devriez pouvoir vous détourner de vos préoccupations concernant la relation pour vous tourner vers le monde extérieur, qu'il s'agisse de votre travail, des personnes qui vous sont chères, de problèmes personnels, d'efforts créatifs ou de croissance personnelle ou spirituelle.

Dans certains cas extrêmes, les gens ont l'impression de ne pouvoir s'occuper que de leur relation ou que de questions plus générales. Si vous avez une raison de croire que votre relation est menacée par un affaiblissement de l'amour et de l'engagement de votre partenaire, aucune autre question ne vous paraîtra plus importante que celle qui concerne le fait de savoir s'il vous aime et vous désire. Dans ce cas, vous devez vous demander immédiatement si votre préoccupation reflète une inquiétude ou une jalousie typique chez vous ou si les signaux que vous percevez sont réels. Ce serait une erreur de laisser votre intérêt pour d'autres secteurs de votre vie, même s'ils sont importants et contraignants, vous empêcher d'apporter une attention aimante à votre relation. Si, toutefois, une crise de la plus haute importance éclate dans le monde, votre relation peut passer au deuxième plan. Vous pourriez ressentir ce que Rick ressent dans la scène de l'aéroport du film *Casablanca*, lorsqu'il encourage sa bien-aimée à partir avec son mari, qui se bat pour la liberté. Il est très clair pour lui que leur liaison amoureuse ne vaut pas grand-chose si on la compare à la tyrannie et aux massacres qui sévissent sur la planète.

La plupart du temps, toutefois, nous n'avons pas à choisir entre notre intérêt pour la relation et nos intérêts plus globaux, car tous deux se soutiennent et se stimulent mutuellement. Vous pouvez trouver dans l'affection et le désir mutuels inhérents à une relation amoureuse l'inspiration qui vous incitera à vous intéresser à d'autres secteurs de votre vie et à ressentir le lien amoureux comme un aperçu de « quelque chose de plus grand » que vous-même ou que le moment présent. Puis, dans l'autre sens, votre souci du monde en général peut approfondir votre amour pour votre partenaire et vous rendre aussi plus facile à aimer et plus désirable.

CINQUIÈME PARADOXE

Je veux :
- a) être heureux avec moi-même ;
- b) une relation vraiment satisfaisante parce que cela me rendrait heureux.

SIXIÈME PARADOXE

Je veux :
- a) pouvoir être attentif à mon enfant intérieur et en prendre soin ;
- b) que la personne que j'aime écoute mon enfant intérieur, y soit attentive et en prenne soin.

SEPTIÈME PARADOXE

Je veux :

a) améliorer sans cesse ma capacité de guérir mes blessures et de corriger mes dysfonctions ;

b) apprécier le pouvoir de guérison d'une relation amoureuse saine et le pouvoir de favoriser ma croissance personnelle.

J'ai regroupé ces trois paradoxes parce qu'ils se rapportent tous à la question qui concerne le fait de savoir si une relation amoureuse est importante et même essentielle à notre bonheur, à notre croissance et à notre guérison, ou si notre quête de ces objectifs est indépendante d'une relation amoureuse. L'auteur qui insiste le plus durement sur la nécessité d'avoir des relations amoureuses est peut-être Harville Hendrix, un thérapeute pour couples, qui, dans son livre *Keeping the Love You Find*, soutient que trouver et conserver l'amour est essentiel à notre survie et forme « le contexte dans lequel nous pouvons explorer notre véritable nature ». Il écrit :

> Les relations nous permettent de retrouver notre plénitude en corrigeant les distorsions causées par l'éducation et la socialisation qui nous ont éloignés de notre soi original. C'est en aimant notre partenaire sans condition, en lui offrant un cadre sécuritaire pour s'ouvrir à l'amour, en laissant cet amour pénétrer en lui avec le temps afin que sa confiance puisse grandir, que nous lui permettons de retrouver sa plénitude... Ma position est radicale : l'amour est la solution. C'est l'amour que nous donnons qui guérit notre partenaire et l'amour que nous recevons qui nous guérit. Mais c'est seulement quand nous aimons que nous transformons vraiment les parties rigides de nous-mêmes... une association fondée sur l'engagement peut (beaucoup plus efficacement que les voies traditionnelles de la religion ou de la psychothérapie) nous ramener à notre unité originale... C'est un processus naturel de réparation.

Quelle déclaration belle et convaincante sur le rôle crucial que peut jouer une relation amoureuse dans nos processus de croissance et de guérison ! Et elle recèle une vérité évidente à laquelle je souscris de tout mon cœur. Mais dans les trois paradoxes ci-dessus, comme dans les autres, l'autre facette renferme aussi une grande part de vérité. Premièrement, comme j'en ai parlé en long et en large dans ce livre-ci, nous pouvons faire un grand pas vers la croissance personnelle et la guérison en nous plaçant dans des situations susceptibles de nous préparer et de nous rendre disponibles pour une relation amoureuse. Deuxièmement, je connais des gens qui semblent s'épanouir et grandir très bien en l'absence d'une relation amoureuse, tandis qu'ils se flétrissent et qu'ils deviennent limités quand ils en ont une. Si nous pouvons dire qu'ils ne sont pas encore prêts à nouer une relation amoureuse, qu'ils ont opéré de mauvais choix ou qu'ils reproduisent sans relâche leurs modèles destructeurs passés, je dois néanmoins conclure, de concert avec eux, que, tant qu'ils ne voudront pas et ne pourront pas modifier grandement leur façon d'être dans une relation amoureuse, il est fort possible qu'ils trouvent une plus grande satisfaction et qu'ils grandissent davantage à l'extérieur d'une relation engagée. Hendrix ne serait sans doute pas d'accord avec nous. Il affirme que « les personnes déçues par l'amour ne veulent pas entendre dire qu'elles *ont besoin* d'une relation pour guérir. Elles veulent sentir qu'elles peuvent être autonomes et retrouver leur plénitude spirituelle par elles-mêmes… Mais cela est une illusion trompeuse. Si on peut accomplir beaucoup seul… on ne peut guérir complètement sans partenaire. »

Comment faire face à ces contradictions ? Comme d'habitude, en reconnaissant les vérités inhérentes aux deux positions, puis en trouvant le chemin qui vous convient le mieux. L'affirmation de Hendrix soutient la partie de vous qui cherche une relation amoureuse parce qu'elle voit cette relation comme une source vitale de bonheur, d'épanouissement et de guérison. Vous pouvez aussi voir la relation amoureuse comme un avertissement important selon lequel vous vous causez un tort immense en laissant vos blessures ou vos déceptions amoureuses passées vous décourager de chercher ce qu'une relation amoureuse vraiment satisfaisante peut vous offrir. Mais si vous choisissez de vivre et de grandir sans vous engager dans une relation, alors votre vérité à vous, c'est que ce choix est celui qui, à votre avis, vous convient le mieux.

Pour la plupart des gens, toutefois, les deux pôles de ces paradoxes ne s'excluent pas l'un l'autre. Tous deux forment les ingrédients nécessaires à une vie riche et gratifiante. La plupart des gens diraient qu'ils veulent trouver le bonheur *tant* à l'intérieur d'eux-mêmes qu'au sein d'une relation amoureuse ; ils veulent être capables de prendre soin des besoins de leur enfant intérieur et souhaitent *aussi* que leur partenaire soit sensible à ces besoins ; ils veulent apprendre à guérir leurs propres blessures affectives, tout en souhaitant que leur vie soit bénie par le pouvoir curatif d'une bonne relation amoureuse. Il s'agit pour vous de trouver un équilibre.

HUITIÈME PARADOXE

Je veux devenir plus aimant :

    a) en approfondissant ma connaissance de moi-même ;

    b) en m'engageant de façon active et aimante dans le monde.

On peut se tourner si résolument vers l'intérieur lorsqu'on est engagé sur une voie psychologique ou spirituelle que l'on devient trop détaché pour se lier affectueusement avec les gens en général ou avec une personne en particulier. Inversement, on peut, en raison de son travail, de ses activités, de ses cours ou de rencontres amoureuses et sexuelles intenses, être tellement pris par le monde extérieur que l'on en oublie sa quête de la connaissance de soi et du développement personnel. Assurez-vous que vous n'utilisez pas votre quête de la connaissance de soi pour fuir un univers qui vous effraie et qui vous frustre et que vous n'utilisez pas vos engagements extérieurs pour éviter la voie difficile et douloureuse de la connaissance de soi.

Si vous n'utilisez pas une extrémité de la polarité comme une défense contre l'autre, vous pouvez échanger et intégrer la connaissance et l'énergie que chacune vous donne. Cette intégration accroîtra votre capacité de faire face à vous-même et aux autres d'une manière de plus en plus efficace, nourrissante et aimante. « Plus nous arrivons à mettre de l'amour et de l'harmonie dans notre monde extérieur, écrit Susan Jeffers, plus nous réussissons à faire entrer de l'amour et de l'harmonie dans notre monde intérieur. Notre vie doit avoir pour but de créer un contexte pour l'amour qui englobe toutes les choses et tous les êtres qui pénètrent dans la sphère de notre être. »

La recherche de la connaissance de soi psychologique peut vous aider à voir et à corriger de nombreuses distorsions du présent créées par votre passé, elle peut contribuer à diminuer certaines de vos peurs et anxiétés, et à modifier les défenses qui constituent une vraie barrière à toute vraie relation amoureuse dans le vrai monde extérieur. La quête de la connaissance de soi spirituelle peut contribuer à réduire votre sentiment d'être séparé du monde en concentrant votre attention sur l'unité sous-jacente de toutes choses, en plaçant vos peurs et préoccupations dans un contexte beaucoup plus vaste et en atténuant votre besoin d'attachements codépendants afin que l'amour puisse couler plus librement et plus facilement. Un engagement énergique et efficace dans le monde extérieur peut exprimer cet amour à travers l'action ; si vous sentez l'impact de votre engagement aimant, vous pourriez atteindre des niveaux plus profonds de connaissance tant psychologique que spirituelle.

Il est souvent vrai que l'attention amoureuse et obsessive que nous portons au début à cette partie unique du monde extérieur qu'est notre bien-aimé relègue tout le reste à l'arrière-plan. Votre état amoureux risque de faire fondre comme neige au soleil votre intérêt pour la connaissance de soi et les questions extérieures à votre affaire de cœur. Mais à mesure que son parfum capiteux s'atténue pour faire place à une relation aimante, les sentiments d'amour intenses qui sont découverts et libérés peuvent vous rendre plus généralement et généreusement aimant. Si, auparavant, vous trouviez toutes les merveilles et beautés du monde dans votre bien-aimé, vous retrouverez désormais les merveilles et beautés de votre bien-aimé dans de nombreux lieux de la terre.

NEUVIÈME PARADOXE

Je veux pouvoir :
   a) vivre pleinement le moment présent avec mon partenaire ;
   b) planifier et actualiser un avenir agréable avec mon partenaire.

« Quand j'avais l'habitude de sortir avec des hommes autoritaires, distants, fuyants et habituellement mariés, se rappelle Laure, beaucoup de mes amies me grondaient en disant que ces liaisons n'avaient pas d'avenir. Je leur répondais d'un ton suffisant : " On ne peut être certain que du présent, et à l'heure actuelle, je m'amuse comme une folle. " Mais maintenant que je suis amoureuse d'un homme libre, qui m'aime et qui apprécie ma présence autant que j'apprécie la sienne, l'avenir peut être une partie merveilleuse du présent. »

Je priai Laure de préciser sa pensée. « Prenez ce soir, dit-elle, les yeux brillants d'excitation. Robert et moi avons décidé de prendre nos vacances ensemble, et, même si nos vacances sont dans des mois, nous nous rencontrons pour parcourir des brochures touristiques et prendre quelques décisions. Nous planifions nos vacances ensemble. Planifier ! Je ne savais pas qu'élaborer des plans d'avenir pouvait être aussi amusant dans le présent ! »

Ces propos de Laure mettent en évidence la valeur et le plaisir inhérents au fait de pouvoir, avec une certaine confiance, attendre avec impatience le moment de faire des activités avec une personne que l'on aime. En même temps, vous devez être conscient que si votre relation amoureuse est trop orientée vers le futur — si votre unique préoccupation a trait à son lieu de destination et à la façon de vous y rendre — vous pouvez vous priver de bien du plaisir dans le présent. Dans ce cas, il est facile de perdre la spontanéité de l'imprévu, l'imprévisibilité souvent merveilleuse de l'impulsion et l'intensité qui accompagne la présence complète au moment présent. Si vous accordez tellement d'importance au futur que vous marchez en le tenant fermement serré dans vos mains, comment pouvez-vous toucher ou étreindre la personne que vous aimez ?

Pour réconcilier ces extrêmes, vous devez reconnaître que vous pouvez éprouver d'intenses *sentiments amoureux* et avoir des rencontres amoureuses tout en vivant totalement dans l'ici et maintenant, mais il n'est pas possible d'avoir une *relation amoureuse* gratifiante sans un désir mutuel de partager une part significative du futur. La reconnaissance de ce fait rapprochera le futur (ou du moins vos suppositions et vos projets d'avenir) du présent où vous pourrez le regarder, le déterminer en partie, voir s'il correspond à ce que vous voulez et, avec un peu de chance, l'apprécier.

Pour les femmes qui veulent avoir des enfants, il peut être particulièrement urgent de trouver un juste équilibre entre engagement présent et futur, à cause de la réalité biologique absolue que constitue la limite temporelle de la fécondité. Trois catégories de femmes sont particulièrement touchées par cette réalité : les femmes amoureuses d'un homme qui ne désire pas d'enfant (ou avec qui elles ne veulent pas en avoir) ; les femmes

qui sont liées à un homme qu'elles n'aiment pas, mais qui veut les épouser et avoir des enfants avec elles ; et les femmes qui sont seules en ce moment. Conscientes de l'avance imperturbable des aiguilles de l'horloge, toutes se trouvent devant des décisions difficiles à prendre.

Une femme amoureuse d'un homme qui ne veut pas d'enfant se débat avec des questions comme celles-ci :

- Dois-je me contenter d'avoir une relation amoureuse gratifiante et renoncer à avoir des enfants ?
- Si je n'ai pas d'enfants, le ressentiment ne risque-t-il pas d'empoisonner mes sentiments à la longue ?
- Devrais-je tenter de le convaincre d'avoir un enfant ?
- S'il accepte d'avoir un enfant par crainte de me perdre, le ressentiment risque-t-il d'empoisonner ses sentiments à la longue ?
- Devrais-je lui dire que s'il n'y a pas d'enfants dans notre avenir, je devrai le quitter ?
- Puis-je courir le risque de trouver un autre partenaire amoureux assez vite pour avoir un enfant ?
- Si je n'en trouvais pas, aurais-je le courage d'être une mère célibataire ? Cela serait-il plus gratifiant que d'avoir une relation amoureuse agréable sans enfant, comme maintenant ?

Une femme qui est liée à un homme désireux de lui donner un enfant, mais qu'elle n'aime pas, se pose d'autres questions :

- Devrais-je épouser un homme que je n'aime pas dans le seul but d'avoir un enfant ?
- Le fait d'avoir un enfant avec cet homme peut-il intensifier mon amour pour lui ?
- Avoir un enfant est-il tellement essentiel à mon bonheur et à ma satisfaction que je doive cueillir cette chance au vol ? Ou le fait de trouver une relation amoureuse romantique m'apportera-t-il suffisamment de satisfaction même sans enfant ?
- Combien de temps devrais-je tenir bon afin de trouver à la fois l'amour et la maternité ?

- Si je ne trouve pas de partenaire avec qui je pourrais avoir un enfant, suis-je prête à devenir une mère célibataire ? Suis-je assez forte pour cela ? Qu'est-ce que je pense au juste de cette idée ?

Les femmes qui veulent un enfant, mais qui sont seules pour l'instant, se posent à peu près les mêmes questions ; elles se demandent combien de temps elles devraient attendre et si elles doivent envisager la maternité en tant que célibataires. Il serait bénéfique pour les femmes des trois catégories de comprendre pourquoi elles se trouvent là où elles sont sans le mariage et les enfants qu'elles voudraient avoir. Si c'est votre cas, vous pourriez vous poser les questions suivantes : « Ma décision d'avoir une relation et des enfants est-elle récente ? N'étais-je pas prête à cela avant ? Le suis-je maintenant ? Ai-je de la difficulté à tomber amoureuse ou à conserver une relation amoureuse ? Si oui, que puis-je faire pour améliorer ma capacité de vivre une relation amoureuse pouvant me conduire à la maternité ? »

J'ai travaillé avec des femmes qui se sont posé ces questions et qui sont arrivées à des décisions très différentes. Même si ce choix est personnel, voici quelques lignes de conduite utiles.

Premièrement, évaluez du mieux possible le poids émotif que vous prêtez à vos divers besoins et objectifs. Ne laissez pas la contrainte du temps vous tromper sur vos sentiments. (Par exemple, j'ai vu des femmes s'imaginer qu'elles aimaient un homme parce qu'elles craignaient de perdre leur dernière chance d'avoir des enfants.) Parfois, les femmes se sentent pressées par le temps, même si elles ont encore de nombreuses années de fécondité devant elles. D'autres font face à leurs conflits de la manière opposée : elles refusent de voir que le temps passe. C'est pourquoi vous devez faire preuve de jugement et de prudence.

Deuxièmement, peu importe ce que vous décidez, vous augmentez vos chances de réussite si vous pouvez accepter la tâche émotive qui consiste à sacrifier un objectif à un autre. Par exemple, j'ai été témoin du fait que la décision d'une femme de renoncer à la maternité pour épouser l'homme qu'elle aime peut entraîner des conséquences très positives ou très négatives. Certaines femmes sont enchantées d'avoir le temps et l'énergie nécessaires pour se consacrer à leur vie de couple ainsi qu'à leur travail et à d'autres intérêts. Si leur mari a des enfants d'une union précédente, elles jouent activement leur rôle de belle-mère et connaissent les joies et problèmes inhérents à l'état de parent. D'autres, par contre, sont submergées par des sentiments chroniques de regret, de privation et de colère. Elles se disent sans arrêt : « S'il m'aimait vraiment, il voudrait me donner un enfant », malgré les nombreuses preuves d'amour que leur donne leur mari. Cette constante insatisfaction peut faire chavirer et couler une relation amoureuse.

Troisièmement, épouser quelqu'un dans l'espoir qu'il changera d'avis sur un sujet aussi crucial est presque toujours une invitation au conflit et à la tristesse.

Les hommes affrontent parfois des dilemmes semblables en ce qui concerne la paternité. Par exemple, un homme peut avoir à décider s'il concevra un enfant qu'il ne veut pas afin de retenir la femme qu'il aime ou de la rendre heureuse. Comme c'est le cas pour les femmes, cette décision peut entraîner des conséquences négatives ou positives. Elles ont de bonnes chances d'être positives si l'homme est très épris de sa femme, qu'il prend en considération son désir d'être mère, s'il veut vraiment s'engager comme père et s'il accepte avec maturité que sa femme n'accorde pas à ses besoins à lui la même priorité que pendant la période où ils n'avaient pas d'enfant.

La nécessité de choisir entre une satisfaction présente ou future et parmi diverses possibilités de satisfaction future joue un rôle déterminant dans de nombreuses décisions reliées à l'amour : par exemple, s'engager ou non, poursuivre ou mettre fin à une relation qui est merveilleuse dans le présent, mais dont l'avenir est hasardeux, faire passer sa carrière avant sa relation amoureuse ou vice versa, et donner la priorité à l'objectif d'être parent ou à celui d'avoir une relation amoureuse gratifiante. Comment trouver un juste milieu ?

L'essentiel, c'est que vous tentiez de connaître honnêtement vos véritables sentiments et priorités. En imagination, tenez-vous à la croisée des deux chemins qui s'offrent à vous. Empruntez un des chemins en essayant de voir le plus clairement possible les conséquences les plus probables de ce choix. Demandez-vous où mène ce chemin-là. « Que penserez-vous de ce choix tout de suite après l'avoir fait ? Le lendemain ? Un mois plus tard ? Dans un an ? Dans cinq ans ? » Puis faites la même chose avec l'autre chemin. Certes, vous ne pouvez pas prévoir toutes les conséquences, mais en procédant à cette investigation, vous reconnaissez devoir rechercher la satisfaction tant dans le présent que dans l'avenir. Et cela exige souvent que l'on accepte les déceptions et satisfactions inhérentes au compromis.

DIXIÈME PARADOXE
Je veux être capable :
   a) d'aimer toutes sortes de gens ;
   b) de me dévouer de tout mon être à la personne que j'aime.

Quand vous cultivez votre capacité d'aimer, vous pouvez non seulement approfondir votre amour, mais encore l'élargir. On peut éprouver une affection puissante à l'égard de beaucoup d'autres personnes sans que ce sentiment soit incompatible avec notre principale relation amoureuse. Mais si cette affection s'allie à des sentiments amoureux et passionnés, vous vous heurterez à un conflit entre le désir de consacrer votre amour à une seule personne et celui de le partager entre plusieurs. Voilà pourquoi l'une des questions les plus fréquemment posées par les lecteurs de ma chronique destinée aux personnes seules était : « Peut-on aimer deux personnes à la fois ? »

La réponse est : bien sûr que l'on peut. Pour affirmer le contraire, il me faudrait nier l'expérience d'un grand nombre de mes clients qui m'ont convaincu qu'ils étaient très amoureux de deux personnes (ou plus !) en même temps. Je dois dire, cependant, qu'ils me consultaient souvent parce qu'ils se heurtaient à un conflit intérieur mettant en cause leurs sentiments contradictoires et leur loyauté, des problèmes pratiques concernant le temps et l'engagement, ainsi que la blessure et la fureur des personnes qui, consciemment ou non, partageaient leur amour. *L'important, dans ce cas, ce n'est pas de savoir si vous pouvez aimer plus d'une personne à la fois, mais si vous pouvez avoir une relation amoureuse complète avec plus d'une personne à la fois. La réponse à cette question est non.*

Toute relation amoureuse demande un engagement, de la disponibilité et une bonne dose de dévouement. Elle exige courage et persévérance pour résoudre les inévitables mésententes sans l'échappatoire que constituerait une seconde relation simultanée. Avoir plus d'une relation amoureuse peut offrir de nombreuses « délices doubles », en offrant la stimulation associée à la variété ainsi que le frisson de l'intrigue, de l'aventure et du danger. Elle peut éveiller le sentiment grisant d'être adoré par plus d'un partenaire désirable à la fois. Elle peut également vous donner la liberté de ne vous sentir lié à personne et la sécurité d'un « pneu de rechange », au cas où l'un de vos partenaires vous rejetterait ou ne vous aimerait plus. J'ai vu des gens tomber amoureux de plus d'une personne à la fois et vivre, du moins pour un temps, une expérience enrichissante qui a rehaussé leur estime de soi. Pourtant, la plupart des gens qui se trouvent dans cette situation finissent tôt ou tard par la trouver insatisfaisante et y renoncent délibérément. Pourquoi ?

En général, ceux qui renoncent à s'engager dans de multiples relations le font non seulement parce que cela constitue une forme d'acrobatie éprouvante pour les nerfs et que cela heurte les sentiments de leurs partenaires, les rend furieux et crée en eux-mêmes des dilemmes moraux, mais encore parce qu'ils sentent la valeur incomparable d'édifier une relation amoureuse fondée sur l'engagement des partenaires à devenir de plus en plus intimes, honnêtes et confiants. Ils comprennent la valeur d'une relation qui leur permet de connaître une autre personne à fond et d'être connus à fond de cette personne, et cela assouvit de nombreux désirs de leur enfant intérieur tout en faisant ressortir leur soi le plus mature et le plus généreux.

Thomas, un agent de change de quarante-cinq ans, avait été, pendant la plus grande part de sa vie adulte, amoureusement lié à deux femmes ou plus à la fois. Outre qu'il trouvait excitants ces engagements multiples, Thomas aimait les femmes et ne pouvait se résoudre à en quitter aucune. Avec le temps, cependant, l'une d'elles lui devint très chère, et Thomas décida d'avoir une relation complète avec elle. Mais il voulait aussi satisfaire son besoin d'entretenir un large éventail de relations. Il conserva donc ses amitiés avec les autres femmes, mais sur une base non sexuelle. Il renforça également ses liens avec plusieurs amis de sexe masculin. « Ces amitiés ne sont peut-être pas aussi excitantes que les liaisons, mais Catherine et moi créons notre propre excitation. Et j'apprends beaucoup sur les luttes et plaisirs inhérents à l'engagement… Je découvre que je suis plus ouvert dans mes amitiés et qu'elles m'empêchent de me sentir étouffé par ma relation avec Catherine. Ma vie s'est rétrécie et élargie en même temps. »

Comment donc résoudre les contradictions de ce paradoxe ? Le désir d'aimer un tas de gens et celui d'être dévoué à la personne que l'on aime ne s'excluent pas mutuellement. *Ils deviennent contradictoires uniquement si :*

- Vous devenez tellement dépendant d'une personne sur le plan affectif que vous êtes incapable d'en aimer d'autres.
- Vous êtes lié amoureusement à un si grand nombre de personnes que vous n'avez plus l'attention, le temps, l'énergie et l'engagement nécessaires pour avoir une relation amoureuse complète.
- Votre désir d'avoir un large éventail de partenaires amoureux englobe l'amour romantique et sexuel avec des personnes autres que celle à qui vous voulez être « tout dévoué ».

Il ne faut pas avancer dans la direction d'un des pôles du paradoxe au détriment de sa contrepartie. Les objectifs qui consistent à se dévouer de toute son âme à une personne et à aimer un large éventail de personnes devraient se stimuler réciproquement et augmenter votre capacité globale d'aimer. Dans ce contexte, le caractère exceptionnel et unique de la relation amoureuse peut et doit être préservé.

ONZIÈME PARADOXE

Je crois :

    a) qu'il faut travailler dur pour assurer le succès d'une relation amoureuse ;

    b) que s'il faut travailler dur pour assurer le succès d'une relation amoureuse, c'est que quelque chose cloche.

Au début, Carole était persuadée que quelque chose clochait dans sa relation avec David parce qu'elle progressait sans heurts, sans la quantité de conflits et de stress qui avait marqué ses relations avec Marc et les autres. « C'est trop facile », disait-elle, en essayant de me convaincre qu'absence de tension égalait absence d'intensité ou de passion. Mais elle ne pouvait pas nier que souvent, elle se sentait merveilleusement bien avec David ni qu'elle avait toujours hâte à leur prochaine rencontre. Quand je lui demandai : « Qu'est-ce qui vous fait croire que vous devez travailler très dur ? » Elle répondit : « Les relations ne sont-elles pas censées exiger beaucoup de travail ? Tous les livres et les articles de magazine l'affirment. »

Personne ne peut nier qu'une relation amoureuse, surtout une fois le premier stade du choc amoureux et de l'idéalisation passé, requiert une bonne dose d'efforts pour survivre et s'épanouir. Il est irréaliste et naïf de croire que l'on peut rester indéfiniment sur un nuage, avoir des affinités et aucune friction, et vivre heureux jusqu'à la fin de ses jours. Même Carole et David ont du pain sur la planche. Mais ce travail peut être productif et gratifiant ou improductif et démoralisant. Comment faire la différence entre les deux ?

Vous pouvez être presque certain que votre travail est du type improductif et démoralisant si :

- Vous vous chargez vous-même de la totalité ou de la majeure partie de ce travail.
- Votre partenaire ne cherche pas comme vous à améliorer et à préserver votre relation.
- Vous vous surprenez à tenter de l'amener à vous aimer.

- Vous essayez sans cesse d'obtenir l'approbation de votre partenaire et vous vous démenez comme un diable pour lui plaire.
- Vous donnez beaucoup plus que vous ne recevez en termes de soutien affectif et pratique, d'affection et de degré d'engagement.
- Vous faites des efforts pour que votre partenaire cesse d'être méchant avec vous. (L'absence de méchanceté est un préalable absolu, pas une chose sur laquelle on doit travailler.)
- Vous vous débattez pour avoir une relation fiable et aimante avec quelqu'un qui est dépendant d'une substance chimique ou d'un modèle de comportement destructeur.
- Vous tentez d'amener une personne très narcissique à comprendre vos besoins et à y répondre d'une façon aimante.
- Vous travaillez dur pour convaincre votre partenaire de quitter une autre relation et de se consacrer pleinement à la vôtre.

Si vous êtes engagé dans l'une ou l'autre de ces tâches épuisantes et infructueuses, je serais d'accord, dans votre cas, avec le pôle du paradoxe qui dit que, si vous devez travailler d'arrache-pied dans une relation amoureuse, cela indique qu'elle est boiteuse.

Par ailleurs, même lorsque les partenaires se portent un amour profond et mutuel, font des compromis raisonnables et sont libres sur le plan affectif, la relation amoureuse exige encore du travail ! Après tout, chacun de vous possède des blessures ainsi qu'un éventail différent de besoins et de peurs. Chacun de vous a des préférences, des idées et des objectifs personnels en ce qui concerne l'amour et la vie. Chacun de vous cherche, consciemment ou non, à amener l'autre à compenser ou à guérir les blessures créées par les privations, les rejets et les traumatismes subis antérieurement. Chacun de vous peut déformer l'image de l'autre en feignant de ne pas voir ou en exagérant ses faiblesses et ses défauts. Vos opinions, quant à la façon d'employer votre temps et votre argent, divergeront. Des conflits peuvent surgir au sujet de la forme et de la fréquence de vos rapports sexuels. Des messages simples peuvent devenir compliqués et frustrants, et vous exaspérer. Chaque partenaire peut se sentir non écouté ou incompris. Il peut y avoir des tentatives de domination et de la fureur. Les partenaires peuvent être submergés par l'envie impulsive de détruire leur relation. *Et tout cela peut se produire dans une relation où il existe une abondance de sentiments amoureux et un tas d'éléments positifs !*

Négocier et tenter de résoudre ces différences, trouver ce que chacun de vous est disposé et apte à changer, affronter vos exigences égocentriques et arrogantes, et celles de l'autre, apprendre à exprimer vos besoins et désirs, et à écouter respectueusement l'autre exprimer les siens, tout cela exige du travail. Mais ce travail ne doit pas forcément être amer ; vous n'avez pas besoin de vous sentir attaché à une rame dans le « bateau de l'amour* ». Ce travail peut vous apporter, à vous et à votre partenaire, la satisfaction profonde de devenir plus intimes et plus confiants dans votre quête partagée d'une solution.

Don Lathrop, dans le travail auprès des couples qu'il effectue au Relationship Center de Boise, en Idaho, préconise les principes ci-dessous :

1. Chaque personne est entièrement responsable de son inconscient, de son ombre et de son comportement, et à moitié responsable de la relation.

2. Il est essentiel que les partenaires communiquent vraiment entre eux. Demandez ce que vous voulez. N'acceptez pas de refus. Soyez scrupuleusement honnête quant à ce que vous êtes prêt et apte à donner et quant à ce que vous voulez.

3. Pour résoudre ses conflits, il faut apprendre à se battre sans tuer l'autre, à reculer quand on perd la maîtrise de soi, à s'engager à revenir quand on l'aura retrouvée, à apprendre

---

* Allusion à l'émission *The Love Boat*, populaire feuilleton télévisé américain. (N.∂.T.)

des propos de l'autre — ce qui équivaut à apprendre à sentir (avec empathie) ce que l'autre ressent. Les excuses ne peuvent remplacer une modification de la conscience et du comportement.

Ces principes — et, de façon plus générale, le type de travail qui doit se faire dans une relation — sont illustrés dans un incident qui prit place entre Corine et Jacques avant leur réconciliation. Tous deux avaient beaucoup appris durant leur séparation, et leurs contacts mutuels commençaient à refléter leurs découvertes.

Par un scintillant dimanche de printemps, Jacques invita Corine à célébrer son anniversaire en faisant une promenade à la campagne, en voiture. Cela en soi était nouveau, puisque Jacques lui avait rarement proposé des sorties et avait souvent oublié son anniversaire. Ils passèrent une merveilleuse journée et prirent un repas de fête dans une auberge pittoresque.

— J'ai passé une journée merveilleuse, dit Corine à Jacques, sur le chemin du retour. Merci.

— J'aurais voulu faire en sorte que nous ayons plus souvent des journées comme celle-ci, répondit Jacques.

— Maintenant, crois-tu que c'est possible ?

— Je ne sais pas. Je le veux et j'y travaille.

— C'est honnête, répondit Corine.

Puis après un moment, elle reprit : « Contre quoi te bats-tu ? »

Jacques parla du foyer où il avait grandi. Corine connaissait la plupart des détails de cette histoire. Ce qui était nouveau, c'était que Jacques était désormais clairement conscient du fait qu'il avait cultivé le détachement et la froideur pour se protéger de la peur terrible, de l'insécurité et des privations qu'il avait ressenties, enfant, au sein d'une famille instable. Étaient nouvelles aussi sa conscience d'avoir été floué et sa détermination rageuse à s'échapper de sa prison.

Corine lui dit qu'elle voyait ces changements en lui et qu'ils lui plaisaient. Elle ajouta : « Il faudrait que les choses soient vraiment différentes pour que nous revenions ensemble. Je ne supporterais pas de vivre avec toi tel que tu étais. Plus jamais. »

Jacques se mit en colère. « Ne sois pas si arrogante. Il y a une partie de toi qui avait besoin que je sois comme ça et qui pourrait encore vouloir m'empêcher de changer. J'aurais peut-être une meilleure chance d'effectuer ces changements avec quelqu'un d'autre. »

— Bien sûr que j'aimais que tu sois une sorte de Monsieur Fiable, mais j'avais l'impression de périr d'inanition, dit Corine, stupéfaite de le voir en colère.

— Ce n'est pas seulement mon côté fiable qui te plaisait chez moi. Peut-être as-tu choisi quelqu'un comme moi pour t'empêcher de reconnaître tes propres besoins et sentiments. Ou pour finir par te sentir privée d'affection. Ou pour jouer à la victime. Je n'assume que la moitié de la responsabilité dans ce qui nous est arrivé. Il y a eu bien des fois où je commençais à exprimer mes sentiments et où j'ai dû les ravaler parce qu'ils te perturbaient.

— Ça, c'est de la foutaise et en plus, c'est égoïste, ragea Corine.

Ils se trouvèrent soudain au milieu d'une brûlante querelle qui les incita à se demander à quoi rimaient leurs efforts pour tenter d'amener une personne aussi insupportable à voir quoi que ce soit. Tous deux affirmèrent que s'ils n'avaient pas été en voiture, ils seraient partis chacun de leur côté. Mais comme le trajet était long, ils eurent le temps de se calmer. Corine admit avec embarras qu'il avait raison de dire que son détachement la sécurisait ; Jacques reconnut qu'il avait choisi Corine en partie parce qu'il croyait qu'elle accepterait son détachement. « Puis il a fallu que tu gâches tout et que tu veuilles davantage de la vie », plaisanta-t-il avec franchise. Tous deux assumèrent le fait qu'ils avaient tenu l'autre à distance et recréé la structure familière de désolation affective qu'ils avaient connue dans l'enfance. Corine me dit ensuite : « C'est la meilleure querelle que nous ayons jamais eue. »

Se battre, exprimer des sentiments et des besoins, comprendre leur origine, écouter, reconnaître, apprécier, assumer sa contribution (et la sienne seulement) aux problèmes, et s'efforcer de modifier de vieux modèles destructeurs, voilà en quoi consiste le travail qu'exige une relation. Vous devez faire votre part, tout en reconnaissant la possibilité décevante que l'autre personne ne fasse pas la sienne, auquel cas la relation a peu de chances de s'améliorer. Mais à défaut d'améliorer votre relation, c'est vous-même que vous améliorerez.

Comment pouvons-nous résoudre la contradiction entre la nécessité de travailler d'arrache-pied et la croyance qu'une relation positive ne devrait pas nécessiter de dur labeur ? Rendons-nous compte qu'il s'agit là d'un faux problème. Toute relation exige du travail pour grandir, mais si nos efforts sont fructueux, mutuels et aimants, nous n'aurons pas vraiment l'impression de travailler. À certains moments, comme le découvrit Carole, le travail peut même paraître facile.

DOUZIÈME PARADOXE

Je veux, par-dessus tout :
    a) ressentir de la passion dans ma relation amoureuse ;
    b) que l'amitié, le partage et la fiabilité occupent une grande place dans ma relation amoureuse.

La plupart des gens ne parleraient pas de relation amoureuse à moins d'éprouver des sentiments intenses et passionnés ainsi qu'une solide dose d'attirance et d'excitation sexuelles. Cette intensité sexuelle n'a pas besoin d'être constante et égale tout le temps, mais le fait qu'elle a déjà été présente et qu'elle peut revenir crée un lien puissant et unique.

Aussi important que soit l'attrait sexuel pour l'amour passionné, l'un n'égale pas l'autre. Une sexualité voluptueuse peut certainement exister dans une relation qui ne repose pas sur le puissant lien affectif et le désir de fusion qui caractérisent l'amour passionné. Nous savons que l'on peut avoir des relations sexuelles lascives avec des étrangers. L'obsession de Carole à l'égard de Marc était à la fois lascive et passionnée. Quand ils faisaient l'amour ensemble, elle ne se rassasiait jamais de le toucher, de l'embrasser, de le mordre ni de vouloir qu'il la caresse et la pénètre. Quand ils n'étaient pas ensemble, elle rêvassait souvent à son corps et imaginait le toucher magique de sa peau. Mais ses sentiments sexuels n'étaient qu'une partie de son désir passionné de voir leurs vies se fusionner avec félicité. Elle aspirait à être le centre de son existence comme il était le centre de la sienne. La passion de Carole était amplifiée par sa soif d'attachement, qui était elle-même stimulée par la méchanceté et la non-disponibilité de Marc.

Les relations subséquentes de Carole, avec des hommes qu'elle choisissait parce qu'ils étaient tout le contraire de Marc, étaient au mieux amicales et agréables, encore que tout à fait dénuées de passion. Puis Carole rencontra David, qui était présent, disponible et affectueux, et qui lui rendit son affection. Elle découvrit, surtout parce qu'elle s'y était préparée de tout son cœur, qu'elle était devenue profondément et passionnément sensible à lui.

Au cours d'une séance de thérapie, je lui demandai de décrire la différence entre la passion qu'elle avait éprouvée pour Marc et celle qu'elle ressentait à l'égard de David.

— Celle que j'éprouve pour David est très différente. Par exemple, quand j'attendais la venue de Marc, j'étais tellement excitée que je ne tenais pas en place. Mon excitation s'accompagnait d'une sorte de nervosité, d'une tension insupportable. Et puis je n'étais jamais certaine qu'il viendrait. Parfois, je changeais de vêtements et je retouchais mon maquillage une douzaine de fois dans l'espoir de lui plaire ou d'éviter ses critiques. Quand nous faisions l'amour, c'était brûlant et intense, mais nos rapports avaient toujours quelque chose de malsain, comme s'il n'était pas juste question de sexe et de plaisir, mais aussi de doutes, d'insécurité, de pouvoir et d'attentes déçues.

— Et avec David ?

— Quand j'attends David, la passion que je ressens est moins compliquée. Elle est légère et joyeuse. Je sais que ce sera merveilleux de le voir et qu'il sera ravi de me retrouver. Je sais qu'il y aura de l'affection, de l'enjouement et une sensualité qui me rendra dingue, car il adore me rendre dingue de cette façon-là. Si je mesurais l'intensité de ma passion en oubliant sa qualité, je dirais que la passion que j'éprouvais pour Marc était plus intense. Mais celle que je ressens pour David est tellement supérieure ! Elle me donne l'impression de rayonner, d'être merveilleusement bien dans ma peau et elle s'étend à tous les aspects de notre relation.

Voilà une affirmation frappante sur le pouvoir de la *passion mutuelle* de lier et de transformer chacun des amants et leur relation. Si la passion n'est pas partagée, comme c'était le cas de Carole et de Marc, elle peut être extraordinairement brûlante, mais provoquer davantage de tourments qu'une relation amoureuse gratifiante. Si la relation est agréable et amicale, mais plutôt exempte de passion, elle peut se révéler pratique et satisfaisante sous bien des aspects, mais son potentiel, pour ce qui est de transcender l'ordinaire et d'engendrer la croissance et l'intimité, sera plus limité.

Encore une fois, les deux pôles du paradoxe renferment une part de vérité, même si aucun ne la contient tout entière. Je ne mets pas en doute l'importance de la passion pour vitaliser une relation amoureuse, mais en l'absence d'amitié, de partage et de responsabilité, elle peut être désastreuse. Si votre passion est habituellement reliée à une personne qui, pour quelque raison que ce soit, vous fait du tort, je ne peux vous assurer que vous éprouverez la même excitation ardente avec quelqu'un qui vous convient davantage. Il se peut qu'une partie de cette vieille passion soit inextricablement liée au type de personne qui réveille votre vieille soif d'attachement autodestructrice. Mais je ne peux pas non plus garantir à la personne qui renonce à la cocaïne que le jogging, la méditation ou l'amour lui procureront la même euphorie que la drogue. Je peux lui assurer, toutefois, que ces activités lui donneront une extase beaucoup plus satisfaisante qu'une substance toxique qui altère sa conscience. De la même manière, je vous assure que vous pouvez trouver de la passion dans l'affection, le partage et la fiabilité d'une relation amoureuse saine et réciproque. Et si elle ne provoque pas la même intensité dingue que vos vieilles relations autodestructrices, elle peut vous apporter l'euphorie la plus profondément satisfaisante de votre vie. Une relation amoureuse saine et réciproque pourrait même se révéler, ainsi que bien des gens l'ont découvert, encore plus excitante.

CHAPITRE 13

Questions et réponses

Durant les sept années où ma chronique « On Your Own », destinée aux personnes seules, fut publiée dans des journaux américains et canadiens, de nombreux lecteurs m'écrivirent pour me poser des questions très personnelles et très complexes sur leurs relations amoureuses. J'ai sélectionné un certain nombre de ces questions et les réponses que j'y ai données. Ensemble, elles couvrent tous les aspects de la relation amoureuse : comment trouver une bonne relation amoureuse, comment l'évaluer, la conserver, la nourrir, y mettre un terme et comment vivre avec ou sans relation amoureuse. Si ces questions ne reflètent que les préoccupations de leurs auteurs, je les utilise quand même comme tremplin pour attaquer des questions plus profondes et plus vastes. Quiconque espère trouver enfin la bonne relation devrait juger ces questions et réponses pertinentes.

Q. : Je sais qu'être ouvert est une partie importante de l'intimité, mais je me demande souvent, quand je fréquente quelqu'un, à quel point je dois exposer mon insécurité. Je suis tiraillé entre le désir de révéler mon insécurité ou mes doutes sur moi-même à certains moments, et la crainte de rebuter l'autre personne. Jusqu'où devrais-je aller en révélant mes inquiétudes ?

R. : Exposer sa vulnérabilité et exprimer ses doutes sur soi est une partie tout aussi importante de l'intimité que partager ses espoirs et ses rêves. Il se crée plus facilement des liens de compassion et d'engagement quand on ne présente pas de façade à l'autre.

En outre, il est merveilleux de découvrir que, même si nous révélons nos doutes de soi et nos plus grands défauts et points sensibles, d'autres peuvent nous aimer. Il est nourrissant de constater que les autres nous acceptent avec notre insécurité sans reculer ni nous rejeter parce que nous manifestons notre faiblesse.

Mais malgré tous les avantages inhérents à la révélation de soi-même, il n'est pas du tout souhaitable de se déprécier soi-même ou de clamer son manque de confiance dès le début d'une relation. Il n'y a pas de raison, non plus, pour souligner ses problèmes passés reliés au travail, au sexe opposé ou à soi-même comme il n'y a pas plus de raison de s'appesantir sur ces problèmes. La relation doit développer une base de plaisir, de partage, d'affection et de confiance. Et cela doit se faire lentement, afin que cette fondation puisse supporter la révélation des aspects négatifs. Alors, les révélations sur soi-même, loin d'écraser la relation, contribueront à construire l'affection et la confiance.

Si cette ouverture favorise l'intimité en donnant graduellement à l'autre un aperçu du vrai vous, vous pourriez, en vous confessant dès la première ou la deuxième sortie, donner l'impression que vous tentez de forcer l'intimité. En outre, ces confessions servent parfois à vérifier les intentions et intérêts de l'autre personne. Elles peuvent être une manière de dire : « Voici tout ce que tu pourrais critiquer chez moi, alors m'accepteras-tu ou me rejetteras-tu ? » Ce type de communication constitue davantage un signe d'insécurité et d'attitude défensive que d'ouverture. En plaçant une responsabilité excessive sur les épaules de votre partenaire pour qu'il vous rassure, elle risque de l'éloigner de vous.

L'ouverture sous-tend le désir de se révéler à l'autre et renferme, à l'intention de ce désir, une invitation à se rapprocher. Mais nouer une relation, c'est aussi s'harmoniser avec l'autre personne, et cela exige que l'on soit sensible au rythme de révélation de soi-même qui lui convient. Aussi, exercez votre jugement et laissez vos révélations couler graduellement et naturellement à mesure que vous apprenez à connaître l'autre personne.

Q. : Je fréquente un homme que j'aime beaucoup depuis quelques années. Pendant toute la durée de notre relation, il attendait son divorce, et nous avions souvent l'impression qu'il ne l'obtiendrait jamais. La semaine dernière, le divorce a été prononcé, et quand il m'a annoncé la nouvelle, j'ai été emballée, mais tout de suite après, j'ai eu une migraine et depuis, je suis malade. Malade et faible. Je n'y comprends rien. Et vous ?

R. : Il arrive assez souvent que, quand une personne veut (ou pense vouloir) une chose en apparence inaccessible, elle soit étonnamment bouleversée quand elle l'obtient.

Les raisons pouvant expliquer cela sont si nombreuses que vous devrez scruter très attentivement vos pensées et sentiments pour comprendre pourquoi votre réaction a été aussi forte. Voici des possibilités que vous pouvez vérifier.

1. Vous avez été attirée non par cet homme en particulier, mais par le défi qu'il représentait pour vous. Son appartenance à une autre femme a pu lui donner une aura passionnante qu'il vient de perdre.

Même si vous découvrez que c'est le cas, cela ne veut pas dire qu'il ne vous est pas destiné. Cela signifie que vous devez faire la distinction entre la part de votre attirance qui tenait à son inaccessibilité et la part qui tient aux qualités qu'il possède toujours. Vous pouvez encore l'aimer pour ces qualités, même si le vieux défi a disparu.

2. Sa disponibilité signifie que certains rêves peuvent se réaliser : rêves d'être ensemble, peut-être même de vous marier. Cette situation peut ouvrir la porte à des tas de peurs : peur de

l'inconnu, peur de l'engagement, peur de grandir, peur d'avoir un homme pour vous seule, peur qu'il vous aime moins s'il passe plus de temps avec vous, etc.

Votre corps vous indique qu'il existe d'autres sentiments en vous, hormis la joie pure que vous procure sa nouvelle liberté. Avec le temps, vous en découvrirez la nature, si vous vous décidez à les regarder.

Q. : Je suis très liée depuis quatre ans à un homme que j'aime. Nous nous sommes séparés et nous avons renoué plusieurs fois. Le problème — et je sais que ce problème doit paraître banal — c'est que cet homme dit qu'il m'aime, mais qu'il ne veut pas s'engager. Moi, si. Comment puis-je être certaine qu'il ne changera pas d'avis un jour ?

R. : En fait, vous ne pouvez pas le savoir. Tout ce que vous savez, c'est qu'il affirme clairement ne pas vouloir s'engager maintenant et qu'il ne vous donne aucune raison de croire qu'il changera d'avis. Demandez-vous : si j'avais l'impression que ses chances de vouloir s'engager dans l'avenir sont très minces, voudrais-je quand même rester avec lui pour le plaisir et les sentiments agréables que me procure notre relation ? Et si je savais que ces chances sont nulles ? Quelle importance est-ce que j'attache à l'engagement ? Si je continue de le voir, dans quelle mesure cela m'empêche-t-il de rencontrer d'autres hommes ? Combien de temps suis-je prête à patienter ?

Il n'y a pas de bonnes ou de mauvaises réponses à ces questions. Mais il est très important de ne pas vous leurrer avec de fausses croyances telles que : 1) il est le seul et unique homme au monde que je pourrais aimer, avec qui je peux être heureuse, me sentir comblée, aimer faire l'amour, etc. ; 2) nul autre homme ne m'aimera jamais ; ou 3) il changera sûrement d'avis, puisque notre relation est si agréable.

Une relation aimante et agréable est précieuse, et vous semblez en avoir une avec lui. Si l'engagement est important pour vous, alors examinez froidement la situation afin d'estimer vos chances d'obtenir cela aussi avec lui. Puis vous devrez décider combien de temps encore vous êtes prête à lui accorder et vous fixer une limite, du moins en pensée, et ne pas laisser la relation s'étirer interminablement ainsi.

Q. : Je suis un homme d'affaires de quarante ans qui a assez bien réussi. Je me suis marié à vingt-quatre ans et j'ai divorcé à trente-six, et je suis célibataire depuis ce temps. Je trouve que je ne suis pas du genre à entretenir de longues relations. J'ai eu un certain nombre de relations intimes et intenses avec des femmes, ainsi que des périodes de vie commune, mais aucune n'a duré plus de deux ans. Au bout d'environ un an, mon intérêt s'émousse et j'ai envie de passer à autre chose. Ce schéma ne me dérange pas particulièrement. En fait, il me convient très bien. Mais je me demande si quelque chose cloche chez moi du fait que je n'aime pas les longues relations.

R. : Le fait que « quelque chose cloche » ou non chez vous dépend si votre schéma constitue vraiment une préférence ou s'il est fondé sur des peurs et des besoins inconscients.

Par exemple, je connais des hommes et des femmes à qui les nouvelles conquêtes procurent un extraordinaire sentiment d'euphorie. Ils se sentent vivants, attirants, dignes de valeur et ils s'aiment davantage quand ils « tournent la tête » de quelqu'un. Mais dès qu'ils sont sûrs de l'amour de cette personne, leur sentiment d'euphorie s'atténue et ils doivent trouver quelqu'un d'autre. Ce sont des drogués de la conquête amoureuse.

Je connais d'autres hommes et femmes qui ont tellement peur d'être piégés, et de perdre leur indépendance et leur individualité qu'aussitôt entrés dans une relation, ils cherchent la sortie. Souvent ces personnes possèdent un besoin puissant et caché de dépendance, et craignent que ce besoin donne à leur partenaire trop de pouvoir sur elles.

D'autres suivent des modèles semblables au vôtre parce qu'elles ont peur d'être rejetées ou abandonnées, de sorte qu'elles quittent leur partenaire avant d'être elles-mêmes congédiées.

D'autres sont tout bonnement incapables d'édifier une relation profonde ou d'aimer l'autre parce que leur seul objectif est de satisfaire leurs propres besoins. Si la relation se poursuit et que les besoins de leur partenaire exigent de l'attention, elles se sentent accablées et cherchent à en sortir.

Vous devez donc vérifier vos motivations aussi honnêtement que possible pour voir si vous êtes mû par des peurs et des besoins inconnus ou si ce modèle est uniquement une préférence et est celui qui correspond le mieux à votre genre de vie, à vos rythmes et à vos objectifs.

Pourquoi se donner la peine d'effectuer cette vérification ? Parce que vous renoncez à beaucoup de choses en fuyant les relations soutenues (de même que l'on renonce à beaucoup de choses quand on en a une). Vous renoncez à la possibilité de grandir en apprenant à connaître et à aimer une autre personne, au risque d'être connu et aimé vous-même, d'édifier une histoire commune et, peut-être, de fonder une famille. Aussi, examinez attentivement votre modèle de comportement.

Q. : J'ai cinquante-trois ans. Il y a dix ans, mon mari est décédé et j'ai eu plusieurs liaisons passionnées et tumultueuses. Depuis trois ans, je sors avec un homme merveilleux. Nous avons une relation monogame intime et chaleureuse, qui ne possède pas, cependant, l'excitation de mes liaisons précédentes. Cela me manque parfois, mais en général, je suis très heureuse et comblée. Suis-je en train de « me contenter » de quelque chose dont je ne devrais pas me contenter ?

R. : Nous sommes attirés par différents types de relation à divers moments de notre vie pour la simple raison que nos besoins se transforment. Quand vous étiez plus jeune, votre besoin de passion et de drame était peut-être beaucoup plus fort que votre besoin de compatibilité émotive ou d'affection stable et d'engagement. Ni l'un ni l'autre type de relation n'est bon ou mauvais. L'important, c'est que vous connaissiez vos préférences actuelles et que vous vous sentiez libre de choisir ce qui répond à vos besoins à ce moment-ci de votre vie.

La passion et une certaine dose d'excitation sont précieuses pour une relation amoureuse à tout âge. Pour bien des gens, elles sont essentielles. Vous seule pouvez décider si votre relation est assez passionnée pour que vous demeuriez liée affectivement à cet homme. Si ce n'est pas le cas, vous devrez peut-être renoncer à cette relation, mais il peut valoir la peine que vous cherchiez d'abord quel ingrédient vous manque et si cet ingrédient vous manque parce que vous cherchez encore la sorte de déclencheurs de passion qui n'est plus appropriée ou qu'on ne peut plus trouver. Lorsque vous étiez plus jeune, votre excitation était peut-être causée par vos efforts pour surmonter les obstacles qui se dressaient entre vous et l'homme qui vous excitait ; par exemple, vous étiez peut-être attirée par sa non-disponibilité, son manque de fiabilité, son égocentrisme ou sa froideur. Le défi qu'il représentait à vos yeux et l'anxiété résultant de votre incertitude créaient un mélange de turbulence et de passion qui vous rendait très vivante. Certains traits physiques particuliers étaient peut-être très importants pour vous. Peut-être que maintenant, vous pouvez retrouver cette passion en vous concentrant sur les qualités de cet homme, telle sa nature « intime, chaleureuse et monogame ». Pouvez-vous laisser ces sentiments « intimes et chaleureux » ajouter à la sensualité et à l'intimité de votre relation ? Pouvez-vous trouver en lui certains des vieux ingrédients qui vous excitaient autrefois ?

Si vous ne pouvez vous forcer à éprouver de la passion, donnez-vous le temps de voir si la passion et l'intensité peuvent croître sur une autre base que dans vos liaisons précédentes.

Q. : Je fréquente une femme jolie, gentille et brillante qui m'exprime ouvertement son amour. Je sens bien qu'il y a de l'amour en moi pour elle, mais il est coincé derrière un rideau de fer. Quand je me suis permis de ressentir cet amour auparavant, cela n'a fait qu'engendrer de l'horreur. J'étais marié à une femme que j'avais rencontrée à la faculté de droit. Nous étions très amoureux et cela a été la période la plus heureuse de ma vie. Puis elle est entrée dans un cabinet d'avocats et m'a aussitôt quitté pour un des associés plus anciens. J'ai été perdu pendant longtemps.

Après plusieurs années, j'ai rencontré une autre femme, et mes sentiments ont commencé à se dégeler. Tout s'est mis à bien aller, et j'étais de nouveau heureux. Puis elle a eu un terrible accident et elle est morte après avoir été inconsciente pendant deux mois. La femme que je vois maintenant sait tout cela et elle me rassure. Mais je ne peux m'empêcher de retenir mes sentiments. Il m'arrive de vouloir la quitter juste pour mettre fin à mon conflit, et il faudra peut-être que je le fasse si je ne me permets pas de l'aimer. Que puis-je faire ?

R. : Il y a beaucoup de blessés capables de marcher qui ont perdu des relations, même si leurs expériences n'ont pas été aussi dramatiques que les vôtres. Ils veulent l'amour, mais ils craignent d'être blessés de nouveau. Que peuvent-ils faire pour retrouver le courage d'aimer ? Voici quelques lignes de conduite :

1. Ne faites pas semblant que vous ne voulez pas de relation amoureuse quand ce n'est pas du tout le cas. Demeurez conscient du fait qu'une relation peut vous apporter beaucoup et que votre problème ne tient pas au fait que vous n'en voulez pas, mais que vous avez peur.

2. Allez lentement. Donnez-vous assez de temps pour guérir mais pas trop, sinon votre blessure risque de durcir et de former une croûte.

3. Reconnaissez que, parmi les blessures causées par vos pertes, il y a non seulement votre confiance en autrui, mais aussi votre confiance en votre jugement à propos des autres et du fait qu'ils vous conviennent ou non. Le fait d'aller lentement et de garder les yeux ouverts peut vous aider à rebâtir votre confiance en votre jugement.

4. Si vous fréquentez quelqu'un, mais éprouvez des hésitations, expliquez-lui vos peurs et demandez-lui de vous accorder la patience, la compréhension et le temps dont vous avez besoin.

5. Surveillez votre tendance à élaborer une théorie voulant que vous soyez condamné à la malchance, que votre horoscope ne vous prédise pas de relation et que, si vous faites des efforts

dans ce sens, vous courez tout droit à la catastrophe. C'est une croyance compréhensible, mais erronée, qui menace votre bien-être et mine votre détermination à aller de nouveau vers les autres.

6. Participez à des activités, suivez des cours, faites-vous des amis. Apprenez à aimer la solitude. Certes, cela ne vaut pas une étreinte aimante, mais peut faire paraître cette étreinte moins risquée quand vous l'accepterez.

7. Si vous suivez ces conseils et que vous êtes toujours incapable de risquer d'aimer véritablement, suivez une psychothérapie pour faire face à votre peur et en affaiblir les racines. Ne laissez pas vos expériences passées handicaper votre avenir.

Q. : On dirait que je suis toujours attiré par des femmes d'une couleur ou d'une religion différente. Mais comme je doute de pouvoir épouser une femme aussi différente de moi, notre relation a vite fait de se heurter à une impasse. Or, je suis beaucoup plus attiré par ces femmes que par celles qui possèdent des antécédents semblables aux miens. Cela m'inquiète parce que je me trouve au milieu de la trentaine et que je voudrais m'établir, mais ce problème y fait obstacle. Avez-vous déjà entendu parler de cela ? Que puis-je faire ?

R. : Tout d'abord, disons clairement que le principal problème ne tient pas au fait que vous êtes *parfois* attiré par des femmes d'une race ou d'une religion différente. En effet, cela est le cas de la plupart des gens. Il réside dans le fait que *seules* les personnes ayant des antécédents différents vous attirent et que vous ne vous intéressez pas du tout aux femmes ayant des antécédents semblables aux vôtres. Vous limitez votre capacité d'être attiré par les membres de tout un groupe. Cela crée un problème parce que vous vous privez de votre liberté d'être attiré par des femmes qui pourraient, individuellement, vous intéresser.

Comment pourrait-on expliquer cela ? Si vous étiez attiré par des femmes d'une religion ou d'une race particulière, nous pourrions supposer que des expériences vécues dans l'enfance avec un membre de ce groupe vous ont paru tellement chaleureuses, passionnantes et agréables qu'elles ont façonné vos goûts en matière de femmes. Mais pour vous, le facteur d'attirance tient surtout au fait que ces femmes font partie d'un groupe qui n'est pas le vôtre.

Cela laisse place à deux possibilités. Premièrement, vous avez peut-être eu dans l'enfance des expériences avec une femme ou des femmes de votre propre milieu qui vous ont particulièrement dégoûté ou même effrayé, et ces sentiments sont demeurés ancrés en vous. Par exemple, je connais un homme dont la mère était tellement dure, sévère et dominatrice qu'il ne pouvait tout bonnement pas être attiré par une femme qui lui ressemblait, même de loin. Deuxièmement, et cela peut vous sembler presque le contraire, vous avez peut-être ressenti initialement une attirance « défendue » pour des femmes de votre propre groupe racial et religieux, de sorte que cette attirance vous a paru taboue. Par exemple, je connais une femme dont le père était si séduisant et provoquait un tel mélange de sentiments sexuels et de peur en elle quand elle était petite, qu'elle pouvait seulement être attirée par des hommes aussi différents de lui que possible. En explorant vos antécédents et vos sentiments à la lumière de ces possibilités, vous pourriez découvrir comment vos choix se sont rétrécis. Vos découvertes pourraient vous libérer de certaines des restrictions que le passé a imposées à vos sentiments et vous permettre d'éprouver une attirance que vous ne ressentiez pas avant.

Tout en vous livrant à cette exploration, examinez l'idée suivante. Puisque vous n'êtes attiré que par des femmes que vous ne pouvez envisager d'épouser et que vous n'êtes pas attiré par les autres, est-il possible que vous évitiez ainsi de vous « établir » comme vous prétendez vouloir le faire ?

Et si vous voulez vraiment vous établir, vous devriez étudier une autre orientation. À moins que cela n'aille à l'encontre de vos valeurs religieuses ou de vos préférences, demandez-vous si vous voulez vraiment exclure du mariage les femmes que vous trouvez si séduisantes à l'heure actuelle. L'attirance ne suffit pas à former une bonne relation, mais elle n'est pas à dédaigner non plus.

Q. : Je suis malheureux parce que ma petite amie, Marlène, vient de me quitter après deux ans. Cela m'a fait l'effet d'un coup de tonnerre dans le ciel bleu. Je n'ai jamais aimé personne autant. Elle disait toujours qu'elle détestait mes crises de colère et en avait peur, mais après mes explosions, je m'excusais toujours et je lui achetais un présent ou des fleurs, et nous nous réconcilions ; aussi, je croyais que tout allait bien. Se peut-il que mes accès de colère l'aient rebutée à ce point ?

R. : Malheureusement, vous avez refusé de prendre au sérieux les nombreux avertissements qu'elle vous a donnés que non seulement vos crises de colère la bouleversaient et l'effrayaient, mais qu'elles affectaient aussi son respect et son amour pour vous. Vous n'êtes pas le seul à affronter un réveil aussi brutal pour avoir négligé de prendre les récriminations de votre partenaire au sérieux.

Johanne, une décoratrice d'intérieur de trente et un ans, était furieuse et dévastée quand Paul mit fin à leur relation. Durant leurs deux années de vie commune, il n'avait cessé de se plaindre du fait qu'elle lui imposait constamment des activités sociales et qu'il voulait passer plus de soirées tranquilles avec elle. Lorsqu'il la quitta, elle l'appela et lui promit d'accéder à ses demandes, mais il avait rencontré une femme qui aimait les soirées calmes à la maison. Plus tard, elle dit : « Je ne l'ai jamais pris au sérieux parce que, quand nous sortions avec d'autres personnes, il semblait s'amuser. Mais je reconnais qu'il répétait sans cesse qu'il ne supportait pas ces soirées. »

Matthieu, un grutier de vingt-neuf ans, raconte : « Elle me disait souvent qu'elle voulait que je sois plus affectueux et plus attentif à ses besoins sexuels. Mais je lui répondais : "Si tu n'es pas contente, va-t'en." Maintenant qu'elle est partie, je donnerais n'importe quoi pour reprendre mes paroles. » Plus tard, il ajouta : « Elle me suppliait aussi de l'accompagner en thérapie pour travailler sur notre relation. Je répliquais que puisque c'était elle qui était mécontente, pourquoi aurais-je dû y aller ? Aujourd'hui, je reconnais mes torts et je lui ai promis de suivre une thérapie avec elle et de faire des efforts, mais elle dit qu'il est trop tard. »

Monique, une veuve âgée de cinquante-cinq ans et une enseignante à la retraite, raconte : « J'ai commencé à fréquenter Maurice deux ans environ après la mort de mon mari. J'étais heureuse d'avoir de nouveau un homme dans ma vie et je l'aimais, mais j'étais furieuse quand il m'accusait de trop boire. Je lui criais après et je le traitais de fou. Un soir où il venait me prendre pour m'emmener dîner chez sa fille, j'ai bu avant son arrivée. Il a refusé de m'emmener en disant que je n'étais pas en état de l'accompagner et que je ne lui ferais plus jamais honte. Il est parti et ça été fini. J'ai pleuré pendant des jours, mais cela m'a poussée à adhérer à un programme de dés-intoxication et à cesser de boire pour de bon. J'ai envie de lui téléphoner, mais j'ignore s'il pourra jamais me faire confiance de nouveau. »

Le message est clair dans toutes ces histoires. Si votre partenaire amoureux se plaint constamment d'un aspect de votre comportement, même si ce comportement vous semble mineur (« Elle dit qu'elle n'aime pas me voir grossir, mais… »), c'est à vos risques que vous feignez d'ignorer ses récriminations. Tout le monde ou presque atteint un point de saturation, un moment où l'insatisfaction peut détruire l'amour et l'attirance. Et une fois ces sentiments positifs disparus, il peut être ardu de les res-susciter.

Cela veut-il dire qu'il faut modifier son comportement en fonction des plaintes de son partenaire de crainte de le perdre ? Bien sûr que non. L'important, c'est que vous entendiez ses doléances et que vous compreniez que votre partenaire est sincère. Puis à vous de prendre une décision. Vous pouvez décider que vous ne pouvez ou ne voulez pas modifier cet aspect de vous-même, même si votre refus de changer met en danger votre relation. Vous pouvez décider de trouver un terrain d'entente. Mais au moins, vous ne vous retrouverez pas dans l'affreuse position où vous vous direz : « J'aurais dû l'écouter. »

Q. : Je fréquente Denise depuis plus d'un an et, en général, nous passons la plupart de nos week-ends et une nuit pendant la semaine ensemble. Nous restons chez elle quatre fois sur cinq environ, même si je l'invite souvent à venir chez moi. Nous vivons assez proches l'un de l'autre et possédons chacun un appartement assez confortable. Mais elle invoque toujours une raison pour laquelle il vaudrait mieux aller chez elle. À mon avis, c'est juste qu'elle trouve ça pratique, et j'en ai assez d'être celui qui se déplace. Que puis-je faire ?

R. : À moins que Denise ait une raison primordiale qu'elle ne vous a pas dite de vouloir rester chez elle, c'est peut-être par pur égoïsme qu'elle ne répartit pas vos visites d'une manière plus égale. Si certaines personnes préfèrent, pour une raison ou une autre, passer la nuit chez leur partenaire, la plupart apprécient le confort inhérent au fait d'être chez elles dans leurs affaires au lieu d'avoir à trimballer leurs vêtements, leurs articles de toilette, le livre qu'elles sont en train de lire, etc. Denise place peut-être son propre confort au-dessus de son sentiment d'équité envers vous. Mais le plus important, c'est que vous faites peut-être la même chose.

Si vos demandes n'ont rien changé, il est peut-être temps que vous adoptiez une attitude claire. Demandez-lui de s'asseoir avec vous et de diviser vos séjours plus également. Peut-être suffira-t-il que vous preniez fermement cette initiative. Lors de votre prochaine sortie, si elle refuse toujours de se conformer à vos désirs et si elle insiste pour rentrer chez elle, souhaitez-lui une bonne nuit. Vous ne seriez pas à l'aise de passer la nuit avec elle dans ces conditions.

Il est encore plus important, si elle n'est pas sensible à votre requête, que vous vous demandiez si cet égoïsme se limite à ce point ou s'il la caractérise dans sa relation avec vous. Vous auriez intérêt à vous interroger sur l'étendue de ce déséquilibre et sur la raison pour laquelle vous l'avez toléré pendant si longtemps. Est-il présent dans d'autres aspects de la relation ? Avez-vous peur de Denise ? Craignez-vous qu'elle soit furieuse ou qu'elle vous rejette si vous défendez vos besoins et vos désirs ?

Si vous répondez oui à ces questions, vous ne vous respectez pas et vous devez tenter de modifier l'équilibre de votre relation. Si la réponse est négative, il s'agit d'un problème isolé, mais qui doit quand même être réglé.

Q. : Mon copain et moi sommes ensemble depuis deux ans. Il y a quelques mois, nous avons trop bu et nous avons eu une violente querelle. Il m'a dit que c'était fini. Une semaine plus tard, il m'a téléphoné, et nous avons passé la journée ensemble. Après cela, il est revenu à moi petit à petit. Maintenant, je le vois tous les jours, nous sommes toujours ensemble, et notre relation s'est fortifiée de bien des façons. À certains moments, il déclare franchement qu'il est mon copain, mais à d'autres, il nie l'être. Je suis très perplexe. Je sais que, dans son esprit, je suis sa copine. Son comportement me le prouve. Il dit qu'il m'aime et il ne fréquente pas d'autres femmes. Je ne sais que penser. A-t-il peur de s'engager à cause de notre querelle ? Ou y a-t-il autre chose ?

R. : Je ne peux pas lire dans la pensée de votre copain, mais voici quelques possibilités :

1. Certaines paroles que vous avez prononcées pendant votre querelle l'ont peut-être bouleversé et rendu très circonspect à votre égard. C'est la possibilité que vous pouvez vérifier le plus facilement auprès de lui.

2. Votre querelle n'a fait qu'amener à la surface des sentiments négatifs profonds (ils sont inévitables) reliés au fait qu'il est proche de vous ; il ne les a pas encore acceptés et il n'a pas décidé si ses sentiments positifs l'emportaient suffisamment sur ses sentiments négatifs pour qu'il approfondisse sa relation avec vous.

3. Il a peut-être peur de s'engager et il hésite entre l'affection qu'il ressent pour vous et sa peur. La colère qu'il a éprouvée lors de votre querelle résultait peut-être de sa peur de s'engager, et il cherchait des raisons de mettre un terme de façon colérique à votre relation.

4. Certaines personnes sont presque dotées d'une double personnalité : une partie d'elles-mêmes peut être aimante, généreuse et intime, tandis que l'autre est hostile, mesquine et dis-

tante. Il peut arriver qu'elles passent de l'une à l'autre lorsqu'elles boivent de l'alcool. C'est peut-être ce qui s'est produit ce soir-là chez votre copain.

Voilà quelques possibilités. Mais maintenant que vous m'avez posé la question, pourquoi ne pas la lui poser à lui ? Dites-lui que vous êtes perplexe. Demandez-lui s'il est conscient des messages contradictoires qu'il vous donne. Demandez-lui s'il voit un conflit entre vous et l'engagement amoureux. Interrogez-le de manière non pas à réduire ces questions à une épreuve de force, mais à les exposer au grand jour, pour que vous puissiez les examiner et les régler ensemble. Votre absence de communication actuelle mettrait en danger n'importe quelle relation. Prenez cette situation comme une occasion en or de remettre la communication nécessaire sur la bonne voie.

Q. : Ma compagne et moi partons souvent pour le week-end et, la plupart du temps, sur le chemin du retour, elle s'assoupit dans la voiture. Elle dit que je devrais voir cela comme une marque de confiance. Cependant, je me sens abandonné et je trouve qu'elle manque d'égards envers moi. Quand je le lui dis, elle me trouve ridicule et égoïste. Qui a raison ?

R. : Il y a de bonnes chances pour que votre réaction soit exagérée. Votre amie est peut-être juste détendue à la suite d'un week-end romantique avec vous ; elle s'endort peut-être du sommeil facile de la personne qui se sent bien et comblée. Si vous ne vous sentiez pas aussi abandonné, vous pourriez prendre plaisir au fait qu'elle apprécie cette sorte de délicieuse sieste.

Mais ce n'est peut-être pas aussi simple. Peut-être percevez-vous quelque chose qui exige votre attention. Par exemple, son sommeil reflète-t-il des sentiments négatifs inexprimés à l'égard de votre week-end ou de votre relation ? Exprime-t-il un besoin de s'éloigner de vous ? Vous pouvez explorer ces questions en revoyant en esprit votre week-end et vos rapports. Votre amie vous a-t-elle paru heureuse, proche de vous et avait-elle l'air d'apprécier votre compagnie ? Si c'est le cas, son sommeil n'est pas un signe du fait qu'elle vous abandonne. S'il subsiste des dȯutes dans votre esprit, vous pouvez les clarifier en parlant de vos observations et de vos inquiétudes avec elle.

En outre, vous êtes peut-être contrarié du fait que, même si vous lui avez dit que vous n'aimiez pas qu'elle dorme, elle semble ne faire aucun effort pour rester éveillée. Ici encore, élargissez votre perspective. A-t-elle l'habitude de ne pas se soucier de vos demandes ? Peut-être réagissez-vous aussi fort parce que son sommeil vous apparaît comme un exemple de plus de son manque d'égards. Mais si ce n'est pas dans ses habitudes, demandez-vous pourquoi vous vous sentez abandonné. S'agit-il d'un vieux sentiment qui revient souvent ? Provient-il de relations antérieures ? Êtes-vous anxieux lorsque vous devez rester « seul » pendant un moment ? Avez-vous besoin d'une attention de tous les instants ? Êtes-vous centré sur vos besoins et ne respectez pas que les siens puissent être différents à certains moments ?

Si cet examen de votre relation et cette auto-exploration vous aident à accepter sa sieste, très bien. Si ce n'est pas le cas, peut-être pouvez-vous trouver un compromis permettant d'assouvir partiellement son besoin de dormir et votre désir de jouir de sa compagnie.

Q. : Je sais que les hommes ne me trouvent pas très séduisante à la première rencontre. Je vous en prie, ne me dites pas que c'est une idée que je me fais. Il m'est arrivé plus souvent qu'à mon tour de participer à des activités ou d'aller dans un club pour célibataires sans que personne ne m'aborde. J'ai eu quelques relations agréables avec des hommes que j'ai rencontrés au travail où, avec le temps, ma personnalité finit par transparaître. Là où je travaille actuellement, j'ai peu de chances de rencontrer quelqu'un et je ne veux pas continuer de changer d'emploi. Alors, que faire ?

R. : Non, je ne vous dirai pas que c'est une idée que vous vous faites. Il ne fait aucun doute que certaines personnes réussissent mieux que d'autres à attirer d'emblée les membres du sexe opposé. C'est injuste, mais c'est comme ça. Cependant, il y a certaines choses que vous pouvez faire pour améliorer vos chances de nouer des relations. Elles se classent dans deux catégories : trouver des situations où votre moi le plus séduisant peut s'exprimer et tirer le meilleur parti possible de la moindre occasion de rencontrer un homme. En ce qui concerne la première, vous connaissez déjà les circonstances propres à mettre en valeur votre moi le plus attirant : les situations où vous êtes engagée avec un homme dans un projet ou une activité commune. Selon vos intérêts, il peut s'agir d'un cours, d'une campagne électorale, d'une cause, d'un sport ou d'une activité. Je connais une femme qui se sent comme une région sinistrée quand elle va dans un bar, mais qui a rencontré plusieurs hommes dans un club de randonnée et qui a fini par en épouser un. En ce qui touche le fait de tirer le meilleur parti possible de chaque occasion de rencontrer un homme, plusieurs facteurs entrent en jeu : 1) obtenir des conseils judicieux sur la façon d'améliorer votre apparence grâce à l'habillement, au maquillage, au régime alimentaire, etc. ; 2) oser établir un contact visuel amical avec un homme que vous souhaitez connaître ; et 3) oser aborder un homme que vous voulez connaître et engager le type de conversation susceptible de *mettre en valeur* votre personnalité. Il est important que vous ne laissiez pas les rejets passés vous en faire craindre de nouveaux au point de vous empêcher d'aller vers les hommes.

Q. : Ma meilleure amie est très séduisante, et, chaque fois que nous participons ensemble à une activité pour célibataires, les hommes s'agglutinent autour d'elle comme des mouches et m'ignorent complètement. J'aime sa compagnie, mais cela tue mon moral. Dois-je cesser de sortir avec elle si je veux rencontrer un gars ? Je déteste sortir seule.

R. : Manifestement, le charme de votre amie est assez magnétique pour que la comparaison vous fasse du tort à la première rencontre. Alors, pourquoi vous placer constamment dans cette situation ? Une fois de temps à autre, cela peut aller, mais pas trop souvent. En plus du fait que cela affecte votre moral, cela peut très bien vous empêcher de vous lier avec des hommes qui sont éblouis par l'apparence de votre amie.

Il existe bien des façons pour vous et votre amie de conserver une amitié étroite et bien des endroits que vous pouvez fréquenter sans entrer en compétition l'une avec l'autre. Vous pouvez dîner ensemble au restaurant, aller au cinéma, au théâtre, dans les musées ou simplement vous rendre mutuellement visite.

Pour ce qui est de détester sortir seule, on dirait que votre amie est la seule avec qui vous pouvez le faire. Si c'est le cas, vous devriez, entre autres choses, chercher à vous faire d'autres amies avec lesquelles vous pouvez faire équipe pour braver les aventures qui vous attendent dans les endroits et réunions destinés aux célibataires.

Vous devez également reconnaître que les peurs et anxiétés qui vous poussent à éviter de sortir seule sont des vestiges de vieux sentiments d'insuffisance et de doute de soi qui hantent presque tout le monde dans une certaine mesure. Ils ne sont pas fondés sur une évaluation réaliste de votre valeur, de votre charme ou de votre capacité de faire face aux situations sociales. Dès que vous reconnaîtrez ceci, vous pourrez vous aventurer seule dans les réunions pour célibataires.

Q. : Dans certaines chroniques, vous avez écrit que les annonces personnelles pouvaient constituer une manière sensée de rencontrer des gens. J'ai trente-cinq ans et je suis découragée de voir le peu d'hommes compatibles avec moi que j'ai rencontrés par d'autres moyens. Aussi ai-je décidé de placer des annonces et de répondre à certaines d'entre elles. Jusqu'ici, je suis sortie avec deux hommes et j'ai pris quelques autres rendez-vous. Cet aspect-là me plaît beaucoup. Mais je trouve mes rencontres avec ces hommes très bizarres et peu naturelles. Il n'est que trop évident que nous sommes là pour nous regarder de la tête aux pieds. Quand je me sens bizarre, je ne parais pas à mon meilleur. Suis-je anormale ? Que puis-je faire pour me détendre ?

R. : Non, il n'est pas anormal que vous vous sentiez comme ça, car il s'agit d'une situation artificielle. Il est certainement très différent de faire la connaissance de quelqu'un au travail ou dans un cours. Une lettre signée par deux chercheurs du département de communications de l'Université de l'Illinois contenait l'observation préliminaire suivante : « Au cours de nos recherches, nous avons découvert que l'étape du flirt qui caractérise les fréquentations ordinaires est omise en raison de la forme même de l'annonce personnelle. Fait plus important encore, les personnes qui répondent à des annonces personnelles passent directement des salutations à la révélation de soi en passant outre l'étape traditionnelle du papotage. Tout cela est très franc, presque comme une sorte de "Je t'ai décrit ce que je suis et me voici : c'est à prendre ou à laisser." Il faut être prêt à commencer la relation à toute vapeur ! »

Comme il peut être difficile de faire de nouvelles connaissances, ne boudez pas les annonces personnelles en raison de cet inconvénient. La question est de savoir comment vous pouvez rendre la situation plus confortable ? Essayez d'avouer à votre partenaire que vous trouvez la situation superficielle et que vous vous sentez un peu bizarre, et demandez-lui s'il ressent la même chose. Ou peut-être pouvez-vous faire ce que fit un homme de ma connaissance quand il rencontra son « annonce personnelle » au restaurant. Il lui dit : « Tout cela me paraît très peu naturel. Faisons semblant que je viens de vous apercevoir au bar là-bas et que j'ai décidé que j'aimerais bien vous connaître. » Elle éclata de rire et dit : « Vous venez souvent ici ? »

Ne vous découragez pas. Dans leur lettre, les chercheurs de l'Université de l'Illinois ajoutent : « Malgré cela, un certain nombre de personnes semblent trouver des partenaires et conjoints de cette façon-là. » Je connais plusieurs personnes qui ont fait d'excellents mariages en passant par les annonces personnelles et qui ont établi de nombreuses relations qui, si elles n'ont pas abouti au mariage, n'en étaient pas moins significatives et agréables. Même si vous devez faire preuve de jugement en sélectionnant les partenaires que vous acceptez de rencontrer, en les rencontrant pour la première fois dans un lieu public et en donnant le ton à la relation, ces annonces comblent un besoin réel pour bien des gens.

Q. : Mon ex-copain, Frédérick, était quelqu'un avec qui j'étais vraiment fière d'être vue. Il avait bonne apparence, était sociable et réussissait bien dans le métier de présentateur à la télévision. J'aimais bien la réaction de mes amis et de ma famille à son endroit. Ils semblaient m'admirer à cause de Frédérick. Mais nous avions peu d'affinités, et la plupart du temps, je me sentais seule en sa compagnie. L'année dernière, j'ai rompu avec lui et peu après, j'ai rencontré Laurent, un pharmacien qui possède son propre commerce. Laurent est calme, introverti et nullement aussi beau que Frédérick. Nous nous entendons à merveille, mais les autres n'ont pas une réaction aussi enthousiaste à son endroit que celle qu'ils avaient pour Frédérick. Je suis frustrée et gênée de ne pas pouvoir parader avec lui. Même si je veux continuer de l'aimer, mes sentiments commencent à changer. Peut-être ai-je juste besoin d'un homme que les autres peuvent admirer ? Est-ce possible ?

R. : La plupart d'entre nous aiment que les autres réagissent favorablement à la personne que nous fréquentons. Nous ressentons un brin de fierté à la pensée qu'une personne estimée des autres nous a choisis. Il arrive qu'une partie de la gloire de cette personne rejaillisse sur nous et que nous trouvions stimulant d'être enviés. Mais, comme vous l'avez découvert avec Frédérick, et comme d'innombrables autres s'en sont aperçus avec déplaisir, les réactions positives des autres ne suffisent pas à rendre une relation satisfaisante.

Pour être solide, une relation doit être fondée sur les interactions entre les partenaires. Cela sous-entend que les partenaires se sentent bien ensemble, éprouvent une affection mutuelle et se trouvent sur la même longueur d'ondes. Vous semblez avoir une relation solide avec Laurent et ce serait dommage de la détruire en vous préoccupant outre mesure de la réaction des autres à son égard.

Le plaisir que vous procurent les réactions favorables des autres à l'égard de votre partenaire devrait constituer la cerise sur le gâteau. Prendre ces réactions pour le gâteau — comme il y a un danger que vous le fassiez quand vous dites : « Peut-être ai-je juste besoin d'un homme que les autres peuvent admirer ? » — peut vous inspirer des choix regrettables.

Il est important que vous regardiez votre apparent manque d'estime de soi. Cherchez ce qui, au cours de votre vie, vous a rendue si dépendante de l'opinion des autres. Voulez-vous continuer à laisser l'opinion des autres (ou celle que vous leur prêtez) déterminer qui sera votre partenaire ? Ou aurez-vous le courage de croire que vous savez mieux que quiconque qui vous convient le mieux ?

Il vaudrait mieux que vous vous penchiez sur ces questions au lieu de songer à mettre fin à votre relation avec Laurent.

Q. : Je suis chercheuse en génétique, j'ai trente-trois ans et je suis célibataire. Je suis très respectée dans mon domaine, et tout le monde dit que je réussis bien et que je suis mature. Ce que les gens ignorent, c'est que la plupart des nuits, surtout quand je me sens tendue et solitaire, je dors avec un panda en peluche que je possède depuis l'enfance. Je peux dormir sans lui s'il le faut, par exemple, quand je suis en voyage ou quand je veux me prouver que je peux me passer de lui. Et je n'ai pas envie de dormir avec lui quand il y a un homme dans ma vie de qui je suis proche. Mais il y a des nuits où j'ai de la difficulté à m'endormir sans mon panda. Je n'en ai jamais parlé à personne parce que j'en ai honte. Et j'ai trop honte pour signer cette lettre. Ma « relation » avec mon panda est-elle névrotique ?

R. : Il n'y a rien de malsain ou de honteux à être attaché à un animal en peluche. Les objets tels les oursons en peluche, les couvertures ou votre panda nous aident à effectuer la transition entre deux étapes de croissance.

Ainsi, pourquoi Linus, le petit garçon de la bande dessinée *Snoopy*, traîne-t-il toujours sa couverture avec lui ? Celle-ci représente le confort et l'affection maternels. C'est un objet que Linus peut transporter avec lui pour faire face au stress et aux défis du monde extérieur. Grâce à sa couverture, il peut être plus indépendant de sa mère, tout en conservant avec lui un symbole de sa mère, propre à le sécuriser. Cela l'aide à passer du premier stade de l'attachement à sa mère aux stades ultérieurs de la séparation.

Les adultes aussi ont parfois besoin de ce que nous appelons des «objets transitionnels», quand ils passent d'un stade de développement à un autre. Il n'est pas rare que les étudiants qui entrent à l'université apportent avec eux un objet inutile, comme une chandelle de leur collection, un oreiller particulier ou une affiche en lambeaux, objet grâce auquel ils se sentent reliés à la maison au moment où ils font un pas de géant pour s'en éloigner. Il arrive aussi, quand des adultes plus âgés progressent vers un succès ou une autonomie plus grande, qu'ils affrontent leurs anxiétés en s'accrochant à un objet du passé. Bien des objets que nous conservons pour des *raisons sentimentales* — un vieux carnet d'adresses, un vêtement que nous n'oserions plus porter, un présent d'anniversaire qui date de plusieurs années — sont des objets transitionnels, au fond.

Les personnes célibataires, parce qu'elles sont plus susceptibles de passer du temps seules, éprouvent souvent un besoin plus grand de s'attacher à une sorte d'objet de consolation. Dans le mariage, le conjoint apporte la sécurité nécessaire, comme peuvent le faire un foyer et un enfant. Même si le mari ou la femme sortent chaque jour pour tuer les dragons, le lien avec le conjoint n'en constitue pas moins une sécurité. (Même dans ce cas, des objets transitionnels comme une photographie de la famille que l'on garde à son lieu de travail, peuvent être d'un grand secours dans les moments de tension.)

Certaines personnes veuves ou divorcées se sentent moins seules et moins vulnérables quand elles conservent un objet qui leur rappelle leur ancienne relation. Ces objets sont une source de réconfort pendant que la personne va vers de nouvelles expériences.

Notre emploi d'objets transitionnels peut-il devenir malsain ? Oui, il peut l'être si l'attachement à l'objet est si grand que la séparation d'avec lui est traumatisante et intolérable, comme elle l'est parfois pour Linus quand il perd sa couverture. Il peut être malsain si l'attachement empêche la personne de progresser. C'était le cas pour une enseignante célibataire de ma connaissance, qui avait fait de son appartement une sorte d'objet transitionnel. Il s'agissait d'un minuscule studio situé dans un immeuble vétuste et peu sécuritaire. Même si cette femme affirmait son intention de déménager dans un endroit meilleur et plus vaste, et avait certainement les moyens de le faire, elle était incapable de trancher le lien qui l'attachait à ce studio. Ce fut seulement après avoir été presque violée par un intrus qu'elle put se mettre en quête d'un nouveau logement.

En outre, les objets transitionnels peuvent être malsains s'ils sont nocifs en soi, la cigarette, par exemple. En tant qu'objet que l'on porte à sa bouche et sur lequel on tire, la cigarette peut représenter le premier attachement à la mère. (Ceci explique peut-être pourquoi les fumeurs fument davantage quand ils sont nerveux et qu'ils ont besoin de réconfort.) Mais dans ce cas, l'objet comme tel est destructeur.

Votre attachement à votre panda, cependant, ne met pas en danger votre santé. Dans votre lettre, vous indiquez que vous pouvez vivre sans lui et vous semblez mener une vie indépendante et empreinte de maturité. Peut-être que votre panda vous aide à le faire.

Q. : Je peux être très excitée sexuellement par un homme que j'aime et qui m'attire jusqu'à ce qu'il montre qu'il commence à être amoureux de moi. Alors, je me ferme et je deviens physiquement insensible. C'est dingue et frustrant. J'ai trente ans et je souhaite avoir une relation amoureuse intime. Qu'est-ce qui ne tourne pas rond chez moi ?

R. : Les causes de ce problème diffèrent d'une personne à l'autre, mais certaines de ces causes peuvent servir de lignes de conduite pour une honnête exploration de soi.

1. Certaines personnes sont attirées par les gens qui ne sont pas disponibles sur le plan affectif. Elles sont très excitées par le défi qui consiste à séduire quelqu'un. Mais quand elles y parviennent, il n'y a plus de défi ni d'excitation. Il n'est pas rare qu'une figure clé de l'enfance des personnes aux prises avec ce

problème — en général, un parent ou les deux — n'ait pas été disponible sur le plan affectif. Cette situation les a programmées à chercher sans cesse à obtenir une réaction aimante de la part de ce parent. Elles doivent modifier ce programme afin de trouver de l'excitation dans le fait de donner, d'obtenir et de conserver l'amour plutôt que de le gagner. Pour ce faire, elles doivent comprendre le conditionnement destructeur auquel elles ont été soumises, se décider à conserver leur relation amoureuse si elle est positive et tenter d'y intégrer leurs sentiments sexuels.

2. Certaines personnes craignent d'être exploitées ou englouties par l'autre personne. Elles se sentent vulnérables parce qu'elles sont conscientes de leur propre besoin d'attention et de leur désir de dépendance. C'est pourquoi elles évitent de s'engager à fond en recherchant les relations axées avant tout sur le sexe et exemptes de profonds sentiments d'intimité et d'amour, ou les relations intimes et affectueuses, mais dénuées de passion sexuelle.

3. Certaines personnes voient le sexe et l'amour comme des expériences opposées ou presque. Sylvie, une danseuse de ballet de trente-deux ans, parlait ainsi du problème auquel elle se heurtait avec son compagnon : « Quand je suis près de lui et que je ressens l'amour qu'il me porte, je veux juste être tenue dans ses bras et câlinée. Tout est calme et merveilleux. Puis quand il fait des approches sexuelles, je me raidis parce que le sexe m'apparaît comme une chose tumultueuse et violente qui trouble mon sentiment de calme. C'est comme un cyclone qui surgit au milieu d'une belle et sereine journée d'été et cela m'effraie. » Très souvent, les gens qui ressentent une coupure aussi marquée entre l'amour et le sexe ont eu des expériences sexuelles traumatisantes dans l'enfance. Peut-être ont-ils été agressés sexuellement étant petits. Peut-être un membre de la famille a-t-il commis des actes à tendance incestueuse ou carrément incestueux. Peut-être ont-ils été sévèrement punis pour s'être livrés à des jeux sexuels. Certaines personnes réagissent comme Sylvie. D'autres peuvent goûter les rapports sexuels, mais uniquement comme un acte dissocié.

4. Certaines personnes ont l'impression, de façon inconsciente en général, qu'elles n'ont pas le droit d'avoir une relation amoureuse agréable avec une personne qui est là juste pour elles. Cette impression découle souvent d'anciens sentiments de rivalité qui semblent mauvais et inacceptables. Une fillette qui sent que son père est plus attiré par elle que par sa mère ou qui rivalise constamment avec sa sœur pour obtenir l'amour de son père peut, une fois devenue adulte, se sentir inhibée devant la perspective d'une relation amoureuse. Un petit garçon qui sent qu'il doit rivaliser avec son père ou son frère pour obtenir l'amour de sa mère peut, plus tard, craindre le triomphe associé à l'obtention d'une relation amoureuse et sexuelle gratifiante. En séparant l'amour du sexe, ces gens sabotent leur relation et la détruisent tôt ou tard.

5. Il y a des gens qui s'estiment si peu qu'ils croient devoir trouver une personne particulièrement digne de valeur et même « parfaite » pour rehausser leur amour-propre. Mais puisque eux-mêmes se sentent si peu dignes de valeur, quiconque les aimerait ne peut avoir suffisamment de valeur pour les exciter.

Les gens qui séparent l'amour du sexe doivent chercher à comprendre les peurs, tabous et inhibitions qui les influencent et sentir qu'ils ont le droit de vivre l'expérience inestimable qui consiste à allier amour et passion.

OBSERVATIONS SUR L'AMOUR

Aphorismes et affirmations pour une vraie relation amoureuse

Une relation amoureuse devrait améliorer votre image de vous-même et de votre vie — et non l'empirer.

Vous méritez d'être la personne clé de la vie de la personne clé de votre vie.

Pour établir une relation amoureuse vraiment satisfaisante, vous devez renoncer au travail de toute une vie qui consiste à essayer de rendre disponible une personne non disponible, généreuse une personne mesquine et aimante une personne peu aimante.

Être amoureux et avoir une relation malsaine n'est pas romantique, mais plutôt douloureux et déprimant ; être amoureux dans une relation saine est gai, dynamisant... et romantique.

Trouvez ce qui vous attire tant chez les personnes qui ne vous conviennent pas et fuyez-les comme la peste.

Surveillez les distorsions causées par l'amnésie de dépendance, qui vous pousse à ne vous rappeler que ce qui était positif dans une relation malsaine et à oublier ce qui était affreux.

Entretenir la fausse croyance que votre dernier amour était « la seule et unique personne » qui vous convenait peut vous empêcher de trouver un nouvel amour.

« Parce que je l'aime » peut sembler romantique, mais ce n'est pas une raison valable pour poursuivre une relation malheureuse.

Les souvenirs communs ne constituent pas une raison suffisante pour poursuivre une relation malsaine ; emportez votre histoire avec vous, continuez-la et partagez-la de nouveau.

Sachez ce que vous voulez dans votre chemin de vie et choisissez un amour qui soutiendra votre voyage au lieu de l'entraver.

Trouvez ce qui vous attire de façon aussi irrésistible chez le type de personne qui ne vous convient pas et recherchez une forme inoffensive de ces traits chez une personne qui vous conviendrait.

Assumez la possibilité que vous évitez inconsciemment une relation amoureuse prometteuse et cherchez pourquoi, et vous disposerez d'outils susceptibles de vous aider à transformer votre « malchance ».

Si les personnes qui vous conviendraient ne semblent jamais vous exciter, ce n'est sans doute par parce qu'elles sont peu attirantes en soi, mais parce que vous avez un problème qui vous pousse à opérer des choix autodestructeurs.

Ne feignez pas d'ignorer les défauts d'une personne qui ne vous convient pas et n'amplifiez pas ceux d'une personne qui vous convient.

Comprendre comment vos choix sont déterminés et limités par votre *passé* peut vous permettre de voir et de choisir une relation amoureuse plus gratifiante dans le *présent*.

Augmenter votre capacité d'aimer accroît votre charme, surtout aux yeux de ceux qui sont capables d'avoir une relation amoureuse positive.

Dès que vous voyez et acceptez l'autre personne telle qu'elle est, vous pouvez décider si votre relation amoureuse comporte suffisamment d'ingrédients sains pour vous inciter à tout faire pour qu'elle réussisse.

Votre capacité accrue d'aimer peut être dirigée vers l'intérieur ou vers l'extérieur, de sorte que vous pouvez aimer quelqu'un profondément tout en prenant soin de vous-même d'une manière aimante.

Soyez aussi sensible aux besoins et aux désirs de votre partenaire que vous voulez qu'il le soit aux vôtres.

La passion peut élever une relation amoureuse au-dessus de l'ordinaire, surtout si elle s'allie à une affection réciproque.

Il vaut peut-être mieux donner que recevoir, mais recevoir avec appréciation les paroles et actions aimantes de votre partenaire est une forme généreuse de don.

Vous augmentez votre capacité d'aimer chaque fois que vous voyez l'autre personne clairement et que vous acceptez ce qu'elle est en dehors de vos besoins et exigences.

Quand vous cessez d'exiger des autres qu'ils soient comme vous voulez qu'ils soient et qu'ils agissent conformément à vos attentes, vous réduisez automatiquement la colère, les conflits et la déception qui peuvent détruire une relation.

Vous pouvez peut-être être amoureux de plus d'une personne à la fois, mais vous ne pouvez avoir une relation amoureuse complète avec plus d'une personne à la fois.

La véritable intimité exige que vous risquiez de montrer à l'autre personne vos défauts et vos points sensibles, et cela exige une forme particulière de courage.

La conscience de votre lien avec ce qui est éternel et plus grand que vous contrecarre l'effet restrictif de votre soif d'attachement et augmente votre capacité d'aimer les autres et de vous aimer vous-même.

Accepter la personne que vous aimez telle qu'elle est ne veut pas dire accepter tous ses comportements, surtout s'ils sont préjudiciables ou offensants pour vous et pour autrui.

Cultiver son indépendance, ce n'est pas forcément renoncer à trouver une relation amoureuse, mais être plus prêt et apte à en avoir une.

Une relation amoureuse peut vous amener d'abord à voir les merveilles et beautés de l'univers dans l'être cher, puis à retrouver les merveilles et beautés de l'être cher dans de nombreux lieux de la terre.

Une relation amoureuse gratifiante peut contribuer à guérir de nombreuses blessures de votre enfance, mais vous devez effectuer une autoguérison importante pour avoir une relation amoureuse gratifiante.

Lorsque vous cultivez l'intimité, naviguez entre les écueils que constitue le fait de garder la relation à un degré superficiel ou à l'accabler prématurément de lourdes révélations sur vous-même.

Vous ne pouvez pas vous forcer à ressentir de la passion, mais vous pouvez faire votre possible pour cultiver la patience ainsi que l'ouverture d'esprit et du cœur qui pourraient vous permettre de ressentir de la passion à l'égard d'une personne qui vous convient mieux que vos choix précédents.

Faites de l'amour plutôt que du manque d'amour votre aphrodisiaque.

Prenez conscience de ce qui fait que votre partenaire se sent aimé et, sauf si cela est contraire à votre nature, faites-le !

Il est enrichissant de cultiver votre capacité d'aimer inconditionnellement, mais ne laissez jamais votre amour inconditionnel se changer en masochisme ou en mépris de soi inconditionnel.

Il est aussi facile d'aimer une personne bonne pour soi qu'une personne mauvaise pour soi, mais pour certains, cela demande plus de travail.

Si vous acceptez de vous rapprocher de personnes qui sont bonnes pour vous, mais qui ne font pas partie de votre liste de contrôle habituelle, vous pourriez vous ouvrir à une relation amoureuse avec une personne qui n'est pas votre « genre ».

Il y a un engagement essentiel : que chacun de vous fasse son possible pour rendre la relation aussi aimante et gratifiante que possible.

Continuez de grandir comme si vous deviez rester seul pour toujours, mais demeurez ouvert à l'amitié et à l'amour comme si vous deviez rencontrer une personne merveilleuse aujourd'hui.

Mettez à contribution la sagesse durement gagnée à travers les échecs amoureux pour *enfin réussir en amour.*

BIBLIOGRAPHIE

BRANDEN, Nathaniel, *What Love Asks of Us*, New York, Bantam, 1983.

BROOKNER, Anita, *Latecomers*, New York, Vintage, 1990.

FREUD, Sigmund, *Trois essais sur la théorie de la sexualité*, Paris, Gallimard, 1971, 1962.

FROMM, Erich, *L'art d'aimer*, Paris, Éditions de l'Épi, 1968.

GOULD, Steven J., *Le pouce du Panda*, Paris, Grasset, 1982.

GURUDEV, Amrit Desai, « The True Experience of Love » dans *The Kripalu Experience*, Lenox, Massachusetts, Kripalu Center, 1991.

HALPERN, Howard, *You and Your Grownup Child*, New York, Simon & Schuster Fireside, 1992.

HENDRIX, Harville, *Getting the Love You Want*, New York, Harper Perennial, 1990.

_____ *Keeping the Love You Find*, New York, Pocket Books, 1992.

HORNER, Althea, *Being and Loving*, Northvale, N.J., Jason Aronson, 1990.

JEFFERS, Susan, *Opening Our Hearts to Men*, New York, Fawcett, 1989.

KURIANSKY, Judith, *How to Love a Nice Guy*, New York, Pocket Books, 1991.

LATHROP, Don, « Date Rape » dans *Voices : The Art and Science of Psychotherapy*, vol. 28, n° 1, 1992, p. 51.

LESHAN, Lawrence, *How to Meditate*, New York, Bantam, 1975.

McCARTHY, Mary, *The Company She Keeps*, New York, Avon, 1981.

PERSON, Ethel, *Dreams of Love and Fateful Encounters*, New York, Penguin, 1989.

SATIR, Virginia, *Audiocassette n° 18*, Crested Butte, Colorado, Blue Moon Cassettes, 1986.

Table des matières